前　言

无论是董卓、曹操、刘备、孙权或者周瑜、诸葛亮都不曾想到，汉末三国，这个属于他们的伟大舞台，最后会被一个叫司马懿的人终结。

那个沉默寡言、目光深邃，脖子会像狼一样扭动的司马懿。

平心而论，比起三国时期的顶级牛人，司马懿并不算太拔尖。

比用兵，他不如曹操；比驭人，他不如刘备；比出身，他不如袁绍；比治国，他不如诸葛亮；比智谋，他不如郭嘉，就算比奸诈，他也不如老毒士贾诩。

然而，就是各方面资质都只能算中等偏上的司马懿，却超越了这些顶级牛人，成为三国时期最大的赢家。

这究竟是为什么?

其实，如果探究司马懿的一生，我们会发现这并不是一件令人难以置信的事情。因为司马懿有一样旁人无法企及的优点，让他能够从容地在这些牛人的夹缝中挤出一条通天的路。

这个优点只有两个字：耐心。

当年曹操征辟司马懿，他没有同意，而是等了整整七年，直到袁氏家族覆灭，曹操一统北方的局势彻底明朗后，司马懿才做出了迟到的选择。

进入曹操幕府后，由于阴沉的性格和奇特的骨骼结构（狼顾之相），司马懿一直忍受着曹操的猜忌。他不敢出风头，也不敢出差错，在一个微不足道的位置上努力干着微不足道的工作，静静等待曹操的时代过去。

直到曹操死后，司马懿才迎来了人生的春天，一步步走上了政坛的巅峰，又在曹叡登基后开始执掌兵权。但他眼前还是有三座无法逾越的高峰：曹真、曹休、夏侯尚。司马懿没有任何行动，只是静静等待，等夏侯尚死了，等曹休死了，等曹真死了，司马懿才终于熬成了军界第一大佬。

也就是在这个位置上，司马懿遇到了他军事生涯中最难缠的对手：诸葛亮。拥有三国史上最精锐的野战兵团、最擅长指挥大兵团决战的诸葛亮只有一个弱点：他打得起，等不起。偏偏司马懿等得起，也忍得起，终于等来了诸葛亮兵粮耗尽，甚至等到诸葛亮寿命耗尽，司马懿赢得了战争的胜利。

曹芳即位后，司马懿的战场转回到了朝堂，他的对手，是飞扬跋扈的曹爽和曹爽背后的整个曹魏宗族势力。司马懿依然选择了忍耐，他一步一步退让，一步一步交出手中的权力，最后甚至退让到了病床之上。十年等待，最后换来一击必杀，高平陵政变一日之间，炙手可热的曹爽集团被一网打尽。

司马懿登上了政坛的巅峰。

此时此刻，他却依然在忍耐、在等待，为了连根拔除王凌和宗室亲王的势力，司马懿在明知道王凌要反的情况下又等了整整一年半，然后才暴起发难，为子孙后代拔除了这两根扎人的刺。

然后，司马懿拒绝了所有的荣誉：相国、公爵、九锡、封地。不是因为他的高尚，而是因为他的耐心，因为时机还不成熟，司马家族还没准备好这些突如其来的荣誉。

直到最后，他的孙子司马炎终于登上了受禅台，司马家族完成了“化家为国”的蜕变，这一切，都是司马懿用一生等来的、忍来的。

忍耐与等待，这两个词贯穿了司马懿的一生。

当然，只有耐心是不够的，一味忍耐和等待，最后只能是在碌碌无为中走完一生：

如果司马懿没能登上曹丕这把登天梯，他到老都只是魏国的中层官员。

如果司马懿没能在军界站稳脚跟，用一场战斗打出自己的威风，即使夏侯尚、曹休、曹真死了，升迁也不一定轮得到他。

如果司马懿没能一开始就占据让诸葛亮进退维谷的战略位置，诸葛亮根本不可能让司马懿有机会耗下去。

如果司马懿在曹爽兄弟祭拜高平陵的那天犹豫了，或者还没准备好，那么他很可能不会再有发动政变的机会。

……

是的，司马懿的忍耐与等待并不是怯懦和无所作为，他是在忍耐中等待机遇，只要机遇一降临，他会毫不犹豫地奋力一搏，把自己送上更高的地位，然后继续忍耐、继续等待。

如果抓不住机遇，一切忍耐与等待都没有价值。如果没有提前做好准备，一切机遇都会从指尖溜走。

与其说成就司马懿的是耐心，不如说是对机遇的耐心，和机遇来临前的提前准备、机遇来临时的准确捕捉共同成就了他。

这就是司马懿成功的秘诀，简单，而又不简单。

隐忍的老虎司马懿

陆杰峰 著

吉林文史出版社
JILIN WENSHI CHUBANSHE

图书在版编目（CIP）数据

隐忍的老虎——司马懿 / 陆杰峰著． —长春：吉
林文史出版社，2015.1（2024.3 重印）
ISBN 978-7-5472-2624-7

Ⅰ．①隐… Ⅱ．①陆… Ⅲ．①司马懿（179 ～ 251）—
生平事迹 Ⅳ．① K827=361

中国版本图书馆 CIP 数据核字（2015）第 018930 号

YINREN DE LAOHU SIMA YI
隐忍的老虎——司马懿

著　　者　陆杰峰
责任编辑　高冰若
封面设计　曹柏光
出版发行　吉林文史出版社
社　　址　长春市福祉大路 5788 号
邮　　编　130117
经　　销　全国新华书店
印　　刷　三河市刚利印务有限公司
开　　本　710mm×1000mm　1/16
印　　张　19
版　　次　2015 年 5 月第 1 版　2024 年 3 月第 5 次印刷
字　　数　200 千字
书　　号　ISBN 978-7-5472-2624-7
定　　价　59.90 元

版权所有，侵权必究

图书若有印张错误，影响阅读，可向承印厂联系调换。

目录

引　子　起点与终点 / 001

第一章　大变局时代，一手好牌随时会变成臭牌 / 003

想抱粗大腿，自己胳膊先要够粗 /003

“内敛”二字，是司马懿的“家学渊源” /007

张角的局：岁在甲子，天下洗牌 /010

东汉前期主要门派 /013

乱世之中，想要出头只有拿命去搏 /016

司马朗的决断：赌注越大，赢面越广 /018

司马懿的成长史：老狐狸不是天生的 /023

让金子不发光，是对金子的一种折磨 /025

第二章　已经失了先手，就别丢了后发优势 / 029

曹操崛起：司马懿最可怕的对手 /029

没有完美的选择，只有最优的策略 /032

最难的不是撒谎，而是把谎撒圆 /035

地位高的人总有他地位高的理由 /039

把生存法则演绎到极致的“毒士” /043

得到怎样的信任，就做怎样的事情 /048

急着露脸，一不小心会露了屁股 /052

第三章　低调站队伍，把筹码押在下一个时代 / 057

最合适的人并不等于最得宠的人 /057

派系之争：站队要低调，立场要坚定 /061

聪明人总是栽在聪明这把双刃剑上 /064

“天下第一毒士”出手定乾坤 /068

越接近胜利，越要小心谨慎 /071

三方博弈下没有简单的你死我活 /075

第四章　第二轮洗牌，潜龙也有出海的时候 / 079

影响力取决于权威而非职位 /079

每次权力的更迭都是新一轮洗牌 /083

正确的建议，提一次就够了 /086

认真演戏，权力场就是作秀场 /090

既要懂谋略，更要懂政治 /093

战争只关乎政治，无关军事 /097

对曹丕来说，这又是一次郊游式的行军 /100

没背景没功勋，司马懿凭什么 /101

第五章　继续埋头做事，以不变应官场万变 / 106

夫唯不争，故天下莫能与之争 /106

诸葛亮崛起：最强大的对手 /110
玩“阳谋”，司马懿被诸葛亮借刀 /115
越是完美的计划容错率就越低 /120
曹休马失前蹄，留下一个萝卜坑 /125
善胜者不败，善败者不亡 /130
曹真失败日，便是司马登顶时 /134

第六章　司马 vs 诸葛：顶级强者的巅峰对决 / 140

跟谁的剧本走，谁就是最后的赢家 /140
恰到好处的失败，有时是种胜利 /145
一个团队只能有一个拍板的人 /149
高手过招，真正的功夫在出手之前 /155
找皇帝借势：万不得已才用的最后杀招 /163
秋风叶落五丈原，世间再无诸葛亮 /168
蜀国内讧，西线从此高枕无忧 /174

第七章　权随事走，没有实力就没有权力 / 180

风头出够了，麻烦也来了 /180
“东北亚”头号军事强国 /185
一个白痴的光荣与梦想 /189
实力让一切权术都靠边站 /194
司马懿在下一盘很大的棋 /199
要么不做，做就要做绝 /204
领兵在外，权力中心要有自己人 /210

第八章　不怕对手太强大，只怕对手不疯狂 / 218

拉帮结派有必要那么高调吗 /218

曹爽的局：先夺人事权，再夺军权 /225

司马懿破局：能打硬仗就不会被边缘化 /230

有多大的本钱，才能端起多大的饭碗 /236

曹爽反击，吹响了决战号角 /242

司马懿的局：其实，我是一个演员 /246

欲使对手灭亡，必先使其疯狂 /249

抢班夺权，比拼的是心理素质 /252

高平陵定局：穿皮鞋的人成不了大事 /258

第九章　一飞冲天，“鹰扬之臣”终于爪牙毕露 / 263

清算不是把人杀绝，而是把根拔除 /263

每走一步，都要停下十步来巩固 /269

时机若不成熟，再急也要蛰伏 /273

过了一把“挟天子以令诸侯”的瘾 /278

铺垫完一切后，司马懿转身离去 /282

抢班夺权，是一条不能回头的路 /287

司马昭之心，路人皆知 /290

尾　声　轮回 / 295

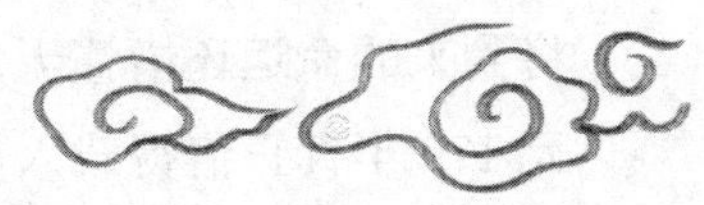

引子 起点与终点

公元 179 年，开国 150 多年的东汉王朝已经不复往日的辉煌，帝国的掌门人灵帝刘宏继承叔叔桓帝刘志未竟的事业，正在不遗余力地把汉帝国带向万劫不复的深渊。

同年，一个叫张角的中年人和他的弟弟张梁、张宝一起创立了“太平道”，他在静静地等待机遇，准备掀起一场翻天覆地的暴风雨。可惜张角不知道，这场暴风雨的果实，最后却轮不到自己来摘取。

当然，能够摘取果实的人对此同样毫不知情，他们正在自己的生活轨迹上彷徨。

公元 179 年，一个叫曹操的年轻人刚刚被调到河南顿丘当县长，那时候他最大的梦想是当一个郡长，干出政绩，做个政坛明星（欲为一郡守，好作政教，以建立名誉，使世士明知之）。

而一个叫刘备的年轻人刚刚从卢植的学校里辍学，回到家乡逐鹿涿郡，结识了两位一辈子的好朋友：关羽和张飞。

至于另一个叫孙权的年轻人，他还在静静地等待……等待出生。在这件事情上他还得再耐心地等上两年。

他们之间似乎毫无联系，就像不同电影里的不同角色，看不到任何会被编排到一起的迹象。

直到五年之后，平地里一声惊雷起，这些人的命运将会发生翻天覆地的变化，这些本来应当平行的人生轨迹被时代的力量蛮横地拧在一起，交织成一段荡气回肠的历史：

三国。

但历史的大手笔并没有到此打住，当刘宏、张角、曹操、刘备和孙权对即将到来的命运还懵懂无知的时候，如果站在历史的制高点上，我们会发现，公元 179 年真正值得载入史册的大事只有一件：在河内郡温县（今河南省焦作市温县）一座高大豪华的宅院里，一个结束三国时期的男人出生了。

这个男人叫司马懿。

三国时期的缔造者和终结者在同一个时空下沿着自己的命运沉默前行，历史就是这么幽默、这么出人意料，每一个伏笔都让人击节赞叹。

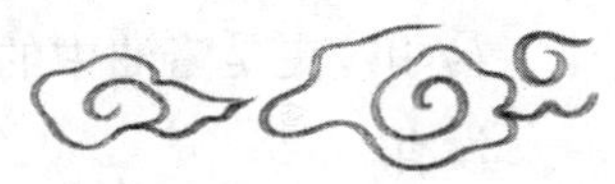

第一章　大变局时代，
一手好牌随时会变成臭牌

想抱粗大腿，自己胳膊先要够粗

听到小司马懿的第一声啼哭，司马懿的父亲司马防嘴角露出一丝慈爱的微笑。这是他的第二个儿子。长子司马朗已经八岁了，聪明非凡，远近乡亲都夸他是神童，司马防有理由相信，在自己严格的家教和司马家族世代传承的家风的熏陶下，司马懿也会成为家族的栋梁。

一想到司马家族，司马防就得意地捋起了胡子。

谁不知道司马家族是河内郡根基最深、地位最高的家族？对一个父亲来说，还有什么比能够给孩子提供如此良好的成长环境更令人自豪的事情？而如今的一切，是司马家族花费几代人的心血才缔造起来的。

司马这个姓氏，据说是出自尧舜时期掌管天地的大神重黎。不过这种说法听听也就罢了，没人会当真，司马氏真正的始祖是周代的司马程伯休父。他辞任以后，他的子孙后代便以祖先的官职——司马作为姓氏。

可见，司马这个姓氏从一开始就和沙场征战脱不了关系。河内郡的这支司马氏，最早有据可查的始祖便是一位战将，司马懿的十三世祖司马卬。

司马卬是秦朝末年的一位起义军将领，编制上隶属于赵国。众所周知，在群雄并起的秦朝末年，赵国义军只能算是打酱油的角色，而身为赵国别将的司马卬，更是酱油中的酱油，露脸次数少得可怜，史书中关于他的“行状”几乎没有。

我们唯一知道的，是他在巨鹿之战后曾随项羽一起攻打关中，在此过程中“数有功”，被项羽封为殷王，从此也成了一路诸侯。

可惜司马卬的好日子没过多久，刘邦就和项羽翻脸了，揭开了楚汉争霸的序幕。

司马卬坚定地站在项羽这一边，和当时的大多数诸侯一样，司马卬坚信楚霸王项羽能轻而易举地击败小流氓刘邦。可惜他失算了，公元前 205 年三月，刘邦北渡黄河，攻下河内地，司马卬被俘，第二年就被杀了。

至于司马卬在入关中的时候立过什么战功，在被封为殷王后表现如何，被俘后第二年为什么被杀，如此种种都不得而知。总而言之，此人在历史上的地位等同于路人甲。

但是，司马卬的后代逐渐在河内的土地上生根发芽。在此后的数百年间，这个家族秉承司马卬的光荣传统，一直把当兵吃粮当作自己的主要职业。可惜此后绝大多数“司马”在这方面都资质平平，没有出过什么搬得上台面的人。

直到汉安帝时期，河内司马氏才算出了个能拿得出手的人物：司马懿的太太爷爷、左冯翊司马钧（左冯翊和京兆尹、右扶风并称“三辅”，是京畿地区的三位最高行政长官）。

其实“拿得出手”这种说法也是相对的，至少在《后汉书》作者范晔眼里，司马钧没有资格被单独立传。所以，关于这位左冯翊的生平，我们依然只能从“《后汉书·别人的列传》”里拼凑出一鳞半爪。

从这些记录来看，作为一名战将，司马钧的战绩并不辉煌，我们不敢说他没打过胜仗，但可以肯定他没有打过一场足以进入《后汉书》作者法眼的胜仗，有资格被“载入史册”的败仗倒是打过两场。

公元 107 年，当时担任从事中郎的司马钧跟随车骑将军范鹭讨伐叛变的羌人部族。

范鹭，出身于东汉最有权势的门阀世家：范氏家族，权势滔天。这种人当然不必亲自上阵砍人，于是他运筹帷幄，命令征西校尉任尚和司马钧率领八千士卒一同出战，给羌人点颜色看看。

这场战斗的结果，《后汉书》只用了两个字，“大败”（注意，是被人大败）。

这场大败给范鹭带来的后果是——班师回朝后，车骑将军范鹭被提拔为大将军。连主帅都被升官了，作为副将的司马钧怎么可能因此受到惩罚？于是，他的官也跟着越做越大。

从这一点上来看，司马钧的军事能力甚至比不上身为三流武将的老祖宗司马卬，但是要论站队伍、抱大腿的本事，他甩司马卬八条街。

也正是仰仗着范鹭和范氏家族这个粗大腿，司马钧官运亨通，没几年就当上了左冯翊。

可惜，司马钧本质上毕竟是在军界混的人，功勋得真刀真枪自己去砍出来。这方面，司马钧实在很外行。

公元114年，这是司马钧第二次（也是最后一次）在《后汉书》里露脸，他的主要作战任务还是讨伐叛变的羌人部族。

这一次，东汉帝国下了不小的本钱，司马钧被任命为代理征西将军，统率八千精锐，又命令护羌校尉庞参率领七千余名羌族雇佣兵分兵北上，夹击羌人。

不巧的是，庞参的雇佣兵部队在半路上遇到了羌人大将杜季贡的拦截，庞参脚底抹油溜得飞快，只剩下司马钧部孤军深入。

这一战，三辅中的左冯翊、右扶风二人都参了战，可见皇帝确实下了本钱，所以司马钧只能硬着头皮孤军北上，大军直抵丁奚城（今宁夏回族自治区灵武市南）。

要说这杜季贡也的确是个人物，他见司马钧来势汹汹，当即命令丁奚城的守军放弃抵抗，与自己合兵一处，佯装退却，打算来个诱敌深入。

可惜他太不了解司马钧了，在司马钧漫长的军事生涯中，胜少败多，攻克丁奚城这种级别的胜利已经让他欣喜若狂了，根本没心思去扩大战果。对于部下要求乘胜追击的建议，司马钧听都懒得听。

司马钧无意间做了一个英明的决定。杜季贡早早设好了埋伏圈，左等右等等不来汉军，气得直吐血。司马钧哪管这些，对一辈子没尝过胜利滋味的人来说，他的胃口实在小得可怜，占据了丁奚城后，他做的第一件事情是命令右扶风仲光带着人马去把城外的庄稼全收了。

仲光自然不满意，心里骂骂咧咧，心想：你个胆小鬼、乡巴佬，不去痛打落水狗，去收什么庄稼！你自己是捞到军功了，老子还没业绩呢，同是三辅，今后回了朝让我怎么有脸混？

怀着这样的心理，仲光决定来个“将在外君命有所不受”，装作去割庄稼，其实是追击溃兵去了。不知是出于对羌人的轻视还是为了不引起司马钧的注意，仲光的部队并没有严格列阵，而是呈散兵阵形稀稀拉拉地钻进了杜季贡的包围圈。

刚吐完血的杜季贡一看时来运转，终于有鱼上钩了，乐得哇哇叫，虽然上钩的不是汉军主力，但这支没有严格列阵的军队简直就是送上门来让他宰割的。那还客气什么？杜季贡一声令下，伏兵四起，把仲光围在了中间。

仲光这才怕了，赶紧列队布阵，一边仗着汉军武器精良奋力抵抗，一边派人向司马钧求援。

收到求援后，司马钧火冒三丈，大发雷霆。他确实有理由生气，本来多完美的一场胜利啊，庞参被打退了，他攻克了丁奚城还收割了一大把庄稼回来，说出去倍儿有面子。可是现在，想把明显有预谋的杜季贡击溃是不可能了，就算出兵，顶多把仲光的残部救出来，这样一来，完胜最多只能算惨胜了。

司马钧越想越气，一拍桌子，大吼一声：“没工夫搭理他！让老匹夫自己突围，老子不管！”

盛怒之下的司马钧忘了一个问题：如果把仲光救回来，顶多战报不好看；若是任由仲光全军覆没，那可就等于把胜仗打成了败仗！要不怎么说司马钧一辈子成不了名将，如此气量，如此格局，如此意气用事，能在战场上活到今天都已经是件很了不起的事情了。

最后，仲光的三千余人全军覆没，杜季贡挟灭军的余威向着丁奚城杀来。经历了袍泽之殇，士气低落的汉军一败千里，一场大胜瞬间变成一场惨败。

司马钧戎马半生，练就了一身过硬的逃命本领，居然毫发无伤地逃回了洛阳。可是，败军辱国、贻误战机、见死不救……如此天大的罪名，即便是范鹭出马，恐怕也难以保他周全。

其实范鹭倒也不是完全没有办法，身为东汉开国六大家族之首的范氏家族真要保住一个人，总会想到办法。

可关键的问题是，司马钧又不是范鹭集团的核心人物，可能连个外围人物都算不上，顶多算个边角料，范鹭凭什么要冒着惹一身骚的风险替他强出头？

粗大腿人人想抱，但能够有幸紧密团结在大腿周围的核心成员毕竟只有那么几个，绝大多数人都只能抓住裤脚。

司马钧虽然抱对了大腿，无奈自己胳膊不够粗，只拉住了几根腿毛，平时搭个顺风车还行，但真要摊上事儿了，尤其是摊上大事儿了，腿毛根本做不了救命毫毛。

于是，当年十月，摊上大事儿的司马钧在监狱中自杀。享年不详。

司马家族有史以来最有出息的祖宗就这样不明不白地死了。

当然，瓦罐不离井口破，大将难免阵前亡。司马钧虽然不是死在战场上，但也跟战场脱不了关系。这就叫“出来混迟早要还的”，更何况还是自己违命在先，司马钧不算太死不瞑目。

司马钧死后，他的儿子司马量扛起了家族的大旗。也正是在司马量的手中，司马家族开始了另一种生存方式，意气风发地走进新时代，高举旗帜开创未来。

“内敛”二字，是司马懿的“家学渊源”

司马量在历史上是一个比司马印、司马钧更加酱油的角色，除了他曾经担任过豫章太守之外，史书上没有记载任何关于他的事情。

这是一件好事。

要知道，以司马家族的武学渊源，凡是出现在史书上的故事不是打了败仗就是打了败仗被杀了，而这个司马量，一辈子安安稳稳地在朝中做官，安心从政，没指挥过军队，也没打过仗，过着平淡的生活直到寿终正寝。

这说明一个问题：从司马量开始，司马家族已经开始脱下战衣，穿上不太合身的儒服，用握刀的手抓起儒学经书，主动向士大夫阶层靠拢。

这是个明智的选择，经过西汉王朝和王莽新朝的铺垫，儒学已经在东汉王朝彻底占据了统治地位。而作为儒学代言人的士大夫阶层也因此隐隐然有了一种武林盟主的风范（当然，是他们自以为），傲视天下，目中无人。

这些士大夫生平最佩服的人是自己，最不服气的人是宦官和外戚。至于行军打仗出身的大老粗，那是根本看不进眼里，再读上个十年二十年书，也许能让士大夫们“小小地佩服一下”。

一个最典型的例子就是东汉末年最热门的猛将组合：被称为“凉州三明”的皇甫规（字威明）、张奂（字然明）与段颎（字纪明）。

这三人在东汉后期的羌族暴乱中立下了赫赫战功，都是一等一的王牌战将，但是军功不能为他们带来任何政治上的名誉，逼得皇甫规、张奂天天抱着圣贤书充大尾巴狼，但就算这样，还一直被世族知识分子嫌弃，处处受排挤，晚年过得非常凄凉。至于段颎，由于打仗的时候杀人太多，直接被士大夫抛弃了，只好去投奔宦官集团，最后还是死得不明不白。

这是东汉武人地位的真实写照，非但被主流舆论看不起，而且永无出头之日。

非但是东汉，即使在整个中国历史上，也很少有军人世家或者商人世家，几乎所有成功的军人或者商人都会选择让自己的后代成为读书人。司马钧虽然算不上特别成功的军人，但对儿孙的期望是一样的：读圣贤书，弃武从文，远离军界。

这项大工程可能在司马钧之前就早已开始，到了司马量才终于尘埃落定。到了司马量之子、也就是司马懿的爷爷司马俊的时代，司马家族已经有了一派儒学大族的气象，在河内郡的声望地位如日中天，而司马俊本人也官至颍川太守，成为一方大员。

经过司马钧、司马量、司马俊三代人的努力，到了司马懿的父亲司马防的身上，已经彻底看不到军人的粗野、豪爽，取而代之的，是儒家最为推崇的内敛、沉稳。

司马防的内敛甚至达到了古板的程度，从来没人在他脸上见过任何夸张的表情，即使在宴会歌厅这种休闲娱乐场所都是一张扑克脸（虽间居宴处，威仪不忒）。

曾经有一次，曹操设宴款待司马防。

曹操为什么要宴请司马防？原来，司马防曾经推荐过一个小青年担任洛阳北部尉（相当于派出所所长）的职位。这个小青年并非出身于世族豪门，洛阳北部尉也不是什么重要的官职，所以司马防几乎都没把这事儿放在心上，没过几天就忘了。

这个小青年就是曹操，洛阳北部尉恰好是曹操的第一份工作，所以曹操记住了。很多年后，当年的小青年已经统一了中国北方，被汉献帝封为了魏王。这时候，他又想起了当年司马防的推荐之恩，于是把司马防接到了邺城，摆了一桌豪华的宴席款待。

整个汉王朝最有权势的人，宴请自己当年的恩公，曹操这顿酒席的规模肯定不会小。酒席上推杯换盏、莺歌燕舞，所有人都喝得酣畅淋漓，个别不自觉的衣襟都敞开了，露出一片白花花的胸脯。

只有司马防还是正襟危坐，一张扑克脸偶尔露出礼貌性的微笑。

连曹操都有些失态了，醉醺醺地凑上来，搂着司马防的肩膀："建公先生（司马防的字），你看我还是做洛阳北部尉的那块料吗？"言外之意是你瞅瞅我多牛，当年你只推荐我当洛阳北部尉，真是屈才了。

司马防转过那张扑克脸，面无表情地说："当年推荐大王的时候，大王你的才华也就刚够做个洛阳北部尉。"

曹操听了一愣，不过立刻就回过神来，哈哈大笑，喝了一口酒，找别人玩去了。

司马防继续顶着扑克脸喝酒吃菜。

曹操很幸运，他跟司马防打交道的次数不多，可怜的司马懿却是从小生活在这张扑克脸的阴影下。

据史书记载，即使成年之后，司马防的儿子们看到司马老爹心里都是一阵发怵，老爹不让走就绝不敢走，老爹不让做就绝对不敢做，老爹不问话就绝对不敢开口说话。

在这样的家庭环境下，培养出来的人必定性格沉稳、内敛，也难怪将来的司马懿能够连续忍上几十年——连这样的童年都能忍，还有什么忍受不了的？

当然，如果不是后来发生的一切，司马懿未必需要如此隐忍。当时的司马家族，已经发展到了巅峰，除了老大司马朗（字伯达）、老二司马懿（字仲达），司马防还陆续生了六个儿子：司马孚（字叔达）、司马馗（字季达）、司马恂（字显达）、司马进（字惠达）、司马通（字雅达）、司马敏（字幼达）。在人口就是生产力的封建时代，能一口气生下八个男丁，已能够保障司马家族在河内郡继续嘚瑟几十年，更何况，这八个小司马个顶个都是人中龙凤，因为字中都有个"达"字，被当时的人称之为"司马八达"，意思就是"司马家的八大高手"。

有这八大高手打底，如果不出意外，司马家族将在司马防和长子司马朗的手中走向鼎盛。而司马懿，也可以借助家族的荫庇，轻而易举地进入权力中心。

可惜的是，历史在这里打了一个旋儿，向着司马家族意想不到的方向奔流而去。而司马懿从小就开始修行的忍术，也即将派上大用场。

其实对司马懿来说，这是挺无奈的，没有人天生喜欢隐忍。

张角的局：岁在甲子，天下洗牌

汉中平元年，公元184年，刚满五岁的司马懿一边吹着鼻涕泡一边小心翼翼地对付着父亲的扑克脸，对即将发生的一切懵懂无知。与此同时，汉帝国已经乱成了一锅八宝粥。

当年二月中旬，青州、徐州、幽州、冀州、荆州、扬州、兖州、豫州的紧急军情向雪片一样发往洛阳：太平道创始人张角、张梁、张宝三兄弟作乱，数百万头戴黄巾的太平道党徒同时起兵，见到城池就打，见到大户就抢，见到官吏就杀，一时之间，整个神州大地，一片暴力之声。

这场被称为黄巾之乱或者黄巾起义的大动荡持续了数年，彻底改写了东汉王朝的政治格局，把历史引向了一个新时代。

张角心目中的新时代显然和历史真正的走向完全不同。他站在高高的将台上，俯视着校场中整齐列队的黄巾军精锐，为了这一天，他布局了整整十年，虽然在起事之前出现了一点小小的意外，但是这丝毫影响不了大局。他相信，凭借手下这支数量庞大的教徒大军，腐朽到骨子里的东汉王朝将被摧枯拉朽般地迅速毁灭，从此消散在了历史烟云中，用不了多久，他将坐在洛阳的宫殿里，成为全天下的主人。

百万教徒百万兵，万里江山万里营！

张角热血沸腾、声嘶力竭地喊出了起事的口号："苍天已死，黄天当立；岁在甲子，天下大吉！"校场中的黄巾军一样被此刻的场景振奋得热血澎湃，陷入了一种癫狂的集体无意识状态，在长刀敲击盾牌的雄壮节奏中奋力嘶吼："苍天已死，黄天当立；岁在甲子，天下大吉！"

张角眼中噙着激动的泪水，向着洛阳的方向伸出手掌，仿佛天下十三州已经尽在他的掌中。

事实证明，张角真的有点儿想多了。被摧枯拉朽的不是东汉王朝，而是他自己。

迟暮的大汉帝国爆发出了强大的潜能，张角起事的第二个月，朝廷就完成了京畿地区的布防，同时派遣名将卢植、皇甫嵩和朱儁率领帝国最精锐的力量：北军五校开赴颍川和巨鹿平定叛乱。

在《三国演义》中，卢植、皇甫嵩和朱儁三人都是打酱油的存在，露脸的机会极少，但是在东汉历史上，这三人都是少有的百战名将，特别是皇甫嵩，如果晚生几十年，未必混得比三国时期的名将差。

有这三位猛人出马，接下来发生的故事就乏善可陈了，非但让张角兄弟跌破眼镜，甚至连旁观者都会觉得毫无戏剧性：

五月，皇甫嵩击溃黄巾军大将波才，斩杀三万人，溺毙敌军七万人。

六月，皇甫嵩大败黄巾军大将彭脱，击溃数万人。

六月，朱儁攻陷宛城，击溃黄巾残部十万人。

六月，卢植击破张角直系精锐，斩杀万人。

八月，朱儁大败黄巾军大将韩忠，斩杀万人。

八月，皇甫嵩击溃黄巾军卜已部，斩首七千。

九月，皇甫嵩击破广宗，斩杀三万人，溺毙敌军五万人。张梁死于乱军之中。

十一月，朱儁大破黄巾军大将孙夏，斩杀万人。

十一月，皇甫嵩大破下曲阳，诛杀张宝，斩杀俘虏十万人。

……

黄巾军再怎么规模庞大，也架不住三位煞神这么个杀法，公元 184 年 11 月张宝阵亡，宣告了黄巾起义失败。十年的布局，最后却连十个月都没撑到，用易中天老师的话说就是：“悲剧啊。”

至于张角，他比张梁和张宝死得更早，应该是在八九月份间就病死了。张角这辈子，靠给人治病传教，也不知救活过多少人，结果自己却早早病死，从道理上说不过去。我猜他应该是被活活气死的——校场上热血澎湃的嘶吼声还历历在耳，血仍未冷，自己引以为傲的百万大军就被人割韭菜似的割去一大片，还让人堵在家门口，你说张角窝不窝火……

于是乎，在理想与现实间巨大的落差下，这位三国史上的首任枭雄、一代野心家、著名医护工作者、道教高级神职人员、组织行为学和社会心理学专家：张角同志——就这么被自己活活硌硬死了。

黄天已死，苍天还在；岁在甲子，天下还是一样姓刘。除了数以百万计的生灵涂炭，张角似乎什么都没有改变。

但是，他为即将到来的大变局埋下了伏笔，随后发生的事情彻底改变了东汉王朝的政治规则。

公元 185 年，经过一整年血腥的杀戮，全国性、大规模、有组织的黄巾之乱已经被镇压下去了，但这不代表天下从此太平，相反，一个真正的乱世即将开启。

张角三兄弟死后，黄巾军群龙无首，当年的黄巾军部将们分散成许多股势力，各自称王，势力小的有数千人，势力大的甚至有百万人。

公元 188 年，这些黄巾部众再次起事。这一次，黄巾军没有统一的部署，各自为战，也没有明确的战略目标，打了就跑——其实就是打着黄巾旗号的山贼大联欢。面对漫山遍野的黄巾游击队，曾经参与镇压第一次黄巾起义的帝国正规军束手无策。

为了镇压叛乱，公元 188 年三月，益州刺史刘焉给汉灵帝出了一个主意。

刘焉的主意很简单：给大汉十三州的刺史们更多的军权、更多的行政权，以便加强地方政权的实力，更易控制地方，有效进剿黄巾余部。与此同时，鼓励地方豪强招募私兵部曲，共同镇压黄巾之乱。

汉灵帝采纳了刘焉的建议，事实证明，这是一条行之有效的策略，权力不受限制的州牧、太守和地方豪强们在自己的一亩三分地上出重拳，下狠手，无所不用其极，终于扑灭了黄巾起义最后的火苗。

汉灵帝长舒了一口气，祖宗的社稷保住了。

但是，他不知道，刘焉这条建议不仅镇压了黄巾起义，同时也将葬送东汉王朝。

随着汉灵帝权力的下放，中央对地方逐渐失去了控制，而在与黄巾军长期作战中积累了强大军事实力的地方豪强们，也逐渐开始脱离中央，拥兵自重。汉末群雄割据的局面正在形成，三国乱世的序幕即将拉开。

可以说，为了扑灭黄巾之乱，东汉王朝下了一剂猛药，最后却把自己反噬了。而他张角，十几年的布局，搭上兄弟三人、部众几十万人的性命，不过是给别人做了垫脚石，给历史剧变当了一回药引子，自己却啥也没捞着。

再一次印证了易中天老师的名言：悲剧啊。

如果张角在黄泉下有知，一定会气得再死一次。不过张角也不必太失落，毕竟在东汉末年群雄逐鹿的这场牌局中，他虽然没有资格上牌桌，但至少他是那个洗牌的人。

当秩序崩溃，曾经的辉煌只会变成累赘。

有人的地方就有江湖，东汉帝国的权力江湖从来就没有消停过。

东汉前期主要门派

外戚和宦官两大门派从东汉开国之初就斗争不断，随着世族知识分子阶层的崛起，两虎相争变成了三足鼎立。

这三大门派的斗争与妥协，几乎决定了整个东汉王朝的政治格局。

外戚派，在东汉江湖的地位相当于武林宗师少林派，资历最老，实力曾经最强大。到了黄巾之乱时，这一派的掌门是大将军何进。

宦官派，相当于武当派。宦官的崛起，最早是皇帝用来对付外戚的，可以说，没有外戚跋扈，就没有东汉的宦官专权，这有点像金庸小说中与少林寺渊源深厚的武当派。黄巾之乱时，宦官派的掌门人是十常侍。

而士大夫阶层，则有点类似于丐帮。人数众多，社会基础深厚，讲义气（士大夫叫气节），派内高手不多，但是只要出现高手，那就必然是顶级配置的。四世三公的袁绍、袁术两兄弟可以算作这个门派在汉末的代表人物。

三大派中，宦官派由于生理机能问题，是外戚和士大夫阶层不可调和的宿敌，而士大夫和外戚之间由于有着一些天然的联系（世族有时候会变成外戚，寒族出身的外戚时间久了也能变成世族），所以往往在斗争中联合，又在联合中斗争。

百年来，三大派都试图消灭其他两派，成为武林盟主。但是各方实力都很强大，尽管力量此消彼长，还是谁也吞并不了谁，在一次次交锋中，实现了不稳固的利益平衡。

这种平衡，构成了东汉王朝的权力格局：外戚、宦官、世族知识分子瓜分了全部蛋糕，不容他人染指。

黄巾之乱的到来，打破了这种微妙的平衡。

原因很简单，长期的战争让本来就手握兵权的外戚和世族掌握了更强大的力量，而宦官虽然没有在动乱中受到冲击，但同时也没有变得更强大。

逆水行舟，不进则退。

于是，外戚集团觉得是时候该“动一动”了，而且这次，他们打算一劳永逸地解决这场武林纷争：彻底消灭宦官派。

其实外戚集团完全有这个实力，但是长期被宦官压着打让外戚掌门何进有点信心不足，在世族派镇派高手袁绍的建议下，何进决定走一条最稳妥的路线：调集并州牧董卓率军入京，诛杀宦官。

平心而论，如果是在黄巾之乱前，这并不算是一个太馊的主意，毕竟宦官派在京城的势力盘根错节，万一某个死太监的爪牙伸到了禁卫军中，场面就不好收拾了，不如找相对比较清白的外人来助拳。

但是，时代不同了，不论是何进还是袁绍都没有注意到，在镇压黄巾之乱的战争中，已经崛起了一个强大的门派：手握重兵的地方军事集团。而即将来到洛阳的董卓，在长期的汉羌战争、黄巾之乱以及后来的边章、韩遂叛乱中积攒了足够的军事实力，他正是这个门派中的顶级高手。

每一个新门派的崛起都意味着利益蛋糕的重新分配，董卓正在发愁怎么从三大派中分到一块蛋糕，结果瞌睡遇上枕头，三大派居然主动请他来切蛋糕了。这样的好事儿到哪儿找去？于是董卓兴冲冲地奔赴洛阳，满眼都是蛋糕。

但是董卓还没到洛阳，三大派的火并就提前开始了。

公元189年，感受到死亡威胁的宦官派首先发难，以斩首行动的方式诛杀了外戚派第一高手何进，紧接着，外戚派和世族同时发难，势单力薄的宦官派几大高手落荒而逃，临走还不忘带上本派的镇山法宝——汉少帝刘辩。

当然，剩下的绝大部分宦官都被诛杀。

幸福来得太突然，这一战，外戚派损失镇派高手何进，而宦官派只剩下几位镇派高手，两败俱伤。而世族派坐收渔利，取得了百年来从未有过的重大胜利。

可惜，世族派的幸福没有持续太久。因为军阀派董卓已经打到了大门口。

在洛阳西郊，董卓遇到了宦官派最后的抵抗力量，没花多少力气就把这些没练过葵花宝典的死太监除掉了，顺便接收了被扣为人质的汉少帝。

在帝国江湖的擂台上，只剩下了刚刚扬眉吐气没几天的世族派和风头正劲、不可一世的军阀派。

一场决战在所难免。

世族派曾有一次出招的机会，有人曾劝袁绍趁董卓长途行军疲惫不堪的时候发动突然袭击，把他打回老家。但是袁绍害怕了，董卓手下都是百战精锐，在西北死人堆里爬起来无数次的主儿，袁绍不敢惹。

于是，世族派失去了唯一的机会，接下来，轮到董卓出牌了。

董卓手里一堆好牌，想打哪张打哪张。他的底牌是他从老家带来的西凉铁骑，但是这张牌不到关键时刻绝对不能翻。如今最值得一打的，是从宦官派手里缴获的两张王牌：汉少帝刘辩和陈留王刘协。

董卓出牌的思路非常清晰：不管是宦官、外戚还是世族，你们的权力是谁给的？归根结底是皇帝给的。那么 OK，我就来个釜底抽薪，我把皇帝换了，现在连皇帝都是我的，你们自己说，你们的权力是谁的！？

公元 189 年 9 月，董卓废汉少帝，立陈留王为帝，这就是著名的汉献帝。

这张牌打得太狠了，只一招，董卓就彻底瓦解了世族的力量——连皇权都没有了，以儒家伦理纲常为基础的世族知识分子就成了无本之木，无源之水。现在，摆在世族派眼前的只有两条路：躲进自家的堡垒做富家翁，静静地等待乱世过去；或者，借助自家百年来积蓄的力量，成为割据一方的军阀。

袁绍选择了第二条路。董卓废立之后，袁绍立刻逃回自己的根据地：冀州，那里有袁氏家族经营多年足以以武力抗拒董卓威胁的力量。

而以司马家族为代表的大多数世族知识分子并没有在黄巾之乱中积累任何军事实力，他们只能无奈地选择依附某位军阀，或者等待灭亡。

司马家族历时几代人才换下了戎装，捡起了书卷，谁曾想到一个属于武人的时代却再一次降临。旧的秩序在瞬间土崩瓦解，新的时代，属于董卓、李傕、郭汜这种职业军人，属于袁绍、袁术这种手握重兵的门阀世族，属于曹操、孙坚、刘备这种军事天赋出众的庶族地主，司马家族曾经引以为傲的一切都和旧时代一起烟消云散了。

在汉末这场大变局的第一轮洗牌中，无数曾经的小人物摸到了一手好牌，从此走上了飞黄腾达的道路，而司马家族，却没能赶上这班停靠在八楼的二路汽车。

因为他们浸淫在自己的辉煌中太久了。

有那么一瞬间，司马防很羡慕曹操，和那个听说叫什么孙坚孙文台的小伙子，他们不曾辉煌，但他们有未来。

乱世之中，想要出头只有拿命去搏

把时间倒推将近四百年，一个叫蒯通的谋士曾经对韩信说过这样一句话："秦朝把一只叫权力的鹿给跑丢了，全天下都在抢这头鹿，谁跑得快，谁手段高，谁就能抢到这头鹿（现在秦失其鹿，天下共逐之，疾足高材者得焉）。"

后来，"鹿"被姓刘的抢到，四百年来，"鹿"一直被皇帝、外戚、宦官和世族垄断，其他人只能远远看一眼，连个屁都闻不着。

然而，随着三大派覆灭，董卓崛起，"鹿"看来又要跑丢了。

新一轮的逐鹿运动会再一次开幕。本着比赛第一、友谊不要的宗旨，曾经连根鹿毛都摸不到的各路选手摩拳擦掌，跃跃欲试：所有人都知道，这种机会短时间内有且只有一次，一旦错过，恐怕又要等上几十年甚至上百年。

当然，高回报必定伴随着高风险，作为世界上死亡率最高的运动（没有之一），想要在逐鹿竞赛中胜出，就得拿命去搏。

曹操决定搏一搏。

曹操先是拒绝了董卓的拉拢，但董卓不是那么容易被拒绝的人。曹操自己用人的原则是"不能用之，便杀之"。这方面董卓丝毫不逊色，在被拒绝之后，曹操从董卓眼里看到了一抹浓浓的杀意。

还愣着干什么，赶紧溜吧！当天晚上曹操就改名换姓，溜出了洛阳城。一路上，曹操的恐惧无以复加，他太了解董卓这类人了，只要被抓回去，就是死路一条。

恐惧让曹操变得极度神经质，还因此错杀了吕伯奢一家，并且留下了一句被人骂了一千多年的名言：宁我负人，毋人负我！

公元 189 年冬天，曹操回到家乡陈留，在几位大商人的资助下砸锅卖铁凑起一支军队。恰好第二年一月份，东郡太守桥瑁伪造中央文件，召集天下起兵讨伐董卓，兴复汉室。

桥瑁的倡议，说穿了就是号召实力弱小的诸侯联合起来跟实力最强大的董卓抢"鹿"。大家心知肚明，所以一瞬间就集结了渤海太守袁绍、河内太守王匡、冀州牧韩馥、后将军袁术、豫州牧孔伷、兖州牧刘岱、陈留太守张邈、广陵太守张超、山阳太守袁遗、济北相鲍信以及桥瑁本人共计十一支代表队（也就是所谓的“关东群雄”）。

至于曹操，那时候还不成气候，作为陈留太守张邈的小弟参加了这次战役。

董卓也不傻，他知道这些人实力不算太弱，但胃口却不算太大，只是想来分一杯羹罢了。于是，他一把火烧了补给线漫长的洛阳，挟持着皇帝跑去长安——那里背靠着西凉，是董卓的大本营。

董卓的潜台词很明显：“鹿”，我可以分给你们半只。白送，不客气。想要一整只也行，有种来长安自己拿，只怕你们到时候有命来没命回。

果然，关东群雄很知足地停下了脚步。董卓麾下的西凉军彪悍得不需要解释，最近又收购了执金吾丁原（就是吕布的第一任干爹）手中的首都卫戍部队，诸侯得了好处，不想再去硬碰硬。

真正急不可待想跟董卓决一死战的只有曹操和孙坚。

比起十一路诸侯这种大佬，曹操和孙坚都是穷得一无所有，所以他们敢于冒更大的风险，因为他们需要更多的回报。

在孙坚短暂的一生中跟司马懿没有任何交集，但是曹操，在接下来的十几年中都会成为司马懿心头挥之不去的噩梦，所以我们只把镜头对准曹操。

和司马懿不同，曹操不是一个愿意在隐忍中等待机遇的人，相反，他更愿意在冒险中创造机遇。

于是，曹操果断率领本部军马西进追击董卓。

曹操麾下只有五千刚募集来的新兵蛋子，而董卓有四万大军。曹操再怎么玩命，也不会傻到用鸡蛋去碰石头。其实曹操的想法很简单：我不需要做到完美，只要比其他人做得更成功就行了，装模作样地追上一段路，有机会就捞一票，没机会就拉倒，总之给自己赚到足够的声誉和名望，为将来独立参与逐鹿打下基础就够了。

可惜曹操运气简直糟透了，半路上遇到了董卓麾下大将徐荣。

五千新兵 vs 西凉精锐，曹操败得毫无悬念，要不是曹洪拼死救援，恐怕连小命儿都保不住。

“玩砸了，呵呵。”曹操无奈地挠挠头皮。

回到群雄大军的驻地，诸侯正在喝酒开派对不亦乐乎。看着这帮鼠目寸光的家伙，曹操气不打一处来，把乐队舞女通通轰出大帐，高声对在座的诸侯说：

“都别喝了！听听我的计划！我们现在应该兵分三路，一路驻扎孟津，直逼洛阳；一路驻扎成皋，守住周边险要路口；第三路进驻武关，直接威胁长安三辅地区。你们也别怕打硬仗，这些地方都易守难攻着呢，打不起来，只要像天下展示一下我们在形势上占据了优势就行，时间一久，董卓自然就完蛋了！现在咱们坐拥十万大军，却躲在这里喝酒吃肉，还要不要脸！”

曹操吼完，大帐中一片寂静。偶尔能听到咕咚一声把肉囫囵咽下去的声音。

诸侯都傻眼了：这小年轻儿谁家的？怎么没大没小？哥儿几个混了那么多年江湖，你说的道理我们还能不懂吗？可是想要的东西我们都要到了，干吗还要去找董卓玩儿命？好让你捡便宜？

曹操一看，讨伐董卓是没戏了，所谓的关东诸侯联盟已经貌合神离，维持不了多久了。于是，心灰意懒的曹操脱离了群雄大军，去扬州又募集了一些军队后，驻扎到河内养精蓄锐去了。

虽然并没有因此出人头地，但对曹操来说，这是他事业的起跑线。从此以后，曹操非但知名度直线上升，而且拥有了一支名正言顺的嫡系武装力量，终于有资格跻身汉末群雄的行列，参与到逐鹿天下的混战中。

之后，正如曹操所料，关东联军开始为已经到手的半只“鹿”起了内讧，先是韩馥对袁绍起了戒心，然后是刘岱杀了桥瑁，袁绍和袁术交恶，袁术借公孙瓒打袁绍，袁绍借刘表打袁术……

而董卓主力退守长安，命朱儁留守洛阳，虎视关东。

大汉天下彻底乱了。

司马朗的决断：赌注越大，赢面越广

当袁绍、袁术、曹操、孙坚这些人忙着积蓄力量应对即将到来的乱世之时，在这场大崩溃中，司马家族还在为生存而拼搏。

此时的司马防担任治书御史，在京师洛阳上班，司马懿的大哥司马朗一肩挑起了整个家族的管理。

虽然司马朗只有十九岁，但是把家族交给他，司马防放心。因为司马朗从小就显露出了不同寻常的聪明才智，九岁的时候就干了一件被载入史册的事儿。

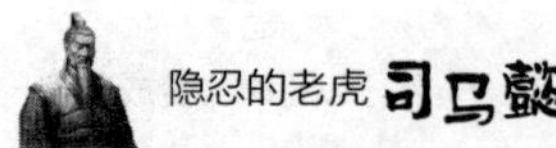

当时有位年轻的客人拜访司马防。这位客人可能是个自来熟，对司马防有点热情过了头，一口一个“防兄”喊得不亦乐乎。司马防的名讳岂是你这种小年轻儿随便叫的？司马防本来就是有名的扑克脸，这下脸色更不好看了，但是当场又不太好发作。

当时司马朗也在场，看那位客人越说越不像话，简直要跟自己的扑克脸老爹勾肩搭背了，司马朗腾的一下站起来，施了个礼，用稚嫩的声音高声说：“这位先生看来不像个孝敬长辈的人。”

在以孝治国的东汉王朝，这句话的恶毒程度不是我们现代人能想象的，要不是看司马防的面子，客人说不定当场就翻脸了，连司马防都觉得司马朗有点过了：有事儿说事儿，不带这么人身攻击的。

欣赏了一阵客人的脸色，司马朗才接着把下半句说完：“我听说，对别人的长辈不尊敬的人，一定不会尊敬自己的长辈，今天你对我的父亲丝毫没有尊敬，所以我猜想，你大概也不会太尊敬自己的尊长。”

客人听明白了，司马朗这是在跟自己提意见呢，他也知道自己刚才犯了错，错在不该跟著名的扑克脸一家这么自来熟，于是立刻向司马防道了歉，然后恭恭敬敬地辞别（当然，客人心里肯定还是窝火的，换了谁被一个九岁大的孩子训斥一顿都会窝火）。

客人离去后，司马防的扑克脸上隐约闪过一丝欣慰：一个九岁大的孩子，就知道替自己的老爹出头，知道使用“由此及彼”的类比逻辑进行推理，长大了肯定不得了。

而长大后的司马朗也没有辜负父亲的厚望，在父亲离开温县的日子里，司马朗以一人之力在大崩溃时代的夹缝中艰难维持着整个家族。

公元 190 年，关东群雄起兵讨伐董卓，战火危及了司马懿的故乡。秀才遇上兵，像司马家族这种儒学世族在太平盛世无限风光，可在乱世中却和平头百姓一样脆弱。

隔壁野王县的世族李邵沉不住气了，巴巴地跑来找司马朗，希望能够举家迁徙到温县，跟司马家族抱团儿过冬。

一群羊加上一群羊等于几群羊？答案是：还是一群羊。李氏家族和司马家族抱成一团，关东诸侯来了还不是照样没办法？于是，司马朗苦口婆心地劝李邵：“李老伯啊，野王和温县应该唇齿相依、互为掎角之势才对，你们老李家是野王县的主心骨，你们走了，野王县就乱了，野王完蛋了，我们温县也跟着完蛋，你跑我们温县来，还不是晚死一两天的事儿？”

这个道理曾担任冀州刺史的李邵怎么会不懂，但是他已经被张牙舞爪的关东大军吓怕了，恐惧之下，早把理智丢到南蛮去了，现在只想着找一个地方躲起来，哪怕只是把头埋进沙子里，也好过独自面对恐惧。

理性地思考问题并不难，难的是用理性战胜恐惧，这才是智者和愚者真正的区别。

李邵没有听司马朗的话，还是举家迁徙到温县来了。果然，没有了李氏家族镇场子，野王县立刻大乱，很快，动乱波及了温县。

越来越严峻的局势已经不是一个十九岁的少年所能承受的了，司马朗带着家族主要成员奔赴京城，打算先到父亲司马防那儿躲一阵子。

司马朗不知道，他这一去洛阳，差点儿就倒了血霉。

洛阳。董卓非常郁闷。

都是来三大门派废墟上抢钱、抢粮、抢地盘的，凭什么关东群贼就能抢得那么理直气壮？惹不起是吧？咱躲得起。退回长安去，有本事你们倒是跟过来咬我啊！

说干就干，董卓立刻下令，西凉军主力西撤。当然，董卓不会忘记把洛阳的东汉君臣全部绑票到长安——董卓虽然不懂怎么“令诸侯”，但“挟天子”还是玩得门儿清。

身为治书御史的司马防自然也在“肉票”之列，同时被绑架的还有刚到洛阳没多久的司马朗和其他家族成员。

你说你没事儿瞎跑个什么劲儿了！连司马防的扑克脸都完全不能淡定了，全家跟着董卓走，和自己一个人跟着董卓性质完全不同，司马家族几代人的经营，说不定就彻底砸在自己手里了。

跑！必须跑！司马防立刻跟司马朗商议：“我目标大，我留下，你找机会带着家人立刻回温县。咱们的根基在温县，回了家，你们安全了，家族保住了，我在长安也就有所依靠了。”

司马朗点点头。以他的年龄和性格，想法比司马防单纯些：“我是堂堂儒学世族，怎么能跟着你个西凉大老粗一起走！”当夜，司马朗就着手准备生死大逃亡了。

可是，洛阳不是你想走就能走的。在逃亡这方面，司马朗太不专业了，还没起程，就被人告密，抓了个现行。

听说司马朗要逃跑，董卓气得七窍冒火。前不久，袁绍刚刚溜出洛阳城，一回冀州就起兵造反，没过几天曹操又溜出了洛阳城，一回陈留就起兵造反。现在你司马朗又想溜走，想来就来，想走就走，把我这里当公共厕所了吗！

董卓决定亲自审问司马朗，然后杀了这个不知天高地厚的小东西，杀鸡给猴看。

司马朗摊上大事儿了！

可是，一见到司马朗，董卓就感到内心深处有一种记忆被勾了起来。

“如果我的儿子还活着，他应该像你这么大了。”董卓小声对司马朗说，话中带着淡淡的凄凉。

司马朗还没反应过来，就听到董卓声音又提高八度，声嘶力竭地怒吼：“可是你为什么要背叛我！？”

朝堂上的群臣吓得纷纷缩起了脖子，同情地看着司马朗。“董贼发了那么大的脾气，你小子全家的命估计是保不住了。”群臣心想。

司马朗也有点蒙了：“跟你的死儿子一般大，我就不能背叛你？这是个什么道理？”一道闪电劈过脑海，司马朗突然明白了董卓暴怒的逻辑。

这是一种移情作用，看到司马朗的一瞬间，让董卓回到了父亲的角色，可是很快，董卓就认识到自己真正的角色是权臣，权臣的心是不能柔软的，于是他立刻用加倍的暴怒来掩饰自己不经意之间流露出来的温存。

想不到杀人不眨眼的董魔头心中也有一块柔软的区域。

司马朗决定抓住这根救命稻草，一个人只要还有感情，就会被打动，哪怕是杀人魔王董卓也不例外。

让所有人大跌眼镜的一幕发生了，司马朗突然变得极为温顺，破天荒地拍起了马屁：“明公！”司马朗用夸张的姿势深深一拜，“明公真是天下的大救星，自从您来到洛阳，铲除了阉贼，又推举了那么多贤能的人才，为了大汉的中兴事业，您真是殚精竭虑啊！”（明公以高世之德，遭阳九之会，清除群秽，广举贤士，此诚虚心垂虑，将兴至治也。）

司马朗说这些的时候非但眼皮都不带眨的，而且收起了家族祖传的扑克脸，表情要多真诚有多真诚，连司马朗自己都差点信了，越说越动情：“可是现在关东有一帮小丑跟你过不去，关东贼兵打到哪儿，哪儿就民不聊生，流民四起，乱得不得了，俺们老家也遭了兵灾，日子不好过啊明公！这就是为什么我想要回家啊明公！”（威德以隆，功业以著，而兵难日起，州郡鼎沸，郊境之内，民不安业，捐弃居产，流亡藏窜，虽四关设禁，重加刑戮，犹不绝息，此朗之所以于邑也。）

这高帽戴得本身不算太巧妙，在人才辈出的东汉马屁界也就算是中等偏下，但是，司马朗的乖巧再一次唤起了董卓心中的温存，这种温存就像星星之火，一旦点燃，董卓就再也下不了杀心了。“算了，这次不杀你，下不为例。”董卓挥挥手，回宫了；司马朗挥挥汗，退下了。

“幸亏我是演技派。”司马朗心有余悸。当然，很多年以后司马朗会明白，司马家族真正的影帝是他的二弟司马懿。

董卓说不杀司马朗，不代表要放司马朗走，西迁的准备工作依然如火如荼地展开着。

无论如何都要离开洛阳城，司马朗决定豪赌一场——他要拿出家族所有的财产，贿赂董卓身边的人，给自己买一条路。

这可是司马家族几代人的积蓄啊！就这么毫不心疼地送给董卓的走狗吗？司马防被司马朗的大手笔震撼了，震撼的目光中，流露出无限的欣慰：这就是年轻人才有的魄力，未来，属于你们这些年轻人。

司马朗压上了家族全部的财产作为赌注，他知道洛阳的繁华已经把西凉饿狼喂得足够饱了，为了打动他们，他必须下更大的本钱。他没有百分之百的胜率，他只知道，下的赌注越大，赢面就越广，而只要能够活着离开洛阳，失去这些财富又算得了什么呢？

一个世家，真正的财富是家学渊源，是司马这个姓氏，是司马防、司马朗、司马懿、司马孚这些家族成员。钱没了，可以再赚；人没了，一切都没了。

几代人无数年的积累，数以万计的金银、珠宝、土地、房产，就这样被司马朗流水一样打点出去，流向洛阳新贵们的钱袋。西凉来的大老粗们何曾见过如此大的手笔？当司马家族的家底即将被彻底掏空的时候，洛阳终于变成了一座不设防的城市。

在一个月黑风高的夜晚，司马朗带着家人离开洛阳，踏上了回家的道路。

在颠簸的马车上，小司马懿回望漆黑的城墙，记住了发生在洛阳的一切。

司马懿的成长史：老狐狸不是天生的

司马朗带着家人回到光秃秃的家里，有种“人是物非”的感觉，不过很快他就发现，连温县都待不下去了。

我们之前提到过，曹操追击董卓被徐荣打得落花流水，连小命儿都差点没了，回到联军驻地却发现大家在忙着喝酒吃肉开派对，非常愤怒，要求联军兵分三路出兵孟津、武关和成皋，虽然曹操最后被骂得灰头土脸，但他的策略却是无可反驳的——要打洛阳，就必须经过成皋。

很不幸的是，温县就被夹在成皋和洛阳之间。联军从成皋出发，顺便就会经过温县，而从洛阳退下来的溃兵，当然更不会放弃来温县打秋风的机会。司马朗敏锐地察觉到，很快温县就会变成乱兵的乐园。

于是，司马朗召集全家人和县里的乡绅，提议离开温县，迁移到黎阳。黎阳驻扎着一支政府军，这支军队的总司令叫赵威孙，恰好是司马家的姻亲。

没有人愿意背井离乡，尤其是有家有业的人。县里的其他家族都不愿意走。有些人觉得宁可死也要死在自己的土地上，有些人觉得关东群雄都是政府军，不会为难自己，更多的人是根本不愿意想这个问题，只想留在家里，假装外面什么事情都没有发生。

最后，只有一个叫赵咨的人跟着司马朗一起离开了温县。史籍上对赵咨的评价是“见识过人”，后来因为与世无争仕途不太顺利，但还是官至魏国九卿之一的太常，而他的儿子赵酆一直是司马师、司马昭两兄弟的得力干将，晋朝建立后官至骠骑将军，封东平陵公。

所以说，很多时候真理掌握在少数人手里，因为智者永远是少数人。

也正是在这段时间，小司马懿接触了很多平时根本接触不到的东西。

世族之所以能成为世族，不是因为他们垄断了政治资源，而是因为他们垄断了重要的知识。在古代，知识并不是公共资源，而是士大夫阶层的私产，而世族则凭借着本家族的武林秘籍（也就是所谓的家学），才能确保世代传承。

所谓的“富不过三代”，那是在知识变成公共资源，所有人公平竞争的前提下才会发生的魔咒。

司马家族虽然算不上最显赫的世族，但也有自己的家学渊源。可惜的是，司马家族百年来所积累的家学都是来源于太平盛世，也只适用于太平盛世。而如今，乱世已经降临，曹操、孙坚、刘备这些寒门庶族即将成为炙手可热的新贵，如果司马懿还是像前辈一样老老实实学习那些过时的知识，很有可能就沦为历史的群众演员。

乱世的降临，让父亲司马防和大哥司马朗疲于奔命，放松了对司马懿学习的敦促。这段时间，司马懿虽然还是保持着认真学习的劲头，但是也在偶然的机会，接触到了许多不在“教学大纲”要求上的兵书战策、纵横谋略。司马家族以当兵吃粮起家，家里自然少不了这些“课外书”。我们不知道小司马懿在这些“课外书”上到底花了多少精力，但从他之后表现出来的谋略、军事水平来看，应该不会太少——估计那时候的司马懿也是个熄灯后打着手电看闲书的主儿。

而随大哥司马朗的洛阳之行，更是让司马懿大开眼界。在此之前，他一直以为为人处世就要像父亲一样一丝不苟、古板严肃。大哥司马朗也一直以这副面貌对自己言传身教。可是司马朗在洛阳的表现实在是让小司马懿的三观受到重大冲击：拍马屁（很投入），塞红包（把家产都塞光），偷偷摸摸像做贼一样溜出洛阳城（还真是做贼）——这一切，祖父、父亲还是大哥从来没有教过自己，仿佛根本不是一个正统的儒生应该学的。

可正是这些难登大雅之堂的手段，拯救了司马家族。

这个世界上没有对错，只有在正确的场合使用正确的手段。想明白了这个道理，小司马懿的人生观、世界观、价值观就已经开始拐弯了。

在黎阳，因为有赵威孙和他手下的军队罩着，司马懿暂时过上了一段平静的生活。司马家族的先人恐怕不会想到，几十年的努力后，司马家族居然又回到了军营，也正是在这里，司马家族的铁血基因被再一次唤醒。

军营的生活令人神往，在军营里读书更是另有一番情致。每天听着号角起床，读书之余看着雄姿英发的大汉帝国正规军骑射、列阵，对从小生活在四角天空下，院子里一棵是枣树另一棵还是枣树的司马懿来说，是一种截然不同的人生体验。

当司马懿沉醉在这种生活中的时候，大哥司马朗却时刻关心着外面的局势。

司马家族搬迁后，温县果然成了乱兵的乐园，过兵如过匪，父老乡亲们死伤惨重。

接着，那个叫孙坚的家伙打进了洛阳城，关东联军的任务名义上算是完成了，相互之间开始抢地盘打得不可开交，在一片混乱中，那个叫曹操的家伙接管了青州地区四十万黄巾军残部，实力爆棚，把徐州杀得鸡犬不留（至于那个叫刘备的家伙，那时候还是二线演员，认识的人不多）。

公元 194 年，曹操把兵锋指向了濮阳的军阀吕布。

濮阳和黎阳相距不远，也在战乱的波及范围之内，难得过了几年安定日子的司马家族只得再一次迁徙，在司马朗的带领之下，回到了老家温县。

让金子不发光，是对金子的一种折磨

司马懿从小生活在大哥司马朗的光环下。

在外人眼里，司马懿只是司马朗的小跟班，“司马朗的弟弟”、“司马家族的次子”成了司马懿身上的全部标签，以至于史书上没有留下任何司马懿童年时代的印记——该做的事情都让司马朗做了，司马懿在打酱油中度过了童年。

在扑克脸老爹的影响下，司马懿的性格本来就是那么争强好胜，而这段人生经历，更是让司马懿养成了“千年老二”的性格——比我出风头？没关系。把我压得抬不起头？没关系。

我们常说司马懿擅长隐忍，但是一个争强好胜的人再怎么老谋深算也忍不了一辈子。反倒是从小就做惯了老二的司马懿，可以忍，可以等，反正从小就是这么过来的。

但是，习惯当老二，不代表年轻的司马懿就愿意当孙子。再怎么“不张扬”，再怎么“千年老二”，当时的司马懿毕竟只是一个年轻人，而且是出身世族、天资过人的年轻人，这样的年轻人，绝不会懂得“收敛锋芒”四个字。

所以，司马懿绝不会刻意掩饰与自己年龄不相符的过人学问和见识，往往一句话就道破玄机，让人不由得不佩服。随着一天天成长，司马懿的才华展露得越来越明显，身上开始散发出一股“王霸之气”。

十六岁那年，司马懿遇到了当时的名士杨俊。杨俊当场就被司马懿浑身散发的“王霸之气”震撼了，并对身边的人赞叹道：这家伙，不得了！（此非常之人也。）

听到这句评价，说司马懿不开心那简直是睁眼说瞎话。

不要以为这只是一句普通的客气话。在当时，杨俊的一句话马上就会传遍整个士大夫阶层，相当于给司马懿定性了。

这就是传说中的“品藻”。

所谓“品藻”，就是东汉末年那么一群闲得发慌的知识分子，热衷于评价别人，因为这帮人本身地位高，说话有分量；眼光又毒，看人一看一个准，所以能得到这帮人一句正面评价，就相当于捡到一块金字招牌。

这就是为什么曹操软磨硬泡非要许劭给他“品藻”一番，最后得了一句“清平之奸贼，乱世之英雄”，而乐得屁颠屁颠的。

而杨俊这方面的眼力也是出了名的毒辣，能得到杨俊的一句品评，司马懿能不美吗？

此后，司马懿的才华就像布袋里的锥子，表现得越来越明显，终于引起了另一位大名士的注意。

一天，司马懿和往常一样，陪大哥司马朗和客人们闲聊，聊着聊着，就聊到人物品评上去了，还是像往常一样，大家像评价萝卜白菜一样把那些著名不著名的人物拿出来评价一番。

说着说着，一个帅到没边儿的大叔突然指着司马懿对司马朗说：“你这个弟弟，果断，英武非凡，恐怕比你强出很多啊！”（君弟聪亮明允，刚断英特，非子所及也。）

连司马懿都吃了一惊，他对自己的才华的确很自信，但从来没想过要超越大哥，一时间不知如何应答。反倒是大哥司马朗气度非凡，听帅大叔夸奖自己的弟弟，哈哈大笑，心中十分高兴。

但高兴归高兴，不管是司马朗还是司马懿，没人把帅大叔的话当真。

这位帅大叔叫崔琰，东汉末年第一帅哥，后来在曹操的东西曹掾属担任重要职位，以长得帅和看人准而著称于世。

日子一天一天过，司马懿身上的“王霸之气”与日俱增。说实话，从小性格内敛的司马懿倒真不是刻意要霸气外露，只是对一个少年人来说，出众的才华和过人的天资就像黑暗中的萤火虫，实在很难去掩饰。是金子总会发光，让金子不发光，这是对金子的一种折磨，况且对少年司马懿来说，他实在没有可以隐藏锋芒的迫切理由。

直到有一天，一个同学，用刀子给司马懿扎扎实实地上了一课。

司马懿有一个老师，叫胡昭（有趣的是，这个胡昭字孔明）。

胡昭是汉末三国时期著名的隐士和书法家，年轻的时候为了躲避没完没了的郡县“察举”（就是郡县长官出面推荐他去做官）一直客居冀州，后来被袁绍看上了，袁绍放下架子多次登门拜访想请胡昭出山，都被胡昭拒绝了。

胡昭虽然一直隐居，但也有一双看人的毒眼，他一眼就看出袁绍是个气量狭小的人，觉得自己一而再、再而三地拒绝袁绍会有危险，于是溜出了冀州。果然，袁绍觉得自己被拒绝很没面子，下令缉拿胡昭，不过那时候，胡昭早就流窜到颍川了。

颍川也不安生，曹操听说了胡昭的才华，也是三番五次上门请他出山。胡昭心知曹操虽然心胸比袁绍开阔，但是手段却比袁绍更绝，于是，不得不出山面见曹操：“大人，不是我不想当你的官，而是我这个人闲云野鹤惯了，真心不想当官。”想了想，胡昭郑重其事地补充了一句，“谁的官都不想当！”

曹操等的就是这句话，既然胡昭表态了，装模作样地感慨了一句：“人各有志，出处异趣。”就把胡昭放了。

胡昭却吓出一身冷汗，要不是自己机灵及时表态，说不定脑袋就没了，于是，干脆离开颍川，搬到陆浑山去了。

在陆浑山中，胡昭开了一个小学堂，教当地的居民读书写字，本来只是一所扫盲性质的学校，但是因为胡昭的名气实在太大，许多世家子弟都前来求学。

司马懿也在其中。

在我们的学生生涯中总会遇到这么一个人，长得又帅，家里又有钱，人又聪明，成绩又好，简直让人嫉妒得连脚趾都在抽搐。

而司马懿就是这样一个人。这位出身世族的高富帅，在一群陆浑山本地矮穷矬中本来就显得鹤立鸡群，再加上当时的司马懿并没有可以收敛自己的习惯，在同学眼中，他就成了地地道道的“霸气外露，找死”！

果然，很快司马懿就和一个姓周的当地同学（史书上称为周生）发生了不愉快。

周生解决冲突的方法十分干脆，趁着胡昭外出的机会，提起大片子刀，集结二十几个小弟，打算找个安静的角落宰了司马懿（真是个民风彪悍的学校）。

周生杀气腾腾地去砍司马懿，司马懿还毫不知情，其他学生乐得看司马懿吃瘪，也没人通知他。倒是胡昭，不知从哪里听到了这个消息，大惊失色，翻山越岭地赶回学校，漫山遍野找周生，终于在崤山和渑池之间截住周生一行人。

周生自然知道胡昭的来意，咬牙切齿道："老师，啥也别说了，今天老子非剁了司马小贼，看他还敢嚣张，待我宰了那厮，再来找老师谢罪！"说完提着刀扭头就走。

胡昭死死拉住周生，跟他讲仁义，讲忠恕，讲圣人的大教化，讲到动情处，一把鼻涕一把眼泪的。周生毕竟敬重胡昭，此刻也有点感动，终于垂下手里的钢刀："罢了，罢了，看在老师的面上，放过司马小贼吧。"（昭泣与结诚，生感其义，乃止。）

胡昭还担心周生会出尔反尔，非要周生发个毒誓，周生此刻杀心已退，当着胡昭的面一刀劈断一棵枣树："我周生如果违背誓言再去找司马小贼的麻烦，有如此树！"

胡昭这才放心地回学校了，司马懿躲过一劫。

在司马懿漫长的一生中有无数对手：曹操、诸葛亮、孙渊、曹爽、王凌……这些人都曾想杀了他，只有这个连名字都没留下的周生，是真的差点杀了司马懿。

胡昭一直没有把这件事情告诉司马懿，但是从其他人口中，司马懿已经隐隐了解到了这次危机。

司马懿吓出了一身冷汗。

原来，并不是每个地方的人都像温县的士绅一样尊敬他、畏惧他；原来，并不是每个人都像司马朗一样疼爱他、包容他；原来，锋芒毕露的"王霸之气"只会给自己带来嫉妒和仇恨。

聪明不是错，但是处处表现得比别人聪明，就显得有点愚蠢。

很快，司马懿就要为自己年少时的愚蠢付出漫长的代价了。

第二章　已经失了先手，就别丢了后发优势

曹操崛起：司马懿最可怕的对手

同样身为三国时期顶级的奸雄，曹操和司马懿不同，司马懿擅长忍耐和等待，只要找到机会他就会一剑封喉，但如果没有机会，他会一直等下去。曹操同样擅长把握机会，但他更愿意亲手去创造机会。

董卓之乱后，曹操被封为东郡太守，兵也有了，名气也有了，算是积累了创业的第一桶金。钱要滚起来才能生钱，兵马和名声也是一样，不能用来消耗，而是要用来投资。

很快就有人带着项目找上了曹操。

公元 192 年，盘踞在青州的黄巾军余部几十万人浩浩荡荡地开进兖州，兖州的军队根本不够用，连刺史刘岱都战死了。兖州的地方豪强张邈和陈宫一看不对头，这是个无底洞，必须找新的投资人，经过一番筛选，他们选中了曹操。

一个有资金（作战能力），一个有项目，两边一拍即合，张邈、陈宫二人立刻奉迎曹操为兖州牧，负责操作剿灭青州黄巾军的项目。

二人之所以看中曹操不光是因为他有点兵有点名气，更重要的是比起其他军阀，曹操根基不深，实力不强，好控制。这样的小军阀，随便给你个“兖州牧”的虚衔哪儿凉快哪儿待着去。身为兖州的地头蛇，张邈和陈宫到时候完全可以“挟曹操以令兖州”。

真是笑话！

曹操用了半年时间，彻底把青州黄巾军打趴下。但是他没有像朱儁、皇甫嵩那样大肆杀戮，反而招降收编了青州黄巾军。

这些黄巾军有多少人？战兵三十余万人，士兵眷属加起来总计人口百万人！曹操做梦都要笑醒了。

张邈和陈宫傻眼了，本来只想让曹操当个名誉董事，结果曹操这一笔赚翻了，瞬间财大气粗，成了兖州的大股东。

张邈、陈宫偷鸡不成反蚀把米，恨得牙痒痒。公元 194 年，曹操倾巢出动，讨伐徐州陶谦。张邈觉得机会来了，又像当年邀请曹操一样邀请来了吕布，承诺只要让曹操滚出兖州董事会，“兖州牧”的头衔就是吕布的奖品。

可惜这两个家伙怎么可能是曹操的对手？在荀彧、程昱、夏侯惇的努力下，张邈把曹操赶出兖州的计划破产。第二年，曹操从徐州回来，最后被赶出兖州董事会的是张邈和陈宫。

公元 195 年 10 月，曹操被中央政府正式册封为兖州牧，成了名副其实的兖州董事长。

曹老板阔了，但曹老板还想更阔，这时候，谋士毛玠向曹操提了一个建议：“奉天子以令不臣。”

毛玠的一句话像闪电一样亮瞎了整个东汉末年所有人的眼，曹操脑袋里顿时像是有扇门被狠狠踹开一样，看到了一片新的天空：大汉朝是我们的，也是你们的，但归根到底是皇帝们的。谁能把皇帝这张牌握在手里，谁就是天下的主人。

这个道理谁都懂，但一直没人知道皇帝这张牌该怎么打：董卓选择了废立，虽然成功搞垮了朝廷三大门派，但自己也成了过街老鼠，死得很难看。袁术选择了自立，结果成了全民公敌，死得很难看。袁绍打算另立中央，写信给宗室刘虞说：“你来给咱们当皇帝吧？”刘虞吓得屁滚尿流，打死都不敢答应，袁绍的另立计划得以流产，所以他死得没那么难看（虽然也死了）。

而现在，在毛玠的提醒下，曹操看到了皇帝这张牌的全新打法。

说干就干，这一年九月，曹操把汉献帝从洛阳接到许昌，好吃好喝供养着。

自从登基以来小皇帝就没当过几天正经皇帝，董卓不把他当盘菜也就算了，当年在长安连李傕都敢将他的老婆们许诺给羌胡兵，后来被西北军一路绑票的日子更是往事不堪回首，经常随便找个农家院往那儿一坐就算上早朝了，一帮丘八爷坐在围墙上看耍猴一样围观群臣行大礼。现在终于能有一个正儿八经的地方住，有个正儿八经的人把他当皇帝看，汉王朝终于正儿八经像个朝廷了（至是宗庙社稷制度始立）。

年轻的汉献帝小朋友非常感动。于是，他当场封曹操为大将军。

曹操迅速完成了从军阀到王朝代言人的形象转变，从此以后，曹操名义上就属于国有资产了，在政治上立于不败之地。凭着这张王牌，曹操也开始了新一轮的扩张并购。

公元 197 年 9 月，曹操东征袁术，大破袁术军。当年 11 月，南征刘表、张绣联军，攻克宛城。公元 198 年 5 月，东征徐州，斩吕布。公元 199 年 4 月，斩眭固，取河内市……

曹操打得很开心，袁绍这边后悔得脸都绿了。原来很早之前，谋士沮授就曾经劝袁绍把汉献帝接过来，“挟天子而令诸侯，蓄士马以讨不庭”，但是袁绍没当回事儿，一门心思想着自己找个皇帝来拥立，结果新皇帝没找到，旧皇帝倒成了曹操手里的优质资产，袁绍那叫一个懊恼。

于是袁绍干了一件蠢兮兮的事情：他写信给曹操说，许都这种地方，湿答答的，不如把天子陛下迁徙到我的甄城里来吧。

曹操一接到信就笑了，现在知道汉献帝这张牌好使了？早干吗去了？想空手套白狼啊？想什么呢？

曹操做得更绝，他没有直接回信拒绝，而是借天子的名义给袁绍一道诏书，一本正经地教训了袁绍一番，说袁绍啊，你确实兵多将广，你也确实实力雄厚，那么朕流离失所的时候怎么没见到你来勤王啊？怎么一天到晚看见你不是发展自己的势力，就是攻击别人啊？你对大汉王朝的忠心何在啊？

收到这样一封信袁绍鼻子都气歪了，他明明知道这根本就是曹操写的，但诏书就是诏书，盖着皇帝的大印呢，他能怎么办？只好哑巴吃黄连，非但有苦说不出，还要写一封检讨书交上去。

交给谁啊？名义上是给皇帝，但谁不知道最后会落到曹操手里？袁绍那叫一个窝火，痔疮都憋出来了，可他一点办法没有，谁让曹操占据了政治制高点呢？

收到了检讨书，曹操乐了，但是乐归乐，毕竟不想把袁绍得罪得太死，于是曹操又借汉献帝的手，封袁绍为太尉。

谁知道袁绍给脸不要脸，收到册封就破口大骂，觉得太尉的级别低于大将军，自己吃了大亏。

袁绍这人脑子也确实不太好使，当年奉迎天子那么大的名分白给他他不要，现在却为了大将军还是太尉这种鸡毛蒜皮的事情斤斤计较。群雄时代军阀割据，有枪有兵的人嗓门儿最大，谁管你职位是大将军还是小将军？

曹操呵呵一笑，你要当大将军那你拿去好了。于是，曹操再一次借汉献帝的手，把自己封为大司空，把袁绍封为大将军。

皇帝都在我手里攥着呢，你居然跟我计较官职，真逗。

袁绍除了吃哑巴亏，没有一点办法。

不过幸好，袁绍的军事实力比曹操强太多了，你不把皇帝给我，我就硬抢！

公元199年，张绣在谋士贾诩的忽悠下投降曹操，与此同时曹操用卫觊之计，稳定了关中地区，放眼整个中国北方，曹操已经和袁绍构成了二虎争雄的格局。

就算没有汉献帝这块香馍馍，袁绍也不可能容下曹操了。公元200年2月，袁绍率步兵10万、骑兵1万，进军黎阳（今河南浚县东北），准备渡河，同时派遣颜良进攻白马（今河南滑县东北）。

决定北方格局的官渡之战爆发。

官渡之战的结果众所周知，曹操成为北方地区实力最强大的军阀，而四世三公的袁氏家族，则从此走向了没落。

不管对于曹操还是袁绍，这都是自身命运的转折点，与此同时，这场战役带来的蝴蝶效应还改变了无数与之相关或者不相关的人，也包括司马懿和司马家族。

没有完美的选择，只有最优的策略

公元201年，22岁的司马懿被郡里推举为上计掾。对一个普通的世族青年来说，这是中规中矩的出路，不高也不低，如果不出意外，司马懿将会沿着既定的升迁路线一步步往上走，最后在某个不高也不低的位置上退休。

像所有职场新人一样，司马懿带着干劲儿和羞涩去上班，老老实实完成领导派下的任务，在这个前途不好也不坏的岗位上，干得也是不好不坏。

可是这时候，司马懿少年时积攒下来的名声已经传遍了士大夫阶层，也传到了一个人的耳朵里——大司空曹操。

此时的曹操刚刚在官渡击败富五代袁绍，王霸之气覆盖整个中国北方，自信心简直要爆表。

当年的寒门小混混，今天阔气了，当年的有些恩情，是时候该报答一下了。

曹操第一个想到的就是曾经提拔自己的恩人司马防，早听说司马防的大儿子司马朗是个挺有前途的小伙子。

“就让他来我的司空府做个司空掾属吧。”曹操大手一挥，对身边的属官下了命令。

“主公，彧听闻，司马建公的次子司马仲达也是个难得的人才，恐怕并不逊色于司马伯达。”打断曹操的是曹营首席谋士荀彧，曹操眯着眼打量了一会儿荀彧，突然一拍脑袋想起来了，荀彧好几次跟自己推荐过这个司马懿。

荀彧的眼光曹操绝对是相信的，此前他推荐的荀攸、钟繇、陈群现在也都是曹操麾下的顶梁柱，再加上杨骏、崔琰这些名士给司马懿打的广告收视率一直颇高，“那就把司马懿也一起带上吧。”曹操扭头对着属官又加了一句。

司空府的使者带着曹操的聘书来到司马朗和司马懿面前，司马朗毫不犹豫地抓住了这次机会，能够傍上曹操这样的实力派大老板，在大动荡中被搞得惨兮兮的司马家族，说不定从此就咸鱼翻身了！

而司马懿的选择却出乎所有人的预料——他拒绝了曹操的征辟。

“我得了风痹，正要休病假呢。”司马懿摊摊手，一脸“惋惜”的表情。

风痹又称鬼箭风，因风、寒、湿、热等外邪侵袭人体，闭阻经络而导致气血运行不畅的病症。临床表现为肌肉、筋骨、关节等部位酸痛或麻木、屈伸不利，甚或关节肿大灼热等。

为了表现自己确实得了风痹，司马懿捂着关节在使者面前又呻吟了一小会儿。

司马懿当然没得风痹，他就是不想出山去给曹操打工，随口找了个让人无法拒绝的借口而已。使者走后，家人纷纷埋怨司马懿，这么粗的大腿白送上门来你都不抱，你还敢拿那么不讲究的借口去敷衍曹操——曹操是那么好敷衍的吗！？

“你们不懂。”司马懿高深莫测地微笑着不说话，目光扫过大哥司马朗的脸上时，他看到了司马朗嘴角同样露出了高深莫测的微笑。

“这孩子，确实不简单。将来的成就恐怕真的不会在我之下。”司马朗的笑是欣慰的笑，只有他知道二弟司马懿在想什么。

司马懿当然没疯，他有他的理由。

司马懿知道，大哥的光环实在是太耀眼了，贸然和大哥同时进入曹营，那么自己一辈子都摆脱不了这个光环。

当然，更重要的理由是，司马懿还在观望，观望曹操究竟能走多远。

袁绍主力已经在官渡被打趴下了，但是袁氏家族在河北深厚的根基绝不是凭借一场战役就可以连根拔起的，谁都不知道袁绍是不是还有翻盘的那一天。

反观曹操，虽然现在牛气冲天，可是自从黄巾之乱以来，牛气冲天的人多了去了，当年的董卓、后来的李傕、郭汜，再到去年的袁绍，哪一个不是虎躯一震王霸之气威震四方？还不是说完蛋就完蛋了，谁知道下一个会不会轮到曹操？

而且，司马懿不太能接受寒族出身的曹操，对同样是世族出身的袁绍更有亲近感。在潜意识里，他总觉得袁绍会咸鱼翻身——世家豪族的娃儿，没有理由输给寒族出身的苦哈哈。

反正已经把老哥司马朗押给曹操了，本着不能把鸡蛋放在一个篮子里的原则，司马懿决定再等等、再看看。

对司马懿来说，这不是完美的选择，因为越稳妥的策略收益率就越低，不管曹操和袁绍谁获胜，他都会损失好几年发展的机会。但是对司马家族来说，这是最优的策略，在城头变幻大王旗的汉末群雄时代，分散投资是很多大家族的不二选择，比如琅玡诸葛家族，诸葛亮在蜀国，诸葛瑾在吴国，诸葛诞在魏国，以至于当时有“蜀得其龙，吴得其虎，魏得其狗”的说法。

司马朗明白司马懿的想法，也不勉强，独自一人找曹操报到去了。

听闻司马懿得了风痹的消息，曹操笑了。

身为汉末资深奸雄，曹操什么样的阴谋诡计没见过，司马懿这点小把戏能骗得过他？“装病？呵呵，有趣，这小子挺有老夫当年的风范。”曹操微笑着想起了自己小时候的一桩故事。

曹操从小就是个问题青年，经常跑去“打游戏”，就是不爱学习（飞鹰走狗，游荡无度），曹操的叔父很看不惯他，天天找曹嵩打小报告，曹操心里窝火得很。

要换了一般的小朋友，真拿这样的叔父没办法，可曹操小朋友那是一般小朋友能比的吗？曹操决定玩个诡计，一劳永逸地解决这个恼人的问题。

一天，曹家老叔走在街上远远看到曹操那张脸有点不对劲儿，嘴角都歪到耳朵上去了。曹大叔吓了一跳，心想："这倒霉孩子不会中风了吧！"曹大叔回到家，正好碰到曹嵩，于是闲聊起来："老曹，你家那倒霉孩子……呃，我是说咱家阿瞒，他是不是中风了？怎么也不告诉我啊！"

曹嵩一听就急了，什么中风？昨天不还好好的吗？大呼小叫地找到了曹操，一看，曹操那张嘴脸好着呢，丑是丑点，但也没有中风偏瘫的迹象。"阿瞒，什么情况！你叔说你中风了。"

机会来了！曹操斜眼看着叔父，阴阳怪气地说道："父亲，孩儿本来是不中风的，后来叔父看我不顺眼，巴不得我中风，那要不……我就中个风呗。"（初不中风，但失爱于叔父，故见罔耳。）

曹大叔一听就知道被摆了一道，气得说不出话来，这边曹嵩把曹大叔的怒及失语当作羞愧默认，从此再也不相信曹大叔打的小报告了。

曹操小朋友大获全胜。

这段快乐的装病史一直是曹操最得意的童年回忆之一，想不到今天，一个叫司马懿的小伙子，居然跟自己玩起了装病，这不是云长门前舞大刀吗！

有意思，真有意思。

"你，去司马懿家里蹲几天，拆穿他的把戏然后把他给我带来。"曹操找了一个身手矫捷的侍卫，"记住，悄悄地干活，不要声张。"

侍卫领命出发了，一边走一边心想，这个姓司马的要倒霉了，要说玩心计，天下谁能玩得过咱家主公。

最难的不是撒谎，而是把谎撒圆

司马懿早早做好了准备。使者刚走，他就一瘸一拐地回到卧室，躺到床上哼哼唧唧，时不时按住某块关节喊一声，"哎哟妈呀，疼死我了"！装得跟真的一样。

虽说家里没有外人，但是保不准哪个仆役说漏嘴，要是让曹操抓住把柄，一定会有麻烦。所以保守秘密的最好方法，是让所有人相信自己真的得了风痹。

就在司马懿哼哼唧唧的时候，妻子张春华进来了。轰走所有仆役后，张春华小心地关上门窗，走到床边推推司马懿："好了，安全了，别装了。"

司马懿的病情丝毫没有"好转"的迹象，依然哼哼唧唧，有气无力地说："做戏做全套吧，难保隔墙有耳……哎哟妈呀，疼死我了！"

西方有一句谚语："当你撒一个谎，你必须用十个谎言来弥补。"这句话的本意是劝人要诚实，但是对司马懿来说，既然已经撒出了第一个谎，那就再没有退路，必须以认真敬业的态度把谎言维持下去，哪怕为此撒一万个谎都在所不惜。

可见，撒谎是门技术活，圆谎却是一门体力活。

张春华也很无奈，只能尽可能地遣开仆役，至少能让司马懿装得轻松点。

没过几天，曹操的侍卫就到了，遵从曹操的指示偷偷溜进司马懿的宅子，趴在窗口仔细观察，只见司马懿一直躺在床上哼哼唧唧，一副痛得要死要活的样子。

从许都赶到温县，怎么着也过去好几天了，司马懿还病在床头，看来不是装的。不过能当上曹操侍卫的人肯定都是精细人，决定再观察几天。

于是，在接下来的几天里，侍卫一直像做贼一样潜伏在司马懿宅子附近。而司马懿虽然不知道自己已经被全程监视了，但还是一丝不苟地坚持装病，把风痹症的症状展现得淋漓尽致，活像一具风痹症教学标本。

蹲了几天后，侍卫有点蹲不下去了——司马懿的惨叫声太折磨人，天天听着也不是个事儿，感觉也观察得差不多了，便打道回府，向曹操报告去了。

听了侍卫的报告后，曹操有点蒙：难道这小子真的得风痹症了？不能够啊，怎么那么巧？"你打探清楚了？"曹操不放心地又询问了侍卫一遍。

"属下看得真真的，那小子都快疼死了。"侍卫斩钉截铁地回答。

"哦……"曹操虽然觉得蹊跷，却找不出司马懿丝毫的破绽。

作为一个大人物，曹操不可能在一个二十岁出头的小青年身上浪费太多精力。"既然如此，那就随他去吧。"曹操挥挥手示意侍卫退下，很快就把这事儿忘在了脑后，全身心投入剿灭袁绍的正事儿当中。

在曹操的故事里，司马懿只是个连配角都算不上的路人甲，可是在司马懿的故事里，曹操却是唯一的主角。

在温县装病的司马懿当然不知道曹操什么时候会对自己取消关注，他能做的只有不停地把风痹症装下去，演一出没有观众来看的戏是痛苦的，而演一出不知道有没有观众在看的戏更加痛苦。

但司马懿忍受住了——他如果忍不住他也就不叫司马懿了。在这段漫长的装病生涯中，司马懿慢慢打听到，当初推荐自己的是曹操的顶级谋士荀彧。荀彧是汝颍士族集团的头号人物，连这样的人都听说了自己的名声，可见自己当年有多张扬。司马懿很后悔，如果年轻的时候能低调一些，现在何至于天天躺在床上哼哼唧唧？

不过司马懿还是应该庆幸，他是在二十岁出头的时候学到了这一课，这是很多人付出几十年甚至付出生命后才能学到的重要一课。

就这样日复一日，司马懿躺在不知道有没有观众的舞台上继续自己的装病事业，越装越像，把演技锻造得炉火纯青。

但是，即便是影帝级的老戏骨也难免有演砸的时候，更何况一个二十出头的年轻演员。司马懿也曾经演砸过，这一演砸，就要了人命——当然要的不是司马懿的命。

有一次，司马懿让张春华把家里的书拿出去晒晒，刚把书摊开，就听见轰隆隆一阵电闪雷鸣，暴雨倾盆而至。这些书可都是司马家的命根子，张春华一个女人，哪里收得过来？司马懿一着急，忘记了一个演员的自我素养，嗖的一下从床上蹿起来，跑到院子里帮忙收书，动作比闪电还迅捷。

一个碰巧经过院子的婢女看到了这一幕，惊呆了：整天病恹恹的司马老爷怎么突然身手变得这么矫健？这风痹症咋说好就好了？

司马懿和张春华也惊呆了，居然被人发现了，这可如何是好？司马懿卧床太久，脑子有点迟钝，一时之间有点手足无措。这个时候，张春华露出了她最彪悍的一面。

“你接着收书，小心别让雨淋着。”张春华对司马懿说完，又扭头冷冷地对婢女说，“你，跟我来一下厨房。”说着，便带着婢女走进了边上的厨房。

司马懿不知道妻子要干吗，这会儿也想不了这么多，收书要紧，便没管张春华。

婢女惴惴不安地跟着走进厨房，又在张春华的指示下锁上了厨房门，低着头怯生生地站在墙边。张春华冷冷地看着婢女，沉默片刻，突然抄起了吃饭时候切肉用的手戟，一手捂住婢女的嘴，一手割断了婢女的喉咙。

婢女睁大了惊恐的眼睛拼命挣扎，张春华面色平静，把婢女死死地抵在墙上，直到她气绝身亡，才松开了血淋淋的手。

整个过程干脆、利落，没有一句废话，没有一个多余的动作，像一部充斥着暴力美学的电影。

当满身是血的张春华出现在司马懿面前的时候，司马懿感觉自己浑身都疼，好像真的得了风痹一样。

不是这样的女人，怎么配得上司马懿这样的男人？

从此以后，司马懿更加敬业地投入装病大戏中，而张春华辞退了所有的仆役，连做饭都亲自下厨。

这个小插曲，让司马懿更加深入理解了作为一个演员的基本职业精神：导演不喊停，火烧眉毛了也要演下去。

司马懿知道，这是一场持久战，这场戏可能会演上很久，可是他不知道，这一演，居然演了整整七年。

这七年中，袁绍死了，袁绍几个不成器的儿子抱不成团，也被曹操各个击破，连袁氏家族的后援团乌桓都被曹操攻破。北方的局势已经赫然明了。而意气风发的曹操正在忙着把目光转向南方的荆州和江东，心里酝酿着一盘更大的棋，哪里还记得一个莫名其妙的司马懿？

直到公元208年，帅哥崔琰被提拔为东西曹掾属征事，或许是在崔琰的提醒下，曹操再次想起了司马懿。于是，曹操再次喊来了使者，告诉他："去把司马懿招来吧。"沉吟了一会儿，又补充了一句，"如果他还不肯来，就给我捆来。"（若复盘桓，则收之。）

当年不肯应征可以理解为观望，现在要是还不肯来，那就是跟我曹操过不去了。

曹操的心理司马懿当然明白，当年不肯应征，不就是为了等待今天吗？所以使者刚到，司马懿就已经收起了病恹恹的神情，精神抖擞地等在大堂了。

"我们这就出发吧。"司马懿平静地对使者说。

北方已经平定了，群雄割据的时代马上就要过去——那个时代不属于司马家族和司马懿，所以司马懿不想去凑这个热闹，即将到来的新时代，才是他大展拳脚的舞台。

地位高的人总有他地位高的理由

群雄时代还没有完全结束，此时的曹操，南有荆州刘表、江东孙权，西有凉州马腾、韩遂，汉中张鲁，益州刘璋，他还有很多扫尾工作需要做。

但对职场新人司马懿来说，这些都没有意义，因为曹操麾下的人才实在太多了，这些从群雄时代中大浪淘沙出来的老牌谋士就像一座座难以逾越的高峰，年轻的司马懿根本不是他们的对手。

况且司马懿也不想跟这些老牌谋主争地位。

许多才华横溢的新人总有一种初生牛犊不怕虎的气势，总想着能够出类拔萃，有朝一日取代那些身居高位却老气横秋的前辈。但是司马懿从来都不是一个冲动的愣头青，他知道，在任何一个集团中，地位高的人总有地位高的理由，绝不是随随便便就可以被取代的。

所以司马懿绝不想一开始就露出一副“彼可取而代也”的姿态，惹老前辈们不高兴，既然是新人，就要守新人的规矩，等前浪走了，才有后浪的位置。

年轻的司马懿等得起，他最擅长的就是等待。

鬼才郭嘉刚刚在前一年去世，此时曹操麾下最主要的谋士是荀彧、荀攸和贾诩。

在这些人中最让司马懿感到亲切的人恐怕是荀彧，不光是因为荀彧推荐了他，还因为荀彧身上的某些经历和大哥司马朗非常相像。

荀彧出身于颍川荀氏家族，从小就被人评价为“王佐之才”，一向以眼光毒辣而著称，看人准，看局势更准。

这一点，在荀彧二十多岁的时候就有所展现。董卓之乱时，荀彧做的第一件事情就是跑回家里，召集父老乡亲，告诉大家：“颍川是四战之地，一旦天下有战局，这里肯定是首当其冲遭遇兵乱的，我们赶紧离开这里，千万不能停留啊！”（颍川，四战之地也，天下有变，常为兵冲，宜亟去之，无久留。）

由此可见荀彧就比司马朗要高明一个级别，司马朗等到关东联军都打到温县边上了才得出这个结论，而荀彧在战端初开的时候就已经料到了。

但是，喊完这些后荀彧遇到了和司马朗一样的窘境：没人愿意相信他。没办法，只好和司马朗一样，仅带着自己的族人离开了颍川。当然，作为汝颍士族的头狼，荀氏家族的人脉是司马家族比不了的——冀州牧韩馥亲自派骑兵把荀彧一族接到了冀州。

后来，袁绍接管了冀州，荀彧发挥看人眼毒的天赋，一眼看穿袁绍成不了大事，果断投奔了曹操。

公元 194 年，曹操攻打徐州，留下荀彧镇守兖州大后方。

某天早晨，荀彧从不安的睡梦中醒来，发现吕布的军队突然出现在兖州地盘上，紧接着，张邈派人告诉荀彧，吕布大军要经过兖州，去帮曹操打陶谦。

无事献殷勤，非奸即盗。别人还在犹豫吕布到底想干吗，荀彧只用了四分之一炷香的时间就把背后的关系看透了：曹操主力远在徐州，张邈要造反，吕布是外援，到时候兵寡将微的甄城会像一座孤岛被张邈和吕布紧紧环伺。

大清早就得到这么个要命的消息，荀彧心说难道是我醒来的方式不对？

当机立断，荀彧决定弃卒保车，一边虚与委蛇着，一边召回了东郡太守夏侯惇。果然，当吕布的军队进驻徐州后，张邈立刻扯起了反旗，原先潜伏在兖州各城的张邈反动集团同时发难，一瞬间，兖州绝大部分城市就不姓曹了。而东郡没有了夏侯惇，很快也沦陷了。

但这是值得的，连夜赶回甄城的夏侯惇憋着一肚子火，大开杀戒，杀了十多名张邈反动集团成员，最后保住了甄城——兖州最后的火种。

张邈和吕布一时抽不出精力来打甄城，两人一合计，想玩个借刀杀人，请来了豫州刺史郭贡的兵马。

可是借刀杀人，也得看刀乐不乐意给人借，开打之前，郭贡突然提出：想见一见荀彧。

兵临城下，对方居然提出了主帅级别的会晤，这实在是件新鲜事儿，事情反常，就必然有蹊跷，而荀彧一眼就看穿了其中蹊跷所在，决定去会一会郭贡。

夏侯惇不同意，劝荀彧："荀令君，你是兖州的主心骨，你这一去，肯定会有危险，千万别去。"

荀彧笑笑，气定神闲地回答道："这个郭贡跟张邈从来没有多深的交情，现在他来得那么快，我料他心里肯定还没想好到底要不要帮张邈，我趁这个时候去游说他，就算不能让他反戈助我，至少也能让他保持中立；要是我不去，反倒是绝了他的念想，一怒之下，他肯定就和我们反目了。”

看到夏侯惇还是一脸担心的样子，荀彧又拉起他的手安慰道：“为什么郭贡不开打却要先和我谈判？他心里就是在摇摆不定啊！放心吧，此行若成，至少短期内，甄城就保住了。”

“此行若不成，荀令君可就有命去没命回了。”夏侯惇生生地把这句不吉利的话咽回了肚子，眼前这位文弱书生的胆识，令他这个勇冠三军的猛将都感到由衷地敬佩。

荀彧果然没有猜错，郭贡本来就摇摆不定，看到荀彧一副胸有成竹的样子，心里开始打鼓，觉得甄城不是一块好啃的骨头，自己何必千里迢迢跑来给吕布打白工呢？于是当晚便撤军了。

松了一口气的荀彧继续利用智商优势欺负张邈和吕布，他迅速与程昱定计光复了范、东阿、卒全三座城池，为曹操回师赢得了宝贵的时间。

第二年正月，曹操放弃徐州回防，大败吕布，兖州保住了。曹操也不用跟刘备一起流窜了。

这一切，全是荀彧的功劳，这样的人在曹营的地位绝不是一个小小的司马懿所能比拟的。

另一个让司马懿很有亲近感的是荀彧的从子荀攸。和司马懿一样，荀攸也是从小在荀彧的光环下长大的。但是荀攸用一件震惊所有人的壮举摆脱了荀彧的光环：刺杀董卓。

《三国演义》中曹操曾借刺杀董卓，败露后连夜逃回陈留矫诏起兵，但在真实的历史上，真正刺董的人是荀攸。

当然，荀攸没能杀掉董卓，他甚至没来得及开始刺杀计划就被董卓抓住了。同时落网的还有荀攸的同谋议郎何颙。

没有什么地方能比董卓的大狱更可怕了，何颙受不了这个刺激，刚进监狱就果断自杀了，毫不拖泥带水。反观荀攸倒是无比淡定，该吃吃该睡睡，只要还有一线生机，何必跟自己过不去？果然没过多久，可能是董卓不想把荀氏家族得罪死，《魏书》上说是荀攸到处找人活动了——反正不管什么原因，荀攸囫囵出狱了。

刺过董卓还能活着到处溜达，荀攸瞬间就火了，粉丝数量嗖嗖往上涨，公元196年，顺利得到了曹操的邀请，成了曹氏集团的干将。

在曹操的麾下，荀攸大放异彩，光芒丝毫不逊于从父荀彧，他最值得夸耀的功绩，是在官渡之战中，斩颜良，诛文丑。

在《三国演义》中，关羽仗着马快刀重，一人一刀拍死了颜良、文丑，在真实的历史上，只有颜良是死于关羽之手，两人之死也不是因为武功太差，而是因为曹操的谋主荀攸太狡猾。

公元199年，北方的两位大佬袁绍和曹操彻底撕破脸，两军在黄河两岸对垒。一年后，袁绍率先发难，派大将颜良进攻白马，掩护大军渡河与曹操进行主力决战。

打仗跟做买卖一样，讲究个开门红，曹操暂时还不想跟袁绍硬碰硬，但是一上来就把白马丢了，对士气的打击实在太大——这让曹操很纠结。这时候，荀攸出马，给曹操献了一条“围魏救赵”的计谋，听得曹操连声叫好。

根据荀攸的计划，曹操率领全军开往延津，走出一副要渡河攻打袁绍后方的姿态。袁绍一看，来得正好，正愁找不到你的主力，立刻分出人马直扑延津。等袁绍的注意力全部被吸引到延津后，曹操突然一个急刹车，以急行军的速度向白马方向杀去。

等袁绍发现自己上当的时候曹军离颜良只有十多里路了，颜良本来就只是个“一勇之夫”（荀彧语），短时间内仓促应战，军阵松松垮垮，根本形不成战斗力。曹操命令张辽和关羽率领轻骑兵直接突击颜良本阵，关羽一马当先，冲开大军一刀就把颜良给捅死了。

接下来的场景就像演义小说里一样了，曹操马鞭一挥，驱兵掩杀，失去了主将的袁军先头部队立刻溃不成军。

首战告捷，开张大吉，不过好戏才刚刚开场，靠着荀攸的计谋解了白马之围，但计谋不能当饭吃，打仗还得靠实力，曹操心知自己没有守住白马的实力，于是放弃白马，带上所有物资撤回延津。

黄河北岸，袁绍已经气得哇哇叫了，自己十万大军被曹操像遛狗一样遛了一圈不说，连平日里最给他长脸的上将军颜良都被捅死了，此仇不报非君子，正好趁着白马港守备撤走的当口，袁绍派文丑率领骑兵渡河追了过来，在离延津只剩下几十里路的时候，眼看就要追上曹操的军队。

虽然刚刚捅死了颜良，但是曹军上下的“恐袁症”还没来得及消退，一听说文丑来了，吓得不轻，纷纷表示不如丢下辎重赶紧跑路吧。

“辎重是要丢的，但跑路是不用跑的。”只有荀攸一脸自信满满的微笑，朗声说道，“这正是杀敌的好机会，干吗要跑路？”（此所以擒敌，奈何去之）说完，荀攸瞄了一眼曹操，见曹操笑而不语，就知道曹操和自己想到一块儿了。

果然，曹操立刻下令，抛弃辎重粮草，骑兵下马休息。文丑的军队一看到满地丢弃的辎重，眼睛里就放出了绿光，也不管什么追击曹操了，埋头开始捡破烂，拦都拦不住。

这种素质的军队也敢拿出来嘚瑟，袁绍不败亡才叫有鬼。

曹操一看这帮臭要饭的差不多已经没有打仗的心思了，这才下令骑兵重新上马，一个冲锋就分出了胜负：袁军大败，文丑死于乱军之中。

经过白马、延津两场战斗，曹操斩杀颜良、文丑，终于抵挡住了袁绍凌厉的攻势，也克服了全军上下普遍的“恐袁症”，此役之后，官渡之战转入了战略相持阶段。

也正是凭着在官渡之战中展现出来的出色才华，当司马懿入职的时候，荀攸在曹营的地位早已不可撼动。

把生存法则演绎到极致的“毒士”

如果说荀彧和荀攸让司马懿产生了一丝亲切的话，被称为“毒士”的贾诩则让司马懿感到一阵阴冷。

汉末群雄时代牛人如云，但是很少有人能牛到贾诩这种档次，因为正是此人，只用了一句话，七十三个字，便亲手毁掉了汉王朝最后的希望，一手缔造了三国乱世。

公元 192 年，祸害汉王朝三年之久的董卓被王允用计除掉，董卓军事集团也随之瓦解，风雨飘摇的东汉王朝终于得到喘息的机会。说不定，乱世就要结束了。

所有人都开始对未来产生了信心，只有西凉兵团很绝望——听说王允要赶尽杀绝，中原待不下去了，赶紧回老家吧。

董卓手下大将李傕、郭汜也在逃亡行列当中。因为这两人的马好，所以跑得比谁都快，但是他们还嫌不够快，打算解散部队一个人偷偷跑回家。就在这时，一个文士拦在他们马前：“两位，别急。”

能不急吗，再不急脑袋就没了，“赶紧让开！”李傕不耐烦地举起马鞭想把这个不知道从哪里蹿出来的文士轰走。

但是文士的一句话立刻让李傕的鞭子落不下来了：“我听说长安打算把凉州兵团赶尽杀绝，你们遣散了军队独自回家，一个亭长就能把你们俩捆起来杀掉！”（闻长安中议欲尽诛凉州人，而诸君弃众单行，即一亭长能束君矣。）

李傕和郭汜面面相觑，他们只想着如何安全跑回凉州，但回到凉州后手里没有了枪杆子的自己会面临什么命运，这两人还真没想过。

“反正横竖都是完蛋，不如干脆玩票大的，把凉州兵全部集结起来，我们去打那里！”文士把手指向东方，那是长安的方向（不如率众而西，所在收兵，以攻长安，为董公报仇）。李傕、郭汜震惊地看着眼前的文士，这人谁啊？好大的手笔！

看到李傕、郭汜还是犹豫不决的样子，文士继续分析道：“这事儿如果成了，咱们以后就可以打着皇帝的名号到处嘚瑟了，如果没成，那大不了再次跑路。”（幸而事济，奉国家以征天下，若不济，走未后也。）

李傕、郭汜再怎么傻大粗也听出来了，这是个无本万利的买卖，只赚不亏，傻子才不干。两人对视了一眼，一拍大腿：“拼了！去长安，干他娘一票大的！”说罢，二人下马朝文士作了一揖，“多谢先生指教。”

那文士一脸轻松地微笑道：“我终于不用被亭长捆起来杀掉了。”

这个文士就是贾诩，一句话，七十三个字，把刚刚露出和平曙光的东汉帝国重新搅得天翻地覆，直到李傕、郭汜兵败，汉献帝被曹操迎到许昌沦为傀儡，汉王朝彻底失去了翻盘的可能。

什么叫“一言可以丧邦”？这就是。什么叫“毒士”？这就是。贾诩只想让自己生存下去，至于由此带来的后果，根本不在他思考的范围内，数十万百姓的生命再搭上大汉王朝四百年的基业，就换来贾诩不用被亭长捆起来杀掉。

这就是贾诩，一个出生在西凉武威、生长在大漠戈壁的男人。他奉行的是来自大漠的狼性准则：为了生存不择手段。如果说曹操的哲学只是“宁我负人，毋人负我”，而贾诩的哲学则更毒辣：“宁死道友，不死贫道。”

毒吧？更毒的还在后头。

作为李傕、郭汜之乱的始作俑者，贾诩居然没有受到丝毫牵连。这当然不是因为贾诩长得帅、人品好，而是他精心谋划的成果。

打下长安后，李傕对贾诩感激得五体投地，说什么也要给他封侯，贾诩说什么也不肯接受：“我只不过是为了救将军一命，将军的好意我心领了，爵位，我看就算了……”李傕瞬间感动了，好人啊好人！

既然不接受爵位，那就给官位，李傕又准备封贾诩为尚书仆射。

尚书仆射是尚书台的二把手，尚书台相当于国务院，是全国军政机要事务的处置机构，所以当时有“天下枢要，皆在尚书”的说法，尚书仆射则相当于国务院副总理。

这么高的职位贾诩当然不肯，理由很简单，拿了你的官，就是你的人了，你们俩名声都臭出了八条街，跟你们混，没好下场。心里是这么想的，但表面上贾诩还是说得冠冕堂皇：“尚书仆射是百官的师长，天下的榜样啊，我贾诩何德何能？如果我接受了这个官位，对国家是没有好处的。”

单细胞生物李傕已经感动得泣不成声：一个凉州人，不远千里来到长安，毫无利己的动机，把凉州兵团的生命当作自己的生命，把东汉王朝的事业当作自己的事业，这是什么精神？这是忠君爱国主义的精神，这是大公无私的集体主义精神，每一个大汉子民都要学习这种精神。

贾诩转过头去，一声冷笑。

打从一开始贾诩就不看好李傕、郭汜，这两人只是自己的跳板而已，迟早会完蛋，贾诩需要寻找新的出路。不过在此之前，他必须尽快洗掉身上的“乱党”气味。

急于洗白的贾诩把目光对准了汉献帝。

这时候的汉献帝，叫天天不应，叫地地不灵，除了他自己，基本没人把他当回事儿，可是再怎么不把他当回事儿，皇帝就是皇帝，名分是摆在那里的。于是，贾诩开始高调地充当起了“护花使者”，当然，贾诩护的不是汉献帝，而是自己的羽翼。

李傕想把汉献帝送到自己的军营里“保护”起来，贾诩立刻跳出来反对：“不行！你这是软禁天子，这是不符合道义的！”李傕当然不会管什么道义，还是把汉献帝“保护”起来了。贾诩也不在乎最后的结果，他已经把姿态做足，展现出了自己和乱党不同的立场。

贾诩从李傕、郭汜同党中抽身的决策确实无比英明，没过多久两个暴发户就因为一个女人打起来了。李傕找来了比西凉兵更野蛮的羌胡雇佣兵帮自己打郭汜。为了调动这帮人的积极性，无法无天的李傕居然许诺：“一旦灭了郭汜，皇宫里的美女你们随便享用！”

宫里的美女！那可是全国美女五百强啊，一帮西北大老爷们儿眼睛都绿了，天天聚在皇宫门口起哄：“对面的美女看过来，等哥灭了郭汜就把你们抱回家，嗷嗷！”

大汉皇室的尊严连狗屎都不如了。汉献帝找来“护花使者”贾诩，可怜巴巴地望着他，希望他能拿个主意，至少别让这些家伙再这么乱叫了。

一边是手握重兵的李傕，一边是倒霉催的汉献帝，贾诩想都没想就做出了决定：帮汉献帝。

于是，贾诩秘密地将雇佣兵头子请来喝酒吃饭。酒喝得差不多了，贾诩开始忽悠这帮大老粗。

具体怎么忽悠的历史上没有记载，总之忽悠得非常彻底，彻底到什么程度？最后这帮羌胡兵非但不在皇宫门口起哄了，而且一股脑儿全部撤出了长安。也因为羌胡兵的背叛，李傕的势力从此一蹶不振。

“对不起了李傕，我想在这个乱世生存下去，如果你必须为这个目标而死，那我绝不会手软。”这就是贾诩的风格。

经过不懈的努力，贾诩终于把自己成功洗白，李傕、郭汜死后，贾诩非但没有受牵连，反而名声越来越大。接着，他又为自己找到了新的下家：同样是凉州兵团出身的军阀张绣。

张绣依然只是贾诩的跳板。

公元 198 年，张绣投降曹操。作为张绣的部将，贾诩也被曹操接管。但是此时贾诩的地位比后来的司马懿还不如，作为一个背后没有大家族撑腰的新员工，而且还是被收购的子公司员工，在曹操的帐下很难引人注目。

贾诩自有毒计。

得意忘形的曹操非但接收了张绣的部队，也接收了张绣的婶婶邹氏。更过分的是，曹操还跟自己手下大将胡车儿“眉来眼去”。

是可忍孰不可忍。贾诩的机会来了，立刻向张绣献计，反了！

这一战，曹操的大儿子和心腹爱将典韦身死，曹操恨到牙痒痒，也记住了贾诩这个名字。

公元198年，贾诩用一次教科书般的追击战击败曹操，再一次把自己的名字深深烙在曹操心里。

这几场仗打下来，张绣算是把曹操得罪死了，所以公元199年，袁绍派人来劝降的时候张绣恨不能立刻给袁绍跪舔。这时候贾诩站出来了，指着袁绍的使者就是一顿骂：“你们主公连自家兄弟都容不下，怎么可能成大事，送上我家主公的敬意，你打哪儿来回哪儿去吧！不送！”

使者被骂得鼻子不是鼻子脸不是脸，出于对贾诩的信任，张绣并没有当场质疑，等到使者气哼哼地走了，才满头冷汗地问贾诩：“我说贾先生，你这是把我往死路上推啊，你把袁绍骂走了，难道让我干等着被曹操玩儿死？”

贾诩歪歪嘴角，神秘莫测地说：“怎么会呢？我们可以投奔曹操。”

张绣忍不住要去摸贾诩的额头，看他发烧没：“我杀了曹操的长子和爱将，还去投降他？你嫌我死得不够快啊？”

贾诩就料到张绣会这么问，不紧不慢地解释说：“你杀过曹操的儿子，这才是主公你最大的优势……”张绣又来摸贾诩的额头，贾诩一把抹开，“主公你想，曹操是一个要做大事的人，必须要显示自己的气度，收拢人心，而最好的方法莫过于善待自己的仇人。曹操这两年仇人不少，如果他为了报仇把主动去投奔的人杀了，那么以后谁还敢去投奔他？”

张绣做出一副“虽然没听懂但是感觉很有道理”的样子。

贾诩继续演说：“况且，袁绍实力强大，主公去了不过是锦上添花；曹操实力弱小，主公去了那可是雪中送炭啊，曹操和袁绍，谁更重视你，这还用我说吗？”

贾诩一番忽悠听得张绣连连点头，当场就同意投降曹操。

“凉州兵团出来的人都是单细胞生物吗？”从议政厅出来，贾诩恶毒地耸耸肩。

曹操果然一副不计前嫌的样子，兴高采烈地迎接张绣的投诚，张绣一边感激曹操的大度，一边佩服贾诩的老辣。他丝毫没有想过两个问题：第一，领导想整死一个人有无数种手法。第二，曹操想整死一个人，可以等很久。

建安十二年，张绣跟随曹操远征乌桓的路上死了，死得莫名其妙，死得让人浮想联翩。

其实，在张绣归降的当天，曹操的笑脸并不是给张绣的，而是给贾诩的，趁张绣不在的时候，曹操握着贾诩的手兴奋地说："让我守信大度的名声传遍天下的人，是你啊！"然后，贾诩被表举为执金吾，封都亭侯，迁冀州牧。

贾诩又一次踩着别人的尸体，成了最后的赢家。

跟这样的毒士做同事，年轻的司马懿想起来就打冷战。取而代之？开玩笑吧，不被他拿来做垫脚石就不错了。乱世人命如草芥，低调地生存下去才是王道，在这个问题上，司马懿和贾诩倒是同一类人。

得到怎样的信任，就做怎样的事情

幸运的是，曹操并没有打算让司马懿跟那些老牌谋士同台竞技，加入曹营后，司马懿得到的第一个职位是文学掾，主要工作是教曹操的儿子曹丕读书。

曹操的用意很明显，想把司马懿作为第二梯队的人才储备，而司马懿也非常满意：从资历上来讲，新员工司马懿绝对比不上荀彧、荀攸、贾诩这些元老，即使从能力上讲，那些青史留名的顶级谋士都是在东汉末年最动荡的岁月中生存下来而且爬到金字塔顶端的人精，那绝不是世家公子司马懿所能比的。

反正已经错过了曹操时代的末班车，不如再等等，等待后曹操时代的头班车。

然后，正在耐心等待下一班二路汽车的司马懿渐渐发现一个很严峻的问题：曹操并不信任自己。

应该说司马懿那七年"卧病"生涯确实给曹操留下了一些印象，可惜不是什么好印象，直到现在曹操也不太相信司马懿真的病了。如果是真病倒还好说，如果是装病的话，能连续装上那么多年，连我派去的密探都骗过，这样的人城府太深，太可怕了。

所以曹操一直在关注司马懿，越看越觉得此人城府极深，论智谋水平恐怕比不上郭嘉、荀攸、贾诩，但是要论心机，曹操把自己手下的谋士扫了个遍，觉得没人比得上司马懿。

从司马懿的身上曹操仿佛看到了自己的影子：有心计，有城府，做事不择手段。但司马懿却比曹操更内敛、更理性。

接下来发生的一件事情更让曹操更加不安。

一次开完会后，大家都纷纷散会走出朝堂，不知谁在司马懿背后喊了一声："仲达。"

司马懿回头，应声。

两人之间说了什么已经不重要了，重要的是，司马懿这个小小的动作让曹操顿时大惊失色。

原来刚才司马懿回头的时候，居然做出了一个正常人类不可能完成的动作：肩膀不动，只把脖子拧了一百八十度，那一瞬间，司马懿的脸和后背是平行的！

不过，曹操之所以诧异，不是怀疑司马懿是外星人，而是司马懿刚才做的那个动作在相面学上有一个专门的称谓，叫"狼顾之相"，据说有狼子野心的人才能做出这种高难度动作。

常言道：同行是冤家。野心家最怕谁？怕另一个野心家。曹操是靠着欺负汉献帝小朋友发家的，他很担心自己的后代也会被人欺负。

可是担心归担心，司马懿是自己花了大力气请来的，结果就因为人家转脑袋不动肩膀就把人杀了？似乎有点说不过去。于是曹操暂时把这事儿压下了。

结果日有所思，夜有所梦，没几天曹操就做了个很奇怪的梦：这个梦没有故事没有人物，只有一个场景：三匹马，在一个食槽里吃草。

古人很看重梦的预言作用，而曹操又是个极度敏感（否则也成不了诗人）而且多疑（否则也成不了奸雄）的人，所以梦醒来曹操就犯嘀咕了：槽，不就是曹吗？马，不就是司马吗？这不就是预示着司马要吃掉我老曹家吗？

但还是那句话，担心归担心，曹操不会因为一个梦就随便杀人。他只是叫来了曹丕，对曹丕说："司马懿身上有股潜藏的王霸之气，将来恐怕要对咱们老曹家不利（司马懿非人臣也，必预汝家事）。"

幸运的是，司马懿跟曹丕的关系搞得非常不错，更重要的是，曹丕极度需要司马懿这样的一个盟友，他才不会因为司马懿的脊椎或者曹操的梦这种莫名其妙的事情去疏远司马懿。

于是曹丕赔着笑脸替司马懿说了一大堆好话，转头就把曹操的话转述给了司马懿。

我们可以毫不夸张地猜想，司马懿听到后肯定吓得屎尿横流。

虽然司马懿将来不负曹操所望成为一名出色的野心家，但这时候的司马懿刚三十岁出头，走入仕途都没几年，只想着怎么样出人头地，顶多有时想象一下取代荀彧、荀攸、贾诩成为曹营首席谋士，他怎么可能会去想取代曹氏家族这种事情？

这不是司马懿的阴谋被曹操揭穿，而是司马懿觉得自己被曹操无端扣了一项莫须有的罪名，而且还是要命的罪名。

真是无事家中坐，祸从天上来。司马懿当时的困惑、郁闷和恐惧简直无以复加。

“我到底干了什么？为什么丞相会对我产生这样的误会？”这恐怕是当时的司马懿想得最多的问题。

司马懿百思不得其解，他所能做的就是像乌龟一样把自己的脑袋缩起来，不高调，不出头，总之千万不能再让曹操产生那种莫名其妙的想法了！这段时间，司马懿工作起来简直是废寝忘食，而且不怕苦，不嫌脏，连养马养牛这种事情都亲自去做（至于刍牧之间，悉皆临履），成了名副其实的“司马”。

和荀彧、荀攸、程昱这些一入曹营就立下汗马功劳的前辈相比，司马懿新入职的那几年可以用碌碌无为来形容，虽然每天起早摸黑地干活，却什么成绩都没有干出来。按理说司马懿跟他的前辈们差距也不该这么大，究其原因，恐怕不是司马懿无能，而是他得不到曹操的信任，所以不敢不无能吧。

也就是在这段时间，发生了一件让司马懿更加战战兢兢的事情：荀彧自杀了。

那是公元 212 年，也就是司马懿入职的第五年，不知道是不是出于曹操自己的暗示，居然有人上表“请求”曹操晋爵国公，并且加封九锡。

曹操心里当然被挠得痒痒，但是在曹操之前被加封九锡的还有一个人，他的名字叫王莽，也正因为如此，加封九锡几乎被默认为是篡权的前奏。曹操知道自己这么做舆论上会很不好看，为了检验天下的反应，他先偷偷咨询了一下荀彧。

让曹操没想到的是，荀彧的抗议居然无比激烈。作为曹操的创业伙伴、资深谋士兼好朋友，荀彧一点面子都不给，指着曹操的鼻子教育道："你身为汉朝的臣子，应该全心全意为大汉王朝服务，虚心地收敛自己的权力。你现在这样做，根本就是小人嘴脸！"（本兴义兵以匡朝宁国，秉忠贞之诚，守退让之实；君子爱人以德，不宜如此。）

曹操怒了。倒不是因为荀彧说话不给他面子，而是因为他不能忍受在这样的时刻，自己麾下最核心的谋士居然发出如此不和谐的声音。

这不是普通的意见争论，而是基本路线的分歧，在这样的问题上如果不能站在曹操这一边，就只能站到死亡的那一边去，即使是荀彧也不例外。

或者说，正因为是荀彧所以更不能例外。在曹操最信任的位置上，荀彧做了最不该做的事情。

不久之后，荀彧收到了一份来自曹操的礼物——一盒食物。可是打开之后，荀彧却发现里面空无一物。

这是聪明人之间的对话，曹操什么都没说，但荀彧却什么都听懂了。当天晚上，荀彧服毒自尽。

一代名士就此陨落。

在荀彧死后的许多年以后，司马懿还是常常会想起这个走路步步留香的优雅男人，"不管是从书里读到还是亲眼所见，我从来没有见过任何一个像荀令君那样的贤才啊"（书传远事，吾自耳目所从闻见，逮百数十年间，贤才未有及荀令君者也）。惋惜之余，司马懿更加低调、更加内敛，恨不得把吃饭睡觉的时间都扑到工作上，但又小心翼翼地把每件事情都做得看上去无比平庸。

这段时间里，司马懿一直以庸才的面貌示人。不要以为做庸才容易，让一个天才收敛锋芒本身已经很难，而每件事情都要做到不好不坏恰好在平庸线上徘徊，更是难上加难。

和所有庸才一样，司马懿熬着年龄中规中矩地升职：先是升为黄门侍郎，然后转议郎，再进入丞相东曹属，最后做到主簿。如果不出意外的话，司马懿最终会停留在某个不高不低的职位上，然后坐等退休。

当然，司马懿相信自己的人生轨迹不会如此平庸，他可以等，等到曹操的时代结束，就是他大展宏图的时候（说得通俗点就是他在等曹操赶紧死）。

急着露脸，一不小心会露了屁股

从建安八年到建安十五年，又是七年过去了，上个七年司马懿在装病猫，这个七年司马懿在装乌龟，总之伪装成各种无害的小动物。

建安十九年，小动物司马懿迎来了一件大事：他奉命参加随军讨伐割据汉中的军阀张鲁。

这是司马懿第一次参加军事行动。

汉中是益州北进中原的门户，也是中原压制益州的桥头堡，不管对当时割据益州的刘备还是雄踞北方的曹操来说，战略位置都极为重要。

汉中的张鲁并不是一个难缠的对手，真正难缠的是汉中复杂的地形。在北方大平原上驰骋多年的曹军发现自己完全适应不了南方的崇山峻岭，在阳平关前连连吃瘪，最后连粮食补给都跟不上了。

曹操叹了口气，下令撤退。

这时候的曹操已经不再是当年那个冒险家，年纪大了，有家有业了，做事情开始保守起来了。

不光是曹操，整个曹营老班底都已经暮气沉沉，不怎么愿意做事、愿意冒险了。所以当撤退令下达的时候，没有人阻挠，大家默默地拔营、收旗，井然有序地准备撤退。

不过曹营里并不是没有充满冒险精神的年轻人，在撤退的过程中，一个年轻的谋士意识到了曹操的战术太过于保守、求稳，很有可能会让千载难逢的战机从手中溜走，于是，他决定去找曹操说明白。

这个人不是司马懿，他的名字叫刘晔，曹营第二代谋士中的佼佼者。

刘晔的人生履历跟荀彧、荀攸、司马懿这些风度翩翩的世家公子不一样，他从小是个问题少年，暴力倾向极为明显。

刘晔的老妈在他七岁的时候过世。这位老妈也是个猛妈，在临死前她一直拉着刘晔的手，对刘晔说：“你老爸刘普的小老婆不是个好东西，等你长大后一定要替我杀了她。”

如此彪悍的临终遗言，每每让读史之人虎躯一震：这样的老娘教育出来的小刘晔，必然不是盏省油的灯。

果然，刘晔忍了整整五年，到十三岁那年觉得自己体格足够健壮了，提着宝剑，红着眼睛找到哥哥刘焕说：“老哥，母亲的临终遗言，我看现在咱们可以执行了。”刘老哥望着杀气腾腾的老弟吓了一跳，机械地点点头说：“那好吧……”

话音未落，小刘晔就冲进屋子把小老婆（也就是刘晔的小妈）剁了，然后把小妈的脑袋割下来，送到母亲坟前祭奠。

这么大的事儿当然瞒不过老爸刘普，刘普暴当场跳如雷，让人把刘晔捆得跟粽子一样送到自己面前。

“小畜生，你可知罪！”刘普鼻子里都能喷出火来。

刘晔虽然被捆成了粽子，但是依然不亢不卑地回答说：“老爹，我知道我这样做不对，但这是我老妈的遗愿，我不敢不替她完成！”

刘普一听，觉得这小子确实挺不简单，没必要为了一个小妾破坏父子之情，于是就再没追究过这件事情。

从此以后，刘晔的暴力倾向更加一发不可收，二十几岁的时候，又干了一桩惊天动地的大事。

当时扬州地区有一个反革命集团头子叫郑宝，郑宝眼见自己的反革命组织欣欣向荣，头脑发热，打算跑到江南去过把割据一方的瘾。于是，他来找刘晔希望刘晔能做他的谋主。

刘晔出身于世家大族，怎么可能给反革命组织当狗头军师？可是郑宝苦苦相逼，甚至武力威胁，于是刘晔干脆利落地决定……杀了郑宝。

刘晔的办法很老套，设鸿门宴。郑宝果然来赴宴，但是他这个人不太喜欢喝酒，一直按剑而坐，警惕地东张西望，刘晔找来的几个杀手根本没机会下手。

刘晔不停地使眼色，都快青光眼了也不见杀手们动手。他当场暴怒，“嗖”地站起来，三步并作两步跑到郑宝面前，一剑砍死郑宝，亲自把脑袋割了下来。

刘晔的杀手和郑宝的保镖们瞬间都看傻了——见过鸿门宴，却没见过这么亲力亲为的“项羽”。

到这里还没完，郑宝死了，但他的反革命组织还在。刘晔一不做二不休，带上几个随从跑到郑宝反革命集团总部大门口，把渠帅（郑宝的反革命集团已经有类似于黄巾军的军事化编制了）喊出来当面一顿神侃，竟然活活把郑宝反革命集团……侃投降了！

根据史书记载，这帮反革命分子纷纷“叩头开门内（通‘纳’）晔”，还“推晔为主”。刘晔一顿砍加上一顿侃，居然从此成了拥兵一方的草头王。

刘晔就是这样一个少年，敢做敢拼，活力四射，给老气横秋的曹营注入了新鲜活力。

当得知曹操开始撤退的时候，正在后方督军的刘晔仔细观察着汉中守军的反应。他发现这些守军既没有派出游骑尾随侦察，也没有组织精锐部队骚扰追击，甚至没有借此机会巩固防线，相反，这些守军似乎陷入了一种奇怪的混乱之中。

一个细节印证了刘晔的猜测：在撤退过程中，几股迷路的曹军不小心进入汉中守军的营地，发生了小规模的军事冲突，汉中守军居然一触即溃。

刘晔立刻做出判断：张鲁军已经陷入了“击退曹军”的狂欢中，军纪崩溃了。于是快马加鞭冲到前军中军帐，拜见曹操后的第一句话就是：“为什么不赶紧趁机攻打！？”

曹操也不怪罪刘晔的无理，摸着胡子笑盈盈地示意他说下去。刘晔喘了口气，把自己在后军的所见所闻详细报告给曹操。

“张鲁不过仗着阳平天险苟延残喘而已，如果我们全力攻打，他是撑不了多久的。千万不能前功尽弃啊！”

曹操一听，觉得很有道理，召集前线的哨探负责人核实了刘晔的情报后，曹操毅然决定：后军变前军，向着阳平关发起进攻！

果然不出刘晔所料，曹操退兵后，汉中守军就像泄了气的皮球，军纪松弛得无以复加，面对去而复返的曹操，顿时兵败如山倒，曹操乘胜追击，攻克了汉中全境，收降了张鲁。

此战，刘晔立下首功。

司马懿呢？司马懿啥都没干。冷眼看着刘晔大出风头。曹操说进攻，他就埋头草拟进攻的文件；曹操说撤退，他就埋头草拟撤退的文件，坚持“两不出原则”（不出岔子，不出风头），所以整个汉中战役下来，基本没他什么事儿。

打下汉中之后，就应该以此为跳板攻打西川——这几乎属于历史程式了，可就在这时，曹操身上的暮气再一次发作，他不想打西川了。

当曹操流露出这个想法的时候，司马懿觉得自己应该说点什么了，太出风头固然是不对的，但身为谋士却不出谋划策就是渎职，属于“出岔子”范畴，不符合“两不出原则”的指导精神。

说点什么好呢？说点大家都知道的，就算我不说别人也会说的话吧。

于是，司马懿向曹操进谏：“刘备靠着巧取豪夺把刘璋的地盘骗过来，现在人心还没有归附，刘备却又要去为荆州的事儿奔走，这实在是我们的好机会啊。我们刚刚打下汉中，把益州吓得不轻，趁此机会进兵，益州立刻就瓦解了。无论从哪方面讲，我们都不该错过这次机会。”

最后，司马懿又用一句冠冕堂皇的场面话作为本段论述的结尾：“圣人之所以成为圣人，是因为他们既不违背时势，也不错过时势啊。”

曹操听了点点头。他早就知道这些话肯定会有人跟他说，所以抛出了自己早就准备好的答案：“人苦无足，既得陇右，复欲得蜀！”这么朗朗上口的话，肯定是先打过腹稿。

司马懿一听，果然，对曹操来说这段话说了等于没说，不过对自己来说，总算完成了出谋划策的任务，司马懿长出一口气，不再说话了。

其他曹营老将也不想说话，四川这个破地方又潮湿又泥泞，还有蛇，大家都是有家有业的人，早就想回家抱老婆了。

只有刘晔大声反对：“主公，你凭借五千步兵起家诛杀董卓，接着北破袁绍，南征刘表，威震天下，现在攻克了汉中，蜀人已经闻风丧胆，不堪一击了！”

这段话和司马懿的后半段话也没什么区别，曹操听了不为所动。

刘晔继续说：“刘备刚占领蜀地没几天，人心还没有归附，这正是攻打刘备的最佳时机啊！”

这段话和司马懿的前半段话也没什么区别，曹操听了还是不为所动。

刘晔一咬牙，又接着说：“刘备，是人中之杰，如果我们错过这次机会，刘备有诸葛亮为他治理蜀地，有关羽、张飞为他镇守四方，再加上蜀地险要的地形，我们就彻底拿刘备没办法了！”

展示诱惑不如展示恐惧，刘晔的威胁让曹操沉吟了一小会儿。但也只是一小会儿，史载“太祖不从”，曹操短时间内很难再想出一句像“人苦无足，既得陇右，复欲得蜀”这么有文采的话，于是只是摇摇头，摆摆手，表示不同意。

刘晔气得直跺脚，却一点办法都没有。

司马懿任由刘晔表演，不置一词。

就在退军七天后，曹操收到了来自蜀地的消息，据说曹操攻克汉中的那几天，蜀中一天至少要爆发数十起群体性事件，刘备不知道杀了多少人，也没能把这种不安情绪彻底控制住。

得到这个消息后，曹操又找来了刘晔，问：“你看现在去打蜀地还来得及吗？”

刘晔心说早干吗去了，现在才后悔？来不及了。心里是这么想的，刘晔嘴上也是这么说的：“现在蜀地已经安定，要去攻打恐怕来不及了。”

曹操后悔得一把一把薅头发。刘晔自我感觉良好地站在一边，心里暗自美道：“看我料事如神吧？就算郭嘉、贾诩、荀攸年轻的时候也没我这么聪明吧？”

司马懿还是一如既往地冷眼旁观。他承认刘晔很聪明，比自己更聪明，但是刘晔的聪明太过于外露。

“这个人有智谋却没有韬略，会是个好参谋但永远只能当个参谋。”司马懿迅速给刘晔定了性，并且不无恶意地想着，“这家伙迟早死在他的聪明脑瓜上”。

第三章　低调站队伍，把筹码押在下一个时代

最合适的人并不等于最得宠的人

当司马懿奉行“两不出原则”战战兢兢过日子的同时，还有一个比他更郁闷的人，那就是曹丕。

曹操的大儿子曹昂死于宛城之战，曹丕就成了曹操的嫡长子，按照中国立长立嫡的传统，无论如何他都应该是曹操的合法继承人。

可偏偏曹操是个不按常理出牌的人，从来没想过立长或是立嫡，他的一贯原则是：我觉得谁行，谁就上。换句话说，就是曹操最宠爱哪个儿子，就把江山交给哪个儿子。

曹操最中意的接班人是小儿子曹冲。

曹冲是个非常聪明的孩子（家喻户晓的“曹冲称象”的故事足以说明这一点），如果仅仅是聪明还不足以惹曹操如此喜欢，最关键的是，曹冲还有一颗善良的心，而且擅长用自己的聪明去帮助别人。

有一次，曹操最心爱的一副马鞍在仓库里被老鼠啃了，仓库管理员吓得半死，打算把自己捆起来去请罪，但还是担心自己“罪大恶极”，就算自首也难逃一死。正好这事儿被曹冲知道了，曹冲安慰小管理员：“叔，别怕，给我三天时间，我保证你一点事儿都没有。”听了曹冲的话，小管理员立刻安心了，有小公子说情，自己这条命算是保住了，不过小管理员奇怪的是，为什么要他等三天？

其实曹冲根本没打算开口给小管理员求情，因为小家伙有一个更聪明的方法。

第二天，曹冲拿了一把刀子，把自己的衣服捅了一个洞，然后做出一副闷闷不乐的样子游荡到父亲面前，说：“老爸，我衣服被老鼠咬了，听说这样很不吉利呢！”曹操当然要安慰自己的小心肝儿：“那都是瞎说，衣服被咬了屁大的事儿，别往心里去。”

三天后，仓库管理员按照曹冲的吩咐把马鞍的事儿禀报给曹操了，曹操前不久才当着这么多人的面说了“衣服被咬了屁大的事儿”，这会儿也不好出尔反尔，于是满不在乎地说：“我儿子的衣服放在身边都被老鼠咬了，更何况仓库里的马鞍，算了算了。”

等小管理员千恩万谢地告退后，曹操突然回过神来，明白了曹冲的用心，又是骄傲又是感动，心里美滋滋的。

这样的事情发生过不止一次，根据历史记载，曹冲用自己的机智至少救下过十多个因为一点小错误差点被处死的人。每次说起这些事情，曹操得意得胡子都会抖起来。

都说好人不长命，祸害活千年。公元208年，聪明又善良的曹冲居然生病夭折了。史载曹冲死后，曹操十分伤心地说：“冲儿死了是我的不幸，却是你们这帮人的幸运啊。”（此我之不幸，而汝曹之幸也。）

历史没有记载这话是对谁说的，但是我们都知道“汝曹”指的是谁：曹丕、曹植和曹彰。这三人都是曹操正妻卞夫人所生的嫡子。曹冲死后，这三个人成了竞争世子宝座的种子选手。

首先被淘汰出局的是曹彰。

曹彰这个人在曹操的儿子当中也是很优秀的。他有个显著的特点：胡子是黄的，所以曹操经常叫他“黄须儿”。他武艺高强，擅长用兵，非但每次打仗都能凯旋，而且还经常给曹操出谋划策。

但曹彰有个最大的问题：不读书，有勇无谋。曹操自己是个爱读书的人，曾经教导曹彰，说：“你是我们曹家的子弟，不要把自己等同于一般大老粗，不读书怎么行呢？”然后开一个书单，说：“你先去读读诗和书吧。”

曹彰很不爽，出门就跟哥们儿吐槽：大男人就该像卫青、霍去病一样建功立业，读什么破书？！难道要当博士？（丈夫一为卫、霍，将十万骑驰沙漠，驱戎狄，立功建号耳，何能作博士邪。）

对此，曹操有些不满意，毕竟打仗和治国是两码事儿。而接下来的一次谈话，更是断送了曹彰成为世子的可能性。

这是一次关于志向的谈话，曹操问他的几个儿子："你们都有些什么志向？拿出来说说吧。"曹彰想都不想就率先举手发言了："报告老爸，我想当个将军！"曹操一听暗自摇头，虽然说不想当将军的士兵不是好士兵，可问题是曹彰不是士兵，他是曹操的儿子，曹操家业潜在的继承人。曹操有点恨铁不成钢地继续问："那你打算怎么当将军？"曹彰"嗖"的一下站起来，大声说："披坚执锐，临危不惧，身先士卒，赏罚分明。"

曹操听后一愣神，然后哈哈大笑起来。

然后——就没有然后了，曹彰基本算是退出世子争霸赛了。

比起曹彰，曹操更喜欢曹植。

曹植也很聪明，一点不比曹冲差，是个率性而为的文艺小青年，很对曹操的脾气，在曹植身上，曹操总能看到自己年轻时候的影子。

曹植文采出众，才高八斗（曹植恰好是这个成语的主角）。曹操曾经看过曹植写的文章，惊喜地问他："你这是找人代写的吧？"（汝倩人耶？）曹植很不服气地回答："我出口成章，下笔成文，哪里用找枪手，不信你考考我！"（言出为论，下笔成文，愿当面试，奈何倩人。）

曹操毫不掩饰自己对曹植的偏爱。公元 211 年，曹操借汉献帝的名义封曹植为平原侯，三年后又改封为临淄侯。

而且曹操屡次暗示要立曹植为世子，最明显的一次是公元 214 年，曹操南征孙权，居然让曹植留守邺城——这是世子才有的权力。大军临行前，曹操拍着曹植的肩膀说："当年我做顿丘令的时候才二十三，从那时候起我做的每一件事情就没有让自己后悔过。今年你也二十三岁了，你可要努力向你老爸学习哦。"

听到这句话，在场所有人都嘶了一口冷气，"这暗示也太明显了吧"？大家一边假装没听懂曹操的话外音，一边同情地看着边上脸都有点发绿的曹丕。

曹丕当然心急如焚。因为曹丕知道，论文才三弟曹植甩自己八条街，论勇武自己连二弟的背影都看不到，除了嫡长子的身份，自己似乎没有特别能拿得出手的优势——可是嫡长子的身份在父亲眼里连个屁都不是！

为此曹丕很自卑，这直接体现为，曹丕热爱上了吹牛这一运动。

只要有机会，曹丕都会吹嘘自己一番，在别人虚拟的崇拜中抚慰自己柔弱的内心。比如某一次跟荀彧聊天的时候，荀彧跟曹丕客气了一句："我听说你能左右开弓，这实在是很了不起啊。"其实左右开弓有什么了不起的，史载曹彰左右开弓，射中百步之外的头发都没问题。

但是曹丕听着心里无比舒坦，接着就开始吹牛皮："何止！你是没见过我从背后射箭，用嘴巴射箭，在马上腾、挪、闪、跃用各种匪夷所思的姿势射箭呢。"荀彧心说这牛皮吹过了吧，当我没学过射箭啊？但还是很给面子地呵呵一笑："哇，这么厉害！"听到荀彧的夸奖，曹丕更得意了，大嘴巴继续放炮："那有啥，即便是百发百中，也不是什么了不起的事情。荀叔你是不知道，真正的高手，得像我这样，不管是在平原上奔驰还是在山地草场纵马，不管是狡猾的兔子还是翱翔的老鹰，在我面前一个都跑不了，一箭一个透明窟窿，可牛了！"

这牛皮吹得，连荀彧都不知道怎么接茬了，好在一个叫张京的军祭酒回头拉着荀彧的手说了句："厉害啊厉害！"算是给解了围。

说实话，其实曹丕并不需要太过于自卑，尽管他打仗不如曹彰，写诗不如曹植，尽管他不如这几个弟弟那么得宠，但是站在历史的高度看，曹丕是这几个兄弟中最适合当太子的人。

曹丕是长子，看着曹操一路打天下，见识过创业的艰辛，而且他从小就生活在几个弟弟的阴影下，时刻都关注着自己的一言一行。他必须长期隐藏自己的真实想法，在父亲面前做得乖巧些，不遗余力地巴结父亲周围的谋士——长期的压抑势必会造成人性的扭曲，但也让曹丕变得更有城府。

比起有勇无谋的莽夫，或者率真任性的浪漫主义诗人，心机重的实用主义者曹丕更适合国家统治者的位置。

不过话又说话来，合适又有什么用？曹操不喜欢他，就是不喜欢！曹丕心里很着急。

派系之争：站队要低调，立场要坚定

司马懿跟曹丕一样着急，他现在早已不担任文学掾了，但和曹丕依然保持着亲密关系。司马懿知道在曹操的时代自己不可能有大作为，他把所有的宝都押在了嫡长子曹丕身上，所以他绝不能放任曹丕在这场夺嗣之战中败落。

从一开始司马懿就把自己绑上了曹丕的战车，虽然在曹操面前司马懿永远是人畜无害的模样，但在曹操背后，司马懿的真实身份是曹丕集团的核心智囊，一直为曹丕出谋划策。

忙着站队伍的人当然不止司马懿一个人。经过一番艰难的抉择，曹丕和曹植身边各自聚集了一批朝臣，斗争渐渐浮出水面。

曹丕集团的核心成员是被称为“太子四友”的司马懿、陈群、吴质、朱铄四人。

这四个人都不是一般人物。

吴质，兖州济阴人，是太子四友中最聪明的人，曹丕首席谋士，在夺嗣之战中，曹丕的许多计谋都是来自吴质。

不过和所有聪明人一样，吴质最大的毛病就是思维太活跃，想一出是一出，高智商，低情商。

一个发生在几年后的故事最能反映吴质低劣的情商：公元 220 年，吴质和朱铄以及当时的上将军曹真一起吃饭。酒至半酣，吴质就开始发人来疯了，居然现场排了一出关于胖子和瘦子的戏文，嘲笑曹真长得肥，朱铄长得太瘦。

曹真当场就发飙了，拔出剑指着吴质鼻子骂：“你小子活腻味了吧！”一时剑拔弩张。老将曹洪连忙起来打圆场，对吴质说：“小吴啊，你这样就过分了吧，如果你的戏文里一定要把胖子说成是曹真，那就该把那个瘦子说成是你自己，这样好歹说得过去些。”

谁料吴质一点面子都不给，绕开曹洪指着曹真鼻子骂：“你个小瘪三不过是一块烂肉而已，我吴质吞你不用摇喉，嚼你也不用摇牙，你嚣张个屁！”

连朱铄都看不下去了：“都别吵了！”拔出宝剑一剑砍在地上划出一道火花。

看着朱铄杀气腾腾的样子，吴质这才安静下来。

这就是吴质的情商水平，虽然吴质计谋多端，但毕竟太过张扬，曹丕还需要一些老成持重的人。

陈群就是这种人。

陈群，字长文，颍川许昌人，汝颍士族集团的领袖人物。和汝颍集团的另一位领袖荀彧一样，陈群也是以看人精准、判断力强著称于世。

陈群最早是给刘备打工的，当年陶谦把徐州让给刘备，刘备乐呵呵地打算去接管的时候，陈群就告诫刘备："将军往东边发展，袁术肯定会跟你翻脸，到时候吕布暗袭将军后方，那就算将军得到了徐州，最终也成不了什么气候。"刘备当然听不进去，徐州那么大一块香馍馍，谁舍得拒绝啊？

果然没多久，刘备就被袁术和吕布两人合并打败了，这时候，他才后悔当初没听陈群的话。

吴质的诡计多端，加上陈群的精准判断，真是完美的组合。

而司马懿最擅长的是深谋远虑。他没有吴质那么机灵，但是想问题永远比常人更深远。如果说吴质能够帮曹丕走出最漂亮的一步，而司马懿则能告诉曹丕，接下来的十步应该怎么走。

太子四友中的最后一个人是朱铄，此人留下的史料极少，我们对他了解不多，但是从吴质的那个故事中我们也可以看出，他应该是一个懂得掌控全局的人物。

这四个人当中除了吴质略显张扬之外，其他几个人都很低调，尤其是司马懿。实在很难承认他是曹丕的党羽，史书中没有记载他与争储之事一字，我们只知道他一直在帮助曹丕出谋划策，但具体做了什么没人能看到。

这就是司马懿想要的效果，派系斗争是官场上危险的游戏，一不小心就会翻船，但是想在派系之外独善其身基本上属于痴人说梦，这样的人就算不被两个派系当作共同敌人，也会被两个派系同时当作墙头草，永无出头之日。

不过司马懿知道，曹丕本人并不想大张旗鼓地拉帮结派，他只希望获得司马懿等文臣实际上的效忠。所以司马懿选择了一种最聪明的方法：对于曹丕，司马的立场绝对坚定，但是对于曹丕以外的人，他的行事能低调就低调。

只要曹丕知道司马懿是自己人就够了，而且司马懿也希望只有曹丕知道他是自己人。

除了与四位核心智囊保持亲密关系外，曹丕一直以来对老一代的文臣是礼遇有加，再加上嫡长子身份优势，曹丕拉拢了荀彧、荀攸、贾诩、崔琰、毛玠、邢颙等一大批说话有分量的集团外围成员。

反观曹植集团，就给人一种杂牌军的感觉了。

曹植集团的核心成员主要是三个人：丁仪、丁廙兄弟和杨修。这三个人有个共通点：都很有才而且性格乖张。

丁仪兄弟在当时是人气极高的名士，之所以我们现在没多少人认识，是因为一件听上去很无耻的事情：陈寿在写《三国志》的时候曾经向丁仪的儿子索取贿赂，声称给他千斛米，他就给丁仪立传，否则，哼哼……

丁仪的儿子很有骨气，坚决不肯贿赂陈寿，于是陈寿很讲信用地没有把丁仪写进《三国志》。

幸好我们还能从其他只言片语的材料中了解一些丁仪的信息，至少我们知道，丁仪之所以投入曹植集团，是因为跟曹丕有“夺妻之恨”。

丁仪的父亲丁冲跟曹操关系很好，于是曹操想把自己的女儿许配给丁仪。但是曹丕不同意，说丁仪瞎了一只眼睛，跟夏侯惇似的，怎么能把妹妹嫁给一个独眼龙呢？不如嫁给夏侯楙吧。曹操觉得有道理，丁仪不知不觉中被夏侯楙抢走了当驸马爷的机会。

如果一直是暗箱操作那也就罢了，关键是这事儿居然让丁仪知道了。

原来，有一次曹操见到丁仪，跟他聊天的时候发现小伙子真心有才，当场懊悔不迭：“丁仪你可太有才了，像你这种人别说是独眼龙，就算是两只眼睛全瞎了，把我女儿嫁给你也不吃亏！丕儿坑我啊！”曹操当时肯定肠子都悔青了，否则不会失态到把这么得罪人的话当着丁仪的面说出来。

果然，听说此事后，丁仪嘴上不说，但心里这梁子就算结下了，所以后来曹植稍稍表示了一下结交的意思，丁仪兄弟就扑到曹植怀里去了。

曹植集团的另一个核心智囊杨修名气就大多了。

杨修一直以聪明著称，曹植也是个聪明人，所以觉得杨修很对自己胃口，经常给杨修写信，杨修也总是及时回信，一来二去，两人就“勾搭”上了。

但是杨修这个人很会来事儿，跟谁都合得来，跟谁关系都特别好，很难说他是全心全意把自己绑在曹植战车上的。

丁仪兄弟和杨修三人构成了曹植集团的核心智囊，这三个人跟曹植非常像——曹植也是个张扬而且有才的人，所以他们非常合得来。曹植就是这么个率性的人，跟自己合不来的人，他都懒得去相处。

当初曹操亲自把邢颙拨给曹植当属官，希望邢颙能够成为曹植的羽翼。但是邢颙这个人文章写得一般，脾气却不太好，老是给曹植提意见，曹植很不喜欢他，反倒是跟建安七子中的刘桢打得火热（又是个文采出众的人物）。就连刘桢都觉得曹植做得有点过了，写信劝他说："邢颙是个少有的人才，待遇却比我还差，这让我实在是很过意不去，希望你能考虑一下。"

当然，曹植没听，他讨厌跟自己性格不合的人。

当时司马懿的弟弟司马孚正在担任曹植的文学掾，但用脚指头想想就知道，司马家族出来的人，一个个都是扑克脸，怎么可能跟曹植合得来？所以没过多久，曹植就找了个理由把司马孚撵走了。

也就是说，曹植身边，聚集着整个曹魏最聪明、最有才华，也最张扬、最意气用事的人，但绝不是最精明、最能干、最有城府、最有话语权的人。

把两个团队放在一起，高下立判：曹丕集团是一支组织严密、分工明确、目的性极强的竞选团，反观曹植集团——更像是个文学社或者摇滚乐队，而不是一个政治集团。

聪明人总是栽在聪明这把双刃剑上

总体来说，曹丕在曹操心目中的地位不如曹植，但是在司马懿等一批谋臣的统筹谋划下，曹丕正在拉平与曹植的差距，而曹植自己，居然在这个关键的时刻掉起了链子。

事情是这样的，曹操经常会召见曹植和曹丕一起探讨国家大事，一方面是希望两个儿子能从自己身上学点东西，一方面也算是考察。几次探讨下来，曹植本人倒没觉得什么，杨修却很着急，觉得曹植的政治水平太低了，总是踩不到曹操的节拍上，根本比不上曹丕。

杨修决定给曹植打个底稿，以后他们爷俩探讨的时候，让曹植按照底稿念就行了。曹植对此很不以为然，他是去跟老爸探讨，又不是去演讲——有互动的，怎么念底稿啊？

杨修神秘莫测地一笑："这你甭管，你就瞧好吧。"

没过几天，一份厚厚的底稿出现在曹植手上。曹植一看，杨修非但写了他自己应该说什么，还把曹操可能会问的问题都列了出来，连顺序都标注出来了，曹植只要照着杨修写的答案念就行了。

太假了吧？曹植知道杨修很聪明，但这猜题本事也逆天了！曹植狐疑地望着杨修，杨修只是笑而不语。

当曹操再次召见的时候，曹植已经把杨修的底稿背得滚瓜烂熟，滔滔不绝地讲了小半天，曹植一边讲一边观察曹操的表情：“嗯，看上去父亲确实比以前要更满意些。”曹植心里也很满意，但也有点小紧张，不知道如何应对接下来的答辩，杨德祖真能把父亲的心思猜得那么准吗？曹植心里七上八下的。

当曹操开始提问的时候，曹植才惊讶得眼珠子都要爆出来，居然和杨修猜测的一模一样！

于是，曹植想都不想就背出了答案，接下来曹操又提了几个问题，曹植都学会抢答了，而且每次都回答得条理清晰、立意深刻。

曹操混了这么多年社会，吃的盐比曹植吃的饭还多，一下子就看出了猫腻，逼问曹植这到底是怎么回事。曹植一开始还百般抵赖，但要说耍无赖谁耍得过曹操？几个回合下来，曹植就老老实实地交代了。

曹操听了恨得牙痒痒，好你个杨修，敢擅自揣摩我的想法，还教坏我的宝贝儿子！咬牙切齿之余，曹操又拿余光瞥了曹植一眼，叹了口气：“但你小子也确实不争气。”

这次事件让曹操有点小小的失望，但曹操没有停止对两个儿子的考察。某天，他又出了个题目：他让曹植和曹丕各自想办法走出城门。与此同时，曹操又密令邺城的守城卒决不能放两人出城。

曹丕一到城门口就被拦住了，好说歹说都出不了门，垂头丧气地回去了。刚回到家，就听说弟弟曹植也被挡在城门口，但是他说了一句：“我奉魏王命出城，你敢拦我就是抗旨。”然后一剑就把守门卒劈了，大摇大摆出了城。

听到这个消息曹丕直抠头皮：我当时怎么想不到这个主意！

在一旁的陈群淡淡一笑：“恐怕这个主意不是临淄侯自己能想出来的吧？”

“哦？”曹丕停止抓头发，把脸转向陈群，“我们事先根本不知道老爸会密令守门卒挡住大门，在城门口的时候我和我老弟身边都只有几个侍从而已。不是我老弟想出来的，难道是那些侍从想的？”

“当然不可能。”陈群发挥看人准的特长继续分析，“给临淄侯出主意的人当时肯定不会在身边，也就是说这个人从一开始就猜到丞相会在守门卒上出幺蛾子。当今天下，能够把魏王心思猜得那么透彻的人，恐怕只有……”

“杨修杨德祖！”朱铄插嘴说。

“没错。”司马懿刚刚结束沉思，也加入了对话，“杨修这个人的确很聪明，这件事情干得漂亮，但也办得很蠢。所以说看上去是临淄侯赢了这一局，但实际上，赢的却是咱们。”

“啊，我们赢了？”在这场智力风暴中，曹丕明显跟不上思路了。

司马懿高深莫测地说了一句话：“干预王者家事，私自揣摩上意——这个罪名可不小啊！”

“啊？”曹丕还是一头雾水，吴质已经站起身来，“仲达兄与我所见略同，我在朝中朋友最多，这事儿交给我去办。”说完，躬身施礼，转身离去。

接着，司马懿、陈群、朱铄也相继告辞，留下曹丕一个人莫名其妙地干坐着。

没过几天，曹操就通过“可靠渠道”了解到，曹植杀人出城的计策是杨修教的，“消息灵通人士”绘声绘色地告诉曹操，当时曹植接受了王命刚要出发，杨修就把他拉到一边，说：“我估计魏王会在城门口出点幺蛾子，到时候守门人不让你出去的话，你就说奉王命，然后砍了他。”

听到这个消息，曹操眯起了眼睛，冷冷地吐出两个字：“杨修！”

杨修打了个喷嚏。

也许是感冒了，这几天他打了很多喷嚏。他有点想不明白，自己的计谋明明成功了，为什么魏王对曹植的印象反而变差了。

“看来五官中郎将府中也有高人啊。”杨修捋着胡子想，“我得去打探打探。”

平素行事高调的吴质很快就被盯上了，杨修从线人那里得知，曹丕隔三岔五都会把吴质藏在一辆装竹篾筐的货车里运进府中，两人一聊就是一整天。

他们到底想干什么，杨修用脚指头都能猜出来。

杨修立刻给曹操打了小报告。太子四友在公开场合偶尔聚一聚也就算了，在立储的节骨眼上，这么频繁地把人叫去，还那么鬼鬼祟祟，曹丕到底在图谋什么……这事儿让魏王自己去琢磨吧。

曹丕听说这件事情后急得团团转，连忙问吴质应该怎么办。吴质一笑：“杨修啊杨修，你这是撞到我枪口上来了，揣摩人心你比我强，阴谋诡计我甩你八条街。”当下给曹丕出主意，“咱们只需如此如此。”曹丕听了喜得手舞足蹈。

几天后，又是一辆装竹篾筐的货车要驶进五官中郎将府，杨修听说之后立刻去找曹操：“丞相！丞相！还记得我那天说的吴质那事儿吗？那小子又藏在货车里马上就要进五官中郎将府了！您快去看看！”

曹操对这种事情很生气——任何一个领导对下属拉帮结派都会很生气——于是派出侍卫截住了杨修指认的那辆货车。

结果，货车上除了竹篾筐还是竹篾筐，哪里有什么吴质的影子？侍卫回禀之后曹操脸都气绿了：“杨修你这是在挑拨离间还是在逗我玩！？”吓得杨修屁滚尿流，连连磕头求饶。

看到杨修像霜打的茄子一样从王府出来，吴质嘴角扬起得意的微笑：跟我玩？你还太嫩。

第二天，吴质又躲在货车里被拉进曹丕家里，杨修琢磨了一晚上也算把事情琢磨明白了，虽然明知道今天这辆车里肯定能搜到吴质，但他打死都不敢再打小报告了。

经过几个回合的较量，司马懿等高参基本上摸清了曹植集团的套路：无非是靠曹植的文才和杨修的聪明。现在聪明的杨修基本报废了，只剩下曹植的文才不好对付。

不过高参们自然有办法。

有一次曹操要出征，曹丕和曹植照例要去参加欢送会。一听说这事儿曹丕就头疼，他知道这种欢送会根本就是曹植一个人的秀场，到时候他肯定又是出口成章，说的比唱的好听，把老爸美得屁颠屁颠。而自己说出来的话要高度没高度，要文采没文采，别说曹操不爱听，连他自己都不乐意说。

果然，欢送会那天，曹植发表了声情并茂的送别演说，口吐莲花，天花乱坠，顿时把全场的目光都吸引过去了，曹操听了也挺开心。

曹丕听了很不开心，一副有气无力的样子，当时在场的吴质见状，走上前偷偷对曹丕说：“咱们说话没他漂亮，干脆就别说了，到时候你使劲儿哭就行，记住，要哭得真挚，要哭得动情，要哭得梨花带雨。”

曹丕一听，豁然开朗。与其跟曹植的特长硬碰硬死磕，不如用自己的长处去对付曹植的短处。

曹植的长处是什么？才思敏捷、出口成章，说的能比唱的好。曹丕的长处是什么？心机重，城府深，装的能比真的像。

就这么定了。等曹植终于结束演讲，掌声落下，轮到曹丕去告别了，曹丕一个字都不说，小声抽噎起来。演着演着，他想到这些年来受的委屈，眼泪像断了线的珍珠一样啪啪往下落，终于演化成号啕大哭。

在场的其他人哪知道曹丕的真实想法，以为是舍不得曹操，替曹操担心，唏嘘不已，纷纷抹起了眼泪。而曹操早已被感动得说不出话。

那一瞬间，曹操突然觉得曹植特矫情，这种场合下居然还能说出这么漂亮的话来，还抢老子的风头，哪有二儿子曹丕真诚、懂事！

从此以后，曹丕找到了对付曹植漂亮文采的方法：真诚（其实是假装真诚）。

连续几个回合较量下来，曹植集团完败，曹植的首席智囊杨修被彻底打残，而曹植本人，在曹操心目中的良好形象也被打了一个折扣。

曹丕翻盘在望。

“天下第一毒士”出手定乾坤

公元 216 年，曹操被册封为魏王，立储这件事情拖不下去了。

眼看曹操还没有动作，一直作为曹丕外围啦啦队的文臣们开始发难了。老臣毛玠第一个上密奏，对曹操说：“当年袁绍之所以灭亡，就是因为继承人的问题没处理好，废立太子这种事情，一定要谨慎。”

毛玠的潜台词很明确：你曹操不就是在想废长立幼的事儿吗？想想袁绍的前车之鉴吧。赶紧把曹丕的世子地位确立下来，对你自己，对曹丕，还有对曹植都没有坏处。

曹操当然知道毛玠的意思，尽管在司马懿等高参的努力下，曹丕的形象已经有了很大的改观，但曹操心底里还是偏向于曹植多一些。

他决定再听听其他文臣的意见。这次他问的人是邢颙。邢颙是曹植的家丞，但是曹植不喜欢他，邢颙也不喜欢曹植，所以他的回答和毛玠如出一辙：“大王，废长立幼，这是被历史证明的取祸之道啊。”

在曹操心目中，邢颙还算是曹植的人，想不到居然连他都这么说了，曹操感觉自己连个帮忙造势的人都找不到。

曹操当然不可能找到，曹丕布局了那么久，已经把大部分有话语权的文臣收入囊中。

除了邢颙之外，曹操还同时秘密咨询了崔琰——就是当年说司马懿的成就会超过司马朗的那位帅大叔。

崔琰的反应出乎曹操的意料。

在收到曹操私信后，崔琰一言不发地跑回了家。曹操还在纳闷儿怎么回事，第二天开大会的时候，崔琰居然在大会上以公开发言的形式回答了曹操的问题："立长不立幼，本来就是老祖宗定下的规矩，况且五官中郎将曹丕同志仁义、孝顺、聪慧、明事理，是继承王爵的法定人选，我崔琰誓死捍卫曹丕将军的合法继承权！"

曹操的脸当场就绿了。不是因为生气崔琰说的话，而是生气他说话的场合。本来是暗箱操作的事情，现在被崔琰这么一搅和，就等于摆到明面上了。

这就逼着曹操不得不做出选择：到底是废长立幼跟整个文官集团对着干，还是按照大家的意思立曹丕当世子，反正这事儿拖是拖不下去了。

曹丕也知道拖不下去了，他心里非常感激崔琰，因为拖得越久对他越不利，但是他心里也在打鼓——整个文臣集团都在拼死为我说话，为什么父王还在犹豫？

就在曹丕急得团团转的时候，司马懿想到了能压垮曹操的最后一根稻草："为什么不去把贾文和争取过来，魏王最终肯定会去找他问策的。"

"对了，还有贾诩！"曹丕眼前豁然一亮。

贾诩在乱世当中展现出来的生存智慧让司马懿都感到不寒而栗。此人先后祸害了汉献帝、李傕、郭汜、张绣，在曹操帐下安了窝，曹操事业越做越大，贾诩做人却越来越低调，最后干脆闭门谢客，躲进自家幽暗的宅子当起了老宅男。

贾诩是曹营第一代人谋士中硕果仅存的佼佼者，代表了一个比文臣集团更有话语权的团体——元老派。

曹丕和元老派之间的关系一直都很好，跟荀彧、荀攸等人都保持着密切的关系，和贾诩关系也不差，"如果能把贾诩和元老派拉到自己这边，那么恐怕老爹也无能为力吧。"曹丕开心地想。

说干就干，曹丕立刻派使者拜访老宅男贾诩。

贾诩打破自己闭门谢客的传统，在幽暗的客厅里接待了曹丕的使者。使者开门见山，向贾诩询问了“自固”之术，换句话说，就是如何保证自己嫡长子的继承权不被剥夺。

贾诩沉默了很久，才缓缓开口说了一句话：“请你转告将军，将军只需要做事不违法度，做人不违背孝道，修身养性，勤勤恳恳，就可以了。”

贾诩这话说了等于没说，世上再也找不出这么假大空的套话了。但是听了使者的回报后，曹丕心里却无比激动，因为他真正需要的是贾诩的一个态度，面对自己如此直白露骨的提问，贾诩的不反对态度已经表明了他的立场：支持曹丕。

曹丕乐呵呵地打赏了使者，相信自己已经胜券在握。果然，没过多久，曹操召见贾诩了。

贾诩入座后，曹操屏退左右，和曹丕一样开门见山地把立储问题抛了出来。曹操本来以为贾诩说不定会像许多大臣一样长篇大论一番，但出乎意料的是，贾诩居然沉默。

曹操心中窃喜，难道他支持我立曹植吗？怀着这种心态，曹操循循善诱道：“我跟你说你却不回答，这是什么原因呢？”

贾诩连连道歉：“哦，不好意思，刚才在想别的事儿，出神了。”

曹操顿时不痛快了：“在想什么？居然还能出神！”

“我在想，”贾诩猛然抬头，深邃的眼中射出一道精光，“我在想袁绍父子、刘表父子。”

袁绍和刘表都因为废长立幼，导致自己死后家业瓦解。这些事情曹操当然知道，别人也跟他说过无数遍了。

曹操叹了一口气，明白了贾诩的意思。和曹丕一样，曹操其实并不关心贾诩说什么，他关心的是贾诩的立场。

到此为止，曹操已经可以确信没有一个人会支持自己废长立幼。而就在此时，曹植又做了一件莫名其妙的事情：他居然在皇宫里面驾着马车奔驰，还直接从司马门长驱而出！

司马门是皇宫的外门，根据礼法，除了皇帝，所有人过司马门不能乘车。也就是说，连曹操想过司马门都要下车步行，而曹植居然敢在那种地方“飙车”！

曹操当场震怒，非但杀了曹植的车夫作为惩戒，而且彻底改变了对曹植的态度，逢人就说：“刚开始的时候，我总觉得子建能成大事，但自从司马门‘飙车’之后，我对这小子的看法完全改变了。”

公元 217 年，曹丕逆袭成功，终于如愿以偿地登上了世子宝座。

对司马懿来说，这绝对是天大的好消息，意味着他很快就能忍出头了。等曹操的时代过去（说难听点就是等曹操死了），司马懿大展宏图的机会终将到来。

越接近胜利，越要小心谨慎

不过以司马懿这种性格的人当然不可能得意忘形，他知道路还很长，他的前途是和曹丕绑在一起的，只要曹操一天没死，曹丕的世子地位就不算稳坐钓鱼台。

曹丕也有同样的想法。

在世子的宝座上他一刻都没有松懈，努力地巩固着自己的地位，其中一种方法就是更加努力地吹牛。现在的他，文依然不如曹植，武依然不如曹彰，但他的优势很明显：当上世子之后的曹丕有了更高的吹牛平台，可以让更多人听到自己吹牛。吹着吹着，假牛就变成真的了。

拉起世子这张虎皮作大旗，曹丕聚集了一大批文人，集体创作了一本文学专著《典论》，当然，版权和署名权都归曹丕所有。这本包含二十二篇的大部头（在当时的标准看来）著作，后来大都亡佚，只存《自叙》《论文》《论方术》三篇流传到今天，其中最有名的自然是《典论·论文》，但是最能表现曹丕当时心理的，毫无疑问应该是《典论·自叙》，这一节自传可以看作曹丕版的《吹牛大王历险记》，极尽夸张、想象之能事，把自己简直吹上了天。

之前跟荀彧吹牛的那段文字就出自《自叙》，除此之外，还有一些更夸张的故事，比如下面这个：

我年轻的时候学剑法，拜访了许多武林高手，学了一身绝世武功。有一次，我听说奋威将军邓展有空手入白刃的功夫，我就去和他切磋。听他说了半天，我打断他：“你武功不行，跟我比差远了。”邓展不服气，非要和我比武，我没办法，随手拿了根甘蔗就和他比画起来。

没几个回合，就打中邓展好几次。邓展还是不服气，还想跟我比，我说你算了吧你不行就别硬撑了，邓展不干，没办法，只好继续比画。这次我故意卖个破绽，邓展果然上当，我收剑（收甘蔗）提腿，一脚踢中邓展面门。邓展被我踢得一屁股坐在地上起不来。我酷酷地走回座位，淡淡一笑说："将军你还是拜我为师吧。"

类似的桥段在《典论·自叙》中还有不少，只能说曹丕确实被压抑坏了，既然在现实中比不上曹彰和曹植，至少可以在我的个人自传里发挥想象，有胆量你们来挑刺儿啊。

据说曹操读了《典论》之后非常开心，心说曹丕这小子文学创作水平差了点，文学理论水平倒是挺高。而曹丕本人也是唯恐天下人不知道这部著作，一完稿就满世界邮寄给别人看，连远在江东的孙权和张昭都莫名其妙地收到一本曹丕亲笔签名的"《典论·超值白金版》"。

除了找枪手写书、满世界吹牛之外，曹丕还不遗余力地打压自己的两个弟弟。

公元 218 年，北方传来消息：乌丸造反了。对曹丕来说这绝对是个坏消息，这意味着弟弟曹彰又能大大表现一番了。

果然，曹操二话没说就任命曹彰为北中郎将，代理骁骑将军讨伐乌丸。曹彰也果然不负众望，千里奔袭，大破乌丸叛军，砍了几千颗脑袋回来，还收降鲜卑贵族轲比能，得意扬扬地凯旋。

随着前线捷报不断传来，曹丕自卑而脆弱的小心肝一次次备受摧残。

曹彰凯旋经过邺城的时候，曹丕负责接待，一边虚与委蛇一边琢磨怎么样才让老弟不出太多风头。

很快曹丕就有了主意。

"子文（曹彰字子文），有你这么个勇武的弟弟，我这个做大哥的开心得不得了啊。不过你毕竟还是太年轻、太天真，你老哥我可有句话要提醒你……"

曹彰是个四肢发达、头脑简单的生物，丝毫没看出他老哥的矫揉造作，大大咧咧道："大哥你说，老弟我听着呢。"

曹丕道："老弟，见到老爸之后，千万不要夸耀自己的功劳，一定要搞得好像这场大捷没你啥事儿一样。"

“啊？凭啥！”曹彰一听就跳起来了，“哥，我辛辛苦苦打个仗，连牛皮都不能跟老爸吹，这也太憋屈了。”

曹丕叹口气摇摇头，做出一副恨铁不成钢的样子：“老弟，你懂个啥，老子说过‘自见者不明，自是者不彰，自伐者无功，自矜者不长’。我这可是为你好。”

曹彰连老爹推荐的书单都不愿去读，更别说《老子》了，挠挠头道：“我不管老子怎么说，不过既然老哥都这么说了，总是有道理的。”

等曹彰走后，曹丕脸上露出了阴险的笑容。

然而这次他弄巧成拙了。见了曹操之后，曹彰按照曹丕的吩咐真的把所有功劳都让给下属，一点都不像以前那样大吹大擂。

曹操打了一辈子仗，一听就知道曹彰在谦虚，开心得不得了，居然拉着曹彰的胡子赞不绝口：“我的黄须儿，真是大有长进啊！”

听闻此事，曹丕气得差点吐血。

不过对曹丕来说，最需要提防的人不是曹彰，而是曹植。虽然曹植一而再、再而三地让曹操失望，但是在曹操心目中，曹植依然是他最疼爱的儿子。

对此曹丕惴惴不安，而公元 219 发生了一件事情，把曹丕吓得魂儿都快掉了。

公元 219 年 6 月，夏侯渊被杀，汉中沦陷，刘备派遣孟达、刘封攻占汉中郡东部的房陵、上庸等地，逐渐往曹魏腹地渗透。同年 7 月，孙权欲攻合肥，魏军大部调动至淮南防备吴军。就在这个时候，镇守荆州的前将军关羽暴起发难，留南郡太守糜芳守江陵，将军傅士仁守公安，自己率领主力部队北上攻打曹魏。

关羽兵锋所指的襄樊地区是曹魏南大门，曹操派遣了五位名将镇守此地：征南将军曹仁驻樊城，将军吕常驻襄阳，右将军于禁及立义将军庞德屯樊城北，平寇将军徐晃屯宛。这样的豪华阵容，理论上应该能够抵挡关羽一阵子。

关羽被后世奉为战神是有理由的，八月份，老天好像跟关羽约好了一样突然下起了大雨，汉水暴涨，关羽水淹七军，把前来进行主力决战的于禁兵团统统冲进河里喂了王八，曹魏襄樊军区的野战部队瞬间消耗殆尽。

紧接着，关羽进军樊城，把樊城围得水泄不通。

曹操震惊了。最让他震惊的不是于禁兵团覆没，而是身为“五子良将”之一的老将于禁居然投降了，反倒是原先一直不怎么信任的庞德居然宁死不降。得知这个消息后曹操一遍遍念叨：于禁跟了我三十多年，为什么会背叛我？

曹操对异姓将领的信任打了一个大大的折扣，接着，他任命曹植为南中郎将、代理征虏将军。

曹操的任命正式下达之前，曹丕就已经得知这个消息，一时间手足无措。一方面，他害怕曹植也像二弟一样立下大功，到时候世子的地位很可能出现反复；但另一方面，曹丕觉得关羽不像乌丸那么好对付，恐怕丧师辱国的概率更大些。

但司马懿不这么看，早在刘备占据房陵、上庸之际，司马懿就把鹰隼般的目光转向了南线。作为太子党的核心成员，他知道即将到来的魏蜀之战对曹丕将会产生重大影响，所以他比任何人都关注这场战役。

“曹仁、徐晃都是宿将，有此二人在，樊城必定不会立刻丢失，一旦战局陷入胶着，我恐怕关羽最大的祸患是背后的孙吴吧。”司马懿高深莫测地说。

曹丕把司马懿的话琢磨了半天，突然明白过来：“仲达，你是说……我三弟南下，最后会坐收渔利，大胜而回？”

“大胜不一定，但大败是不可能的。”

曹丕顿时急了，一咬牙一跺脚：“我必须采取行动……三弟，别怪我！”

曹丕立刻动身，从邺城跑到许昌，终于在曹植出兵的前一天晚上找到了曹植，并且成功灌醉了他。

第二天大军集结，曹植却醉得不省人事，根本没法带兵出发，曹操气得破口大骂，当场把他没坐热的北中郎将职务罢免，命令由徐晃统一节制各路援军。

曹丕顶着宿醉的脑袋醒过来，听到这个好消息长舒了一口气：为了灌醉三弟，自己差点酒精中毒，不过值了。

经过这件事情后，曹操对曹植彻底绝望，接受了曹丕作为接班人的既定事实。具体表现在：他开始打压曹植，为曹丕顺利接班铺路。

曹操先是以一个非常牵强的理由杀了曹植的妻子（罪名是她穿衣服穿得太华丽……这算什么理由），然后，曹操以一个同样牵强的理由杀了杨修（泄露国家机密，里通外国……这个罪名几乎是莫须有的同义词）。

杨修临死前说了一句耐人寻味的话：“我觉得我已经死得够晚了。”（我固自以死之晚也。）确实，杨修屡次揣摩上意触怒曹操，又明目张胆地卷入世子之争中（其他人都没有杨修那么明显），曹操之所以一直没动杨修，是看在曹植的分儿上，现在曹植再也没有角逐世子之位的可能，那么作为曹植党羽的杨修自然是可杀不可留了。

随着杨修脑袋落地，曹丕心里的石头终于放下了。

而司马懿欣喜之余心中的恐惧也越发强烈：今天死的人是杨修，明天死的人会是谁？

尽管非常接近胜利了，但司马懿却越发谨慎了。

三方博弈下没有简单的你死我活

就在曹丕为巩固世子地位拼命奋战的时候，荆襄地区的战况也进入了白热化。

水淹七军之后，樊城守军也跟着成了汤泡饭，曹仁一边望着关羽耀武扬威，一边找出湿漉漉的帛书给曹操写信。

襄阳的吕常又被关羽分兵包围了，不过他运气好些，至少没有被水泡着。

紧接着更坏的消息传来，荆州刺史胡修、南乡太守傅方都投降了关羽。

对于这两个人司马懿一直不看好，曾经跟曹操进言说这两人一个粗暴，一个骄奢，都不是坐镇一方的那块料。曹操不听，司马懿也就照例没有坚持，结果证明，这两人果然是不堪大用。

十月，陆浑民孙狼等作乱，杀死了县主簿，向南归附关羽。关羽授给孙狼官印，给他军队，让他当了个敌后武工队队长。有了这个先例，此时许昌以南的梁郏、陆浑群盗，纷纷接受关羽的印号，给关羽打工。

一时之间，关羽军势大盛，威震华夏。

曹操坐不住了，决定亲自率领麾下六大兵团（六军）南下增援。

司马懿心底里并不赞同曹操亲征，从曹丕的立场上考虑，万一曹操在征战途中有个三长两短，曹魏局势必然产生动荡，这个时候曹彰或者曹植的党羽暴起发难的话，曹丕的合法继承权将会受到极大的挑战。

但是似乎所有人都赞同曹操亲征，他该不该做出头鸟呢？司马懿很纠结。

幸好他没有纠结太久，侍中桓阶抢先站出来进言：“大王认为曹仁能力过关吗？”

曹操的回答很干脆：“是的。”。

桓阶又问：“那么大王是恐怕曹仁、吕常磨洋工吗？”

曹操依然干脆：“不是。”

桓阶追问：“那么为什么您要带着六军亲征？”

曹操想了想，回答说：“我担心敌人太多，徐晃他镇不住场子。”

桓阶摇摇头：“大王你想过没有，为什么曹仁能在樊城撑那么久？”

没等曹操回答，桓阶就自问自答说：“那是因为他们相信大王您的主力兵团在远处做外援，给了他们希望。”

“没错。”曹操点点头。

“那么大王您就应该继续控制六军坐镇战场之外，显示我们还有多余的军力，为什么要亲自把所有筹码都押进战场里面呢？”

桓阶的话说进曹操心里去了，曹操同意了桓阶的话，没有动六军，只是先后派遣殷署、朱盖等共十二营军队到徐晃那里增援。

司马懿松了口气，心里却在叹息曹操果然老了，战局还没到关键的时刻就迫不及待想把压箱底的预备队打出去，在曹操一生的戎马生涯中，很少见到他有这么手忙脚乱的时候。

尽管曹操不再提亲征的事儿，但是对于即将到来的大决战心里还是没谱，一旦荆襄失守，整个曹魏王国的南大门都会向关羽敞开，而都城许昌首当其冲。

因此曹操提议，要不咱们迁都吧，离战场远一点，然后跟关羽拼个你死我活。

从汉中之战开始，曹操就在保守主义的错误道路上越走越远，曹操的这一提议自然会遭到很多人反对。

司马懿不喜欢当出头鸟，但是不介意成为众多出头鸟的其中一员，于是他上前进谏：“大王，之前于禁兵团覆灭根本原因还是汉水暴涨，而不是因为真的打不过关羽，这件事情也并没有伤到我们的元气，根本没必要迁都啊。”

曹操一看，嗬，这不是那个老躲在人堆里的司马懿吗，怎么这次连你都出来说话了？我记得你上次反对我还是在汉中之战的时候，我没听你的，结果丢了汉中，给了关羽嚣张的本钱，今天你又站出来反对我，看来你是胸有成竹了。

司马懿继续侃侃而谈：“现在可不是我们跟关羽你死我活的时候，大王别忘了东南边还有个虎视眈眈的孙吴呢。”

没错，既然叫三国，那么所有的游戏都有三个玩家，曹魏忙着跟蜀汉死磕，却没发现孙吴手里摇着骰子，早就跃跃欲试了。曹操赞许地点点头，示意司马懿说下去。

“刘备和孙权，从外表看关系密切，实际上孙权把刘备恨得牙痒痒，关羽得志，孙权必然不愿意。所以，我们可以派人劝孙权威胁关羽的后方，答应孙权把荆州南部的土地都给他，这样樊城之围自然就解除了。”

司马懿的计策出发点很简单：这场游戏本来是三个人玩的，三人游戏的显著特点就是没有必要为了任何原因跟游戏中的任何一方拼得你死我活，关键时刻借用第三方的力量才是最佳的取胜之道。

曹操有种豁然开朗的感觉：“当年年轻的时候，我的思想也是这么活跃啊。”曹操同意了司马懿的进谏，也不再提迁都的事情了。

事态接下来的发展比司马懿预想的还要顺利，孙权终于按捺不住投出了骰子，给曹操寄来一封信，请求允许他讨伐关羽，为朝廷效力。

其实孙权的意思是曹操你再给我撑一会儿，别到时候我来了你却完蛋了，那就又变成我和关羽你死我活了。

在这封信中，孙权刻意强调一定要给他保密，别让关羽有所防范。

那么到底要不要帮孙权保密？为此，谋士们吵成一团。

但是司马懿时不时提醒大家，这是一场三方博弈，关羽固然是敌人，孙权也不是盟友，能够消灭关羽当然最好，如果能同时消灭掉孙权，那就最完美不过了。

根据这一思路，如果为孙权保密，孙权出兵时必定能一举击溃关羽，可是在孙权出兵前曹仁必将遭受极大的伤亡。

但是如果不为孙权保密呢？孙权出兵不一定能击溃关羽，而关羽分心防范孙吴必将减弱对曹仁的攻势。

很明显，为孙权保密只对孙吴有好处，对蜀汉和曹魏有坏处；而不保密的话，对吴国和蜀汉都有坏处，但是对曹魏有好处。

如此一分析，曹操会做出什么选择就一目了然了。

孙权大概以为自己和曹操在面对共同敌人的时候已经算作盟友，忘记了三方博弈的大格局，否则很难理解他为什么要写这么一封信。

几天后，徐晃奉命把孙权的信拷贝几十份，用弓箭射入樊城和关羽军营中。被围的魏军将士得到书信后，士气增长百倍，而关羽的军心则出现了动摇。

战机稍纵即逝，身为“五子良将”之一的徐晃当然不会错过，当机立断发起了进攻，关羽大败，军心进一步动摇。

正是在这个时候，孙吴吕蒙白衣渡江，攻克了南郡。关羽丢了大本营，哪里还顾得上樊城，立即向南回撤。

关羽败得太快，曹操还没来得及做出反应，司马懿再次提醒曹操，千万不能让曹仁穷追关羽败军：关羽是这场三方游戏其中之一的参与方，千万不能把他逼急了，让孙吴坐收渔利，相反，我们应该放关羽一马，让他去祸害孙权，我们坐山观虎斗才对。

曹操一听有道理，马上下命令让曹仁千万不要追击。

英雄所见略同，远在樊城的谋士赵俨和司马懿抱有同样的想法。看着关羽狼狈退走，曹仁立刻想痛打落水狗，但赵俨阻止了他。直到曹操的命令传到樊城，曹仁都一直按兵未动。

果然，从樊城全身而退的关羽立刻投入与孙吴你死我活的搏杀中，最后，关羽败走麦城，被孙吴擒获后杀害。

蜀汉和孙吴之间结下大仇，在由此引发的夷陵之战中，吴蜀两国国力都被消耗殆尽。

而差点被打到要迁都的曹魏，居然成了最大的赢家。

公元 220 年初，曹操收到了来自东吴的快递：关羽的首级。望着关羽死不瞑目的脸，年迈的曹操长长地叹了一口气，感觉全身的生命力正在离自己而去。

来自南方的威胁，终于彻底解除了。丕儿，我老了，油尽灯枯了，接下来的路，就靠你自己走了。

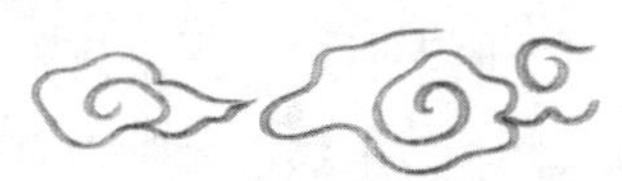

第四章　第二轮洗牌，潜龙也有出海的时候

影响力取决于权威而非职位

汉建安二十五年正月，一代奸雄曹操在洛阳去世。在司马懿漫长的一生中，不管是神机妙算的诸葛亮还是权势滔天的曹爽，都没有像曹操那样让他感到深深的恐惧，曹操不是司马懿的敌人，却比他所有敌人加起来更可怕。

现在曹操终于死了。

但司马懿丝毫不敢放松，因为司马懿已经把自己的全部未来押在新老板曹丕身上，而此时此刻，曹丕远在邺城，只要曹丕一天没有拿到魏王印绶，那么一切皆有可能。

果然怕什么来什么。曹操在弥留之际下了两道遗诏，第一道遗诏乏善可陈，无非是关于怎么安置家里的锅碗瓢盆、存折、支票等琐事，可是看到第二道遗诏的时候，司马懿脑袋“嗡”的一声响：

曹操居然让戍守关中的曹彰千里加急赶回洛阳！

“魏王怎么这么糊涂！”司马懿当然知道曹操的初衷：曹操想让曹彰把屯驻在洛阳的大军带回许昌。经过“南中郎将事件”和“司马门事件”后，曹操不再信任曹植，而邺城刚经历了魏讽叛乱，一刻都离不开曹丕坐镇，曹彰就成了统率东归大军的不二人选。

但问题是：这件事情本身就很暧昧！曹操的初衷司马懿能明白，不代表其他人明白，更不排除有人揣着明白装糊涂！

果然，一听说曹彰正在赶往洛阳的消息，有些人就开始骚动起来了。

必须把所有可能出现的不稳定因素扼杀在襁褓中！

洛阳城里最有权威的人是谏议大夫贾逵，司马懿当时担任丞相府司马，品秩上比贾逵略高些，但是这十几年在“两不出原则”的指导下，司马懿在百官中的权威实在很有限，于是他非常识趣地推举贾逵主持洛阳，自己心甘情愿地给贾逵做副手。

司马懿知道，决定一个人说话的分量不是他的职位有多高，而是他的权威有多大，在这方面，他自知不如贾逵，而且他知道贾逵是太子党中能力最过硬的人，一定不会有负所托。

贾逵也没有让司马懿失望，上来就是一个漂亮的太极拳，巧妙化解了一场兵变。

兵变的主角是曹魏最精锐的兵团——青州兵。

青州兵从来只服曹操一个人管，一听说曹操死了，立刻擂起战鼓要求解散兵团回家种田。

史载青州兵团有四十万人之众，一般认为合理的数字应该是战兵三万左右，这么多身经百战的老兵油子一旦流窜到社会上，不知道会掀起多少治安事件。于是有人建议，不如秘不发丧，先借曹操的名头震一震青州兵，等曹彰赶到洛阳后再和这帮白眼狼计较。

司马懿狠狠剜了一眼提议的大臣，君王客死，近臣秘不发丧，这种事情当年李斯和赵高干过，结果是胡亥继承皇位，太子扶苏被逼自杀。现在曹丕远在邺城，曹彰却正在赶来的路上，你们这帮浑蛋，想当李斯、赵高吗？

不过司马懿不说话，因为他知道贾逵肯定能应对。

果然，贾逵当场否决了这个提议，立刻把魏王晏驾的消息公布天下，同时大开城门放青州兵出城，沿途还一路准备了接待站，供给遣散士兵吃住。

这一招太极打得妙，一旦青州兵哗变，非但整个洛阳会化为焦土，而且曹彰立刻就会军权在握，从此无法驾驭，不如直接遣散，一了百了。

青州兵团前脚刚解散，曹彰后脚就到了。他一路上已经快马加鞭了，但还是没能赶上见曹操最后一眼。

在曹操的灵柩前，曹彰大哭了一场，然后开口向贾逵讨要魏王印绶。

这句话一说出口，在场所有人的脸色瞬间就变了。印绶就是权力的象征，曹彰讨要印绶，就跟楚庄王当年问鼎之轻重一样，简直是明目张胆的谋逆！

司马懿暗地里一跺脚：魏王糊涂，这道暧昧的遗诏果然让曹彰起了心思！

幸好贾逵坚定地站在曹丕一边，曹彰话音刚落贾逵就翻脸了："国家不是没有储君，太子还好好地坐镇邺城呢，这印绶的事情，轮不到君侯你来问！"

贾逵说得理直气壮，曹彰找不到反驳的理由，骂骂咧咧地走了。

曹彰本人的志向是当个将军，并不在意继承权的问题，印绶其实是替三弟曹植讨要的，结果发现"太子不急太监急"，曹植居然一点动作都没有。于是刚被贾逵骂走，他就气冲冲地找曹植去了："老三，老爸生前急召我来洛阳，摆明了就是要立你为继承人，让我以武力支持你。现在大家都跟老爸对着干，我要动刀子了，你到时候给点儿力！"

如果当时曹植点点头，那么曹魏立刻就会陷入分崩离析，历史恐怕都会改写。

幸好曹植没有点头，他已经对权力的游戏心灰意冷，叹了口气，拦住急着要去拼命的曹彰："二哥，算了，难道你想看到袁家三兄弟的命运在我们曹家身上重演吗？"

听闻此言，曹彰知道大势已去，痛哭一场而去。

一场危机化解了。

当洛阳城风起云涌的时候，邺城也早已山雨欲来。

曹操刚晏驾司马懿就写了两封信命人星夜送往邺城：一封是给曹丕的公文，通报曹操的讣告；一封是给老弟司马孚的私信，反复叮咛老弟一定要看住曹丕，在这节骨眼上千万不能乱了方寸。

在朝堂上读完司马懿的信，曹丕号啕大哭。

一开始曹丕只是做做样子，东汉以孝治国，老爹死了不哭说不过去，但是一哭起来曹丕就停不下来了。想起自己这些年忍辱负重，明明是大儿子却跟个三孙子一样四处讨好，厚着脸皮黑着心跟杨修斗跟弟弟斗跟老爹斗，这样的日子真的不是人过的——到今天，终于算是熬出头了！

曹丕越哭越伤心，下面的文武百官也只能跟着哭，越哭越不对劲儿：这怎么还没完没了了？得哭到什么时候是个头儿？

可是老板没停，手下人谁敢先停下来，只有继续一边干号一边偷瞄曹丕，一时间气氛极为尴尬。

司马孚也跟着干号了几嗓子，接着就想起二哥的来信了，心想二哥果然有先见之明，早就料到曹丕会发神经。

想了一会儿，司马孚停止了干号，站出来声色俱厉地大喊一声：“大王刚晏驾，天下震动，我们现在要做的是早点立新君，稳定局面，都不要哭了！”（孚厉声于朝曰：“今大行晏驾，天下震动，当早拜嗣君，以镇海内，而但哭邪！”）

当然，司马孚这话是跟群臣说的，跟曹丕说话不敢这么放肆。司马孚吼完，清清嗓子转身对曹丕行礼道：“大王刚刚晏驾，天下都看着殿下您呢。为了大魏国的社稷和天下黎民百姓，大王您不要像个小老百姓死了爹一样哭个没完啊。”

说实话，司马孚这话也不算太客气，但总算让曹丕收起了眼泪。底下人一看曹老板终于消停了，如释重负地出一口气，齐刷刷停止了号哭。

接下来就该讨论权柄交接的问题了，但当时曹操只是王爵，理论上还是归汉天子管的，因此，有些家伙提出：咱们是不是该等汉献帝下了诏命之后再举办继承仪式？

这话听得司马孚七窍生烟，心说怎么会有那么没眼力见的人？这都什么时候来还管这些虚头巴脑的事儿？正要开口反驳，站在司马孚身边的尚书陈矫先驳斥过去了：“你说的这叫什么话？大王晏驾，临淄侯跟鄢陵侯就在先王灵柩边，万一发生动荡，那社稷就完蛋了，哪里还有干等什么天子诏书的道理！”

陈矫的话音刚落，马上就有多人发言表示支持。于是，司马孚立刻进宫进见卞氏夫人，请她以魏王王后的名义令太子速登王位。

要说曹操这一家子，也确实明事理的人多，卞氏虽然也疼爱曹植，但是这节骨眼上还是坚决支持曹丕立刻即位。在王太后的鼎力支持下，司马孚等人闪电般地完成了即位仪式筹备工作，第二天曹丕起了个大早，急匆匆地走完流程，登上了他梦寐以求的王位。

等几天后汉献帝的特使赶到邺城宣读诏书，任命曹丕为汉朝丞相、魏王和冀州牧时，曹丕早就把王位坐热乎了。

半个月后，司马懿扶着曹操灵柩进入邺城。

分别了一年之久，曹丕和司马懿再度重逢，曹丕固然感慨万千，但最心潮澎湃的却是司马懿：

终于熬出头了！属于我的时代，马上要到来了！

每次权力的更迭都是新一轮洗牌

曹丕终于当上魏王兼汉朝丞相。和所有新上任的领导一样，他做的第一件事情就是搭台子，建班子，对前朝老臣能拉拢的拉拢，不能拉拢的就打压，再提拔一批自己的嫡系心腹，尽力在最短的时间内巩固权力。

曹丕的第一个麻烦事儿是曹植和曹彰，尤其是武将出身的二弟曹彰。从曹彰的眼神中，曹丕都能感觉到熊熊怒火。

天知道这个蛮子老弟会干出什么不计后果的事情来！自曹彰一进入邺城，曹丕就跟防狼一样防着他，为此，他连曹操的葬礼都没有出席。

二月二十一日是曹操出殡的日子，按理说曹家子孙都要出席葬礼，等大家到了葬礼现场一看，却发现曹丕缺席了。

此刻曹丕正躲在戒备森严的王宫里陪卞氏夫人，只送来一篇哀策文让人当众朗读了一番。这篇文章只有两个主题：前半部分的主题是我爸死了我很哀伤，后半部分的主题是可恶的大臣们让我以国事为重，不许我出席葬礼。

使者刚朗读完就引来大臣们一阵腹诽心谤："谁不让你出席葬礼了——明明是害怕鄢陵侯。"

的确，曹丕不想在葬礼上遇见曹彰。这黄须儿武艺高强又被军人拥戴，若是暴起发难，手下的保镖真没几个拦得住他。

在这种心理的驱使下，葬礼结束的头一天，曹丕就下令诸侯都回到封地去，没事儿不准出来。

当年曹操给自己的 14 个儿子都封了侯爵，曹丕一声令下，等于把兄弟们全部软禁在自己的封地上了。不过所有人都明白，曹丕的主要目标还是自己的两个亲弟弟：在政界颇有威望的曹植和在军界有极高威望的曹彰。这两人必须远离曹魏军政中心，否则曹丕会睡不着。

接到命令后，曹植没什么表示，很听话地回去了；曹彰也很快上路，但是临走前却发了一通脾气。不过曹丕暂时不打算追究，这两人只要离开曹魏军政中心就掀不起什么风浪了。

解除了来自亲弟弟的威胁，曹丕开始大刀阔斧地洗牌，有恩报恩，有仇报仇。

而经历这么多年的蛰伏，司马懿也终于到了收获的季节。

曹丕送给司马懿的第一个礼物是爵位：司马懿被封为河津亭侯，成了一位前途无量的侯爵。

根据东汉的爵位制度，不是刘家的子孙最高只能封侯爵（当然，魏王曹操这种权臣例外），而侯爵又分县侯、乡侯、亭侯。司马懿虽然只是第三等亭侯，但对之前一直碌碌无闻的司马懿来说已经很不错了——他将来的对手诸葛亮位极人臣，到死都还只是个乡侯，当时还寸功未立的司马懿能有什么不满意的？

加完爵，曹丕的第二个礼物自然是升官。司马懿先是被任命为丞相府长史，相当于曹丕的一把手，成了丞相府的“二号首长”。

司马懿知道，这只是个开始，只要继续和曹丕保持步调一致，他的仕途将一片光明。

果然，没过多久，司马懿就被任命为督军御史中丞，从此登堂入室，彻底告别了丞相府幕僚的身份。

所谓督军御史，类似于后世的监军，虽然没有军权，却能和军方搭上千丝万缕的联系，从此成为军政两栖明星，是个权力很大、前途很光明的职业。把司马懿安放到这个位置上，可见曹丕对他的信任。

“先王费尽心机打压我，他绝对想不到，我早已把宝都押在他大儿子身上，现在，到我兑换筹码的时候了。”司马懿暗自得意。

在完成政界的调整，把司马懿等人提拔上高位后，曹丕开始着手军界的大洗牌。

曾经曹魏军界的五位宗室大佬：夏侯惇、曹仁、夏侯渊、曹洪、曹彰中，夏侯渊战死在汉中，曹彰被赶回封地，而曹洪因为之前和曹植勾勾搭搭让曹丕非常不爽，所以在新的调整名单中，曹丕把夏侯惇和曹仁作为重点拉拢对象。

可问题是夏侯惇和曹仁的军职在他老爹曹操时代就已经到顶了，尤其是独眼将军夏侯惇，官至前将军，根据东汉的军制，最高级别的武将军衔分别是大将军、骠骑将军、车骑将军、卫将军和前、后、左、右将军共计五个等级，而级别上只有王爵曹魏最多只能任命第五等：前、后、左、右将军。

不过这种小问题怎么可能难得倒曹丕？曹丕一句话，夏侯惇被任命为大将军，连升四等；曹仁被任命为车骑将军，总督荆、扬、益三州军务。

曹丕这种行为不管从理论上还是实际上都属于僭越了，当然，汉献帝连个屁都不敢放——连自己的皇帝宝座都快保不住了，哪儿还有工夫管什么大将军、车骑将军？

在异姓将领中，以张辽、张郃、徐晃、臧霸诸将最受曹丕的眷顾。

张辽被任命为前将军，张郃被任命为左将军，徐晃为右将军，臧霸为镇东将军，分别驻守于陈郡、陈仓、宛县、青州等军事要冲。既拜将，又封侯，这帮老将立刻成了曹丕的铁杆死忠。

提拔完老一代军界大佬后，曹丕开始大力扶植自己的新人，主要是和自己从小玩到大的三位“曹二代”军界新星：夏侯尚封平陵亭侯，拜散骑常侍，迁中领军；曹休为领军将军，封东阳亭侯；曹真，拜为镇西将军，总督雍、凉州军事，封东乡侯。

当然，和督军御史中丞、河津亭侯司马懿一样，这只是曹丕付给人家的订金，只要有合适的机会，曹丕会不遗余力地把这些人打造为军界顶级大佬。

总而言之，在曹丕这场大洗牌中，凡是当年坚定团结在曹丕旗帜周围的“拥立功臣”都得到了应有的封赏，人人有糖吃，个个都欢喜。当然，对于站错队伍的人，曹丕也绝对不会放过。

首当其冲的就是曹植的谋主丁仪兄弟。

从曹丕被任命为太子的那天起，全天下都知道这两个家伙死定了，所以曹丕连像样的罪名都懒得找，随便弄了个理由，就把这两兄弟抓起来丢进监狱了。

两兄弟早已认命，当听说曹丕终于来抓他们的时候反而如释重负：这一天终于来了。

看到丁仪兄弟一副死猪不怕开水烫的样子，曹丕气不打一处来，这两兄弟也太配合了，让曹丕享受不到秋后算账的快感。曹丕怒了：“你消极抵抗是吧？我非让你哭不可！”接着就下令将丁仪兄弟全家男丁尽数诛杀。

丁仪兄弟一家几十口人的尸体在邺城荒郊摆了好几天，根本没人敢去收尸。曹丕终于小小地满足了一下，觉得总算出了一口十几年的恶气。

望着曹丕狰狞的笑容，司马懿突然觉得这个曹丕其实也很可怕，“这是一个心胸狭窄、刻薄寡恩的人。”司马懿在心里给曹丕下了评语，“以后我还是要谨慎些才好。”

正确的建议，提一次就够了

该提拔的提拔了，该杀的也都杀了，经过一轮几多欢喜几多愁的大洗牌，曹魏的新政治格局已经稳定下来了，曹丕终于有精力把眼光投向朝堂以外的地方。

这时候诸葛亮还没开始北伐，曹魏最大的边患在南方，经过襄樊会战，曹魏南方的防线已经岌岌可危，而刚刚吞下荆州的孙权却虎视眈眈，还想把樊城和襄阳也收入囊中，凑成完整的荆襄大礼包给自己三十八周岁生日献礼。

曹丕觉得襄阳和樊城实在是食之无味、弃之可惜的鸡肋，心想反正也守不住，不如放弃这两座城市，收缩防线。

“陛下，不可！”刚把自己的想法说出来，就有人朗声反对，曹丕定睛一看，居然是司马懿。

曹操在世的时候司马懿很少带头唱反调，所以看司马懿跳出来反对，曹丕有些不以为然：“孙权刚刚灭了关羽，气势汹汹的，现在打到门家门口来索要樊城和襄阳，这两座城我们肯定守不住。”

“臣下以为不然！”司马懿回道，“正是因为孙权刚刚灭了关羽，所以他的主要精力肯定放在维持荆州地区稳定上，绝对不肯跟我们硬碰硬地打一仗。更何况，襄阳占据水陆要冲，进可攻、退可守，绝对不能轻易放弃。”

曹丕撇撇嘴，继续不以为然：“好了好了，寡人知道你一片忠心，只是打仗这种事情呢，是很复杂的，你不懂也别瞎掺和，好好做你督军御史中丞这份很有前途的职业吧。”

“陛下英明，微臣遵旨。”司马懿被说得一点脾气都没了，默默退回去不再说话。对司马懿来说，第一个站出来反对曹丕这种事情已经很出格了，既然曹丕不听，那他绝不说第二遍。

虽说曹操死后司马懿就放弃了“两不出原则”，但不代表他不再明哲保身了。

司马懿的态度让曹丕很满意，好言安抚一番后就立刻命令曹仁一把火烧了襄阳和樊城，全军退守内线。

结果几天后前线传来消息：真的如司马懿所料，孙权根本就没打算和曹魏打硬仗，本来只想恐吓曹丕一下，谁想到居然白捡了两座城池，孙权嘴巴都笑歪了。

曹丕当然脸都气绿了，碧眼小儿，敢如此消遣我，我饶不了你！

这时候，曹丕想起了司马懿当初的谏言，觉得司马懿在军事方面还是挺在行的，不过他最庆幸的是，当初司马懿只说了一句话就不再开口，大家对此的印象都不算太深。试想如果当初司马懿坚持己见，曹丕要为自己的决定找无数理由辩护，并且最终还是会动用王权把司马懿的进言驳回——而这一切，最后都会沦为笑柄。

想到这里，曹丕对司马懿的好感又增加了一筹。

虽然司马懿尽全力为曹丕保全了面子，但这事儿说出去还是足够丢人的，堂堂魏王，曹操的儿子，居然被孙权吓得一箭未发就把曹仁、徐晃拼尽全力坚守的城池给丢了。

似乎是为了挽回面子，当年六月，曹丕突然下令要亲率大军南征，扬言要活捉孙权、踏平江东。

这算个什么事儿啊？消息传出去之后朝中文武百官对此无不议论纷纷，觉得曹丕的决定太过草率，但是看到曹丕暴怒的样子，没人敢上去劝。

不停地有人暗示司马懿，说你跟大王关系好，为什么不劝劝他？司马懿装聋作哑，根本不打算开口劝。

不开眼的人还是有，就在曹丕出发前，度支中郎将霍性终于忍不住了，上疏劝谏曹丕。劝谏书倒是写得非常委婉，没有任何出格的地方，霍性觉得就算曹丕不高兴，顶多也就骂自己几句呗。

结果曹丕果然很不高兴，然后，他就把霍性杀了。

霍性到死都没想明白这么大点事儿怎么会把命丢了，只有司马懿冷冷地看着霍性自寻死路：你太天真了，你以为陛下真的是因为愤怒才兴兵南征吗？

当然不是，曹丕毕竟不是曹植，很少意气用事，南征背后，自然有曹丕很深的用意，至于用意到底是什么，我们考察曹丕的南征路线就明白了。

杀了霍性后，曹丕点起大兵威风凛凛地踏上了征途，从邺城南下，过黄河，进入豫州境内，然后又转向东，一路上走走停停，走了一个半月才走到谯县。

到了谯县后曹丕突然不走了，他喊来了贾逵，对他说：“豫州是我们大魏国的根基所在，我打算在这里打打猎，麻烦你帮我督军豫州，为游猎活动创造个稳定安全的环境，你觉得怎么样？”

“诺。”贾逵抬头看看曹丕，两人露出心照不宣的微笑。

旁人很奇怪，当初你心急火燎地要来讨伐孙权，一路上游山玩水不说，居然还有兴致跑到谯县来打猎，难道行军还有中场休息？

当然，曹丕麾下明白人还是不少，贾逵算一个，司马懿也算一个，彼此心照不宣：曹丕大老远跑到豫州不是来打猎的，分明是来耀武扬威给某个人看的。

曹丕调动最精锐的士兵，打了一场酣畅淋漓的围猎，祸害山中小动物无数，紧接着，他又在谯县举办了盛大的祭祀活动祭拜祖先，还忙里偷闲大摆筵席，开起了派对。

就在曹丕逗留谯县的当口，西线传来消息，上庸太守孟达携房陵、上庸、西城全体员工投降曹魏了！

孟达，字子度，原来是益州军阀刘璋的部下，后来投在刘备麾下，负责与刘备的养子刘封一起镇守上庸。

这次关羽败亡，孟达按兵不救，让刘备十分恼火，他自己又不太会做人，跟刘封关系闹得很僵，被刘封挤对得走投无路，一怒之下便投降了曹丕。得知曹丕在谯县后，孟达马不停蹄地赶往谯县参加投降仪式。

曹丕心里乐开了花。

刘备手下重臣“弃暗投明”本就已经是很好的政治宣传材料，而且听说孟达是个很了不起的人——曹丕让人先去观察了下孟达是个什么人，使者回报说:“有出将入相的能力和气量。”见到孟达本人之后，曹丕发现，觉得这个人不光有才，而且长得帅、口才好，曹丕简直喜欢得不得了，出入都跟孟达坐同一辆车，有一次甚至像个老朋友一样拉着孟达的手开玩笑说:“你不会是刘备派来暗杀我的吧？”把孟达吓得差点尿裤子。

几天下来，曹丕就彻底被孟达“迷”住了，任命他为散骑常侍、建武将军，封平阳亭侯。并且把房陵、上庸、西城三郡合并为新城，让孟达做了新城太守。

大家都觉得曹丕有点儿过了：孟达再怎么有才，毕竟是个来回跳槽的反骨仔，而且说实话。在人才辈出的三国时期，此人也就是个二三线配置，曹丕的过度热情实在让人有些受不了。

司马懿也看不过去了，进谏道：“陛下，孟达这个人说话专拣好听的，做人不耿直，是个滑头，不可以太过于信任啊。”

曹丕正被孟达迷得五迷三道，当然没理司马懿，司马懿也识趣地闭上了嘴没有再说话。霍性的尸骨还没放冷，凭空得罪曹丕实在没必要。

看到曹丕连司马懿都不理，很多人也跟着不说话了。这时候又有个愣头青站出来了：“陛下，孟达不可大用，臣料定此人将来必反。”

这话语出惊人，大家都觉得有点过了。孟达都被挤对成那样了，他还能反去哪儿啊？曹丕仔细一看说话这人，原来是父亲留给自己的第二代王牌谋士刘晔。

既然是刘晔，总要给点面子，曹丕暂时收起脸上的不高兴：“爱卿你多虑了！我们大魏国怎么会？大家都哭着喊着要来投降我们的，怎么会留不住一个孟达？”刘晔还想辩解几句，但曹丕已经一甩袖子走远了。

但事实证明，司马懿和刘晔是正确的，而且刘晔比司马懿预测更准确。

总而言之，那段时间各种欢乐的事情就没断过，这么一番闹腾下来，大家都忘了这是出来打仗的。等到九月份，曹丕终于下令，大军开拔，离开了逗留一个多月的谯县。

等确定行军路线的时候大家又迷糊了，按理说打孙权应该往东南方走，由涡水入淮河，再经芍陂即可抵达合肥前线。可是曹丕居然拉起队伍往西去了，走到一处叫曲蠡的地方，曹丕再次下令全军安营歇息，这一歇居然又歇了足足一个月之久，至于南征孙权，仿佛是发生在另一个平行宇宙的事情，根本没有听曹丕再提起过了。

如果说谯县还是曹丕的祖籍所在，那么曲蠡这个平淡无奇的小乡镇实在没有任何理由值得曹丕盘桓一个月而不忍去。一开始，不少人还感到莫名其妙，跑去问司马懿，司马懿一脸神秘，笑而不语，等来人走后，目光缓缓转向墙上的地图：

曲蠡正北不过五十里多一点的地方便是许昌，而许昌住着一位爷，那便是传说中的大汉天子——献帝刘协。曹丕带着十万雄兵先是在豫州搞军事演习，然后又在献帝眼皮底下驻军一个月，他想干什么难道还猜不透吗？

认真演戏，权力场就是作秀场

不得不说，总有那么一批人，反应永远比别人快一步，“曹丕之心”还没“路人皆知”的时候，一封请求曹丕赶紧取代汉献帝登上皇位的奏疏就送到曹丕手里了。

这个人精是左中郎将李伏，一个名不见经传的小人物，靠着这次上表劝进，也算青史留名了。

毕竟是第一个上表劝进的人，李伏不敢把话说得太露骨，大概意思是：“我听某个从汉中回来的人说……那个人听汉中的人说……您是真命天子，上天为您降下好多祥瑞……我又听张鲁手下的人说……那个人听张鲁说过……‘宁为魏公奴，不为刘备上客’……天上的神和地上的人都很看好您当皇帝哟。”

曹丕的回复特别暧昧：“承蒙老天爷厚爱，只是我何德何能，这都是当年我老爹积下德感动了上天，我是无功受禄，受之有愧啊。这事儿别再提了。”

在回复的末尾，曹丕又加上了一句话：“对了，把你这个劝进表跟我的回复都给大家看看吧……一定要确保所有人都看到哦！”（王令曰：“以示外。”）

曹丕这事儿也太明显了，这回连傻子都该反应过来了，大家肠子都悔青了：“这么明显的事儿我怎么就没想到！居然让李伏这个小狐狸拔了头筹！”幸好亡羊补牢，为时未晚，紧接着，曹魏朝堂上刮起了一阵“劝进”风，文武官员们打招呼的话也变成了“你劝进了没”？

于是，以曹丕这句“以示外”作为标志，轰轰烈烈的篡汉大业拉开了帷幕。

接下来发生的故事对汉献帝来说固然是悲剧，但对我等历史的旁观者来说，堪称喜剧。自古劝进一般是劝三次，第一次抵死不从，第二次半推半就，第三次就“下不为例”了。当然也有不按常理出牌的，比如孙权，臣下只劝进一次他就老实不客气地“笑纳”了，丝毫不拖泥带水。

而曹丕则走了另一条极端：臣下劝进了十余次，汉献帝本人让位四次，曹丕连续推辞将近二十次，才算“勉强”同意，创下了历代劝进次数的新纪录。

恰好，这十几次文件来往被裴松之一字不落地记录在《三国志》的引注上，让我们今天有幸能读到这些往来文件，让人不由得惊叹曹魏果然是当时中国的文化中心，一篇命题作文写得如此不亦乐乎。而曹丕就像批改作文的老师，每篇劝进表上都留下了长短不一的评语。

紧跟着李伏劝进的有整整一拨人，其中不乏侍中辛毗、刘晔、尚书令桓阶、尚书陈矫、陈群这些比李伏有分量的人。可惜这帮人作文水平不怎么样，始终跳不出李伏定下的框架，无非还是说上天想让曹丕当皇帝，降下好多祥瑞，曹丕不当这个皇帝就是看不起老天爷。

曹丕读完摇摇头，大家这个势头是好的，但是写文章能不能有点新意？于是在后面"跟帖"说："祥瑞这种东西，都是似是而非的，别太当回事儿了。"回复完，又把文章都传给大家看了一遍，唯恐还有人不明白。

经过这样一番折腾，劝进的气氛更加活跃，很快第三批、第四批劝进的人马也前仆后继地拥进曹丕的行宫。曹丕照理回复："嗯，以后别提这种事情了，对了，传给大家都看看。"

督军御史中丞司马懿一直在旁观。在这场劝进狂欢中，他当然不能置身事外，但他也不想太早下场，重量级人物总要留到最后出手，跟李伏这种层次的队友同时上场，太丢人。

等第四次劝进也被曹丕驳回的时候，司马懿才觉得时机差不多了，再不出手就有自抬身价的嫌疑，于是他纠集了侍御史郑浑、羊祕、鲍勋、武周等一批人，发动了第五轮劝进。

收到司马懿的劝进表，曹丕顿时感觉耳目一新，司马懿的劝进表既没有迷信，也没有肉麻的马屁。语言平实，情感朴素，而且总共才两百多字，真是外酥里嫩，肥而不腻。

司马懿主导的第五轮劝进，宣告这场政治秀进入一个新的阶段，因为许昌的汉天子终于发话了。

从一开始，曹丕心思就不在手下那帮人身上，这场无聊的劝进游戏，说白了就是作秀给汉献帝看，没有汉献帝配合就成了独角戏了。结果许昌方面一直都不冒泡，曹丕觉得很尴尬。可尴尬归尴尬，戏还得演下去，政治就是这么回事儿，谁都知道在作秀，可还不能不作。

"哥，给点面子行不行？"曹丕望着许昌方向，一副无可奈何的样子。

汉献帝一直冷眼旁观着曹丕的这场闹剧。刘协的一生是痛苦的一生，自从8岁登基开始，先是董卓，然后是李傕、郭汜，再是杨奉、董承，最后是曹操，刘协早就料到会有那么一天。他无力扭转命运，只能把沉默当作最后的反抗：“在得逞之前让你难受一下，也是极好的。”

直到司马懿的第五轮劝进，刘协终于沉默不下去了，司马懿的劝进表就像压死骆驼的最后一根稻草，刘协厌倦了，也害怕了。他知道这场闹剧会无休止地演下去，直到自己识趣地退位，或者等曹丕恼羞成怒。

“想不到大汉四百年国祚，今日却要隳于我手！”在萧瑟的秋风中站立良久后，刘协拭去眼角的泪水，敲响了召集群臣的钟。

天子终于冒泡了！大汉太常卿张音带着汉献帝禅册和天子玺绶来到曹丕面前的时候，曹丕差点就没控制住蹦到桌子上去跳舞的冲动。幸好在长期的政治斗争中曹丕已经练就了极深的城府，知道作秀还没结束，这戏还得演下去。

“承蒙天子厚爱，不过臣下德行浅薄，实在不敢接受这大汉天下，请您稍候几日，臣下这就上疏将此事禀明陛下。”曹丕强忍住激动，一本正经地回答。

“了然，了然！”张音也是在官场混了几十年的老油条，作秀的规矩当然懂，知道这是曹丕的第一次辞让，按照剧本接下来还得有好几轮。

汉献帝禅让文书的到来，使曹魏官场再一次活跃起来，掀起了新一轮劝进高潮。这次跳出来的是尚书令桓阶，第二轮劝进中就有他的份儿。

曹丕抬眼一看，嗯？怎么又是你？再一看劝进表，反正也就那点内容，翻来覆去写不出花儿来。曹丕把桓阶的劝进表往手边一扔，说了句很有意思的话：“我是打算多推辞几次，等天子不允许再说，你急什么？”（冀三让而不见听，何汲汲于斯乎。）

桓阶很委屈：“我急什么……我这不是在配合你演戏吗……”

五天后，曹丕正式派遣使节觐见汉献帝，上书辞让并奉还天子玺绶。

汉献帝知道曹丕的意思，配合着他继续演戏，四天后，汉献帝再发禅位诏，张音拖着一把老骨头又跑了一趟，两天后曹丕再次上书辞让并且退还印绶。

这段时间曹魏的劝进大军也没闲着，督军御史中丞司马懿劝进结束后，终于轮到重磅级选手出马了：相国华歆、太尉贾诩、御史大夫王朗及九卿。

这已经是曹魏最高级别的阵容了，而这一批劝进书也前所未有的奇葩，充分表现了这批“省部级领导”高屋建瓴的政治素养：“陛下即位，光昭文德，以翊武功；勤恤民隐，视之如伤；惧者宁之，劳者息之；寒者以暖，饥者以充；远人以德服，寇敌以恩降；迈恩种德，光被四表……”简直把曹丕说得跟尧舜重生一样。要知道，曹丕继位才十个月啊，就算他真的是尧舜，也不可能在短短十个月里干出那么多政绩来。

紧接着，似乎还觉得不够重量级，辅国将军刘若又纠集了一百二十人的庞大阵容，继续展开劝进的狂轰滥炸，劝进表一个比一个肉麻、一个比一个鬼扯。

既然劝进表都这么鬼扯了，曹丕的回复也开始满嘴跑火车：“大家都不要劝了，我宁可去跳东海也不会接受诏书的！”

这话传到许昌，汉献帝一边咬牙切齿地想你怎么还不去跳东海，一边发出了第三道禅位诏书。这一次，曹丕还是辞让了禅位诏书，却没有归还印绶。手下的人知道火候差不多了，各种禅位仪式准备工作也热火朝天地开展起来。

十月二十八日，汉献帝的第四份诏书送到曹丕面前。曹丕终于觉得演戏演够了，面对汉天子的使者，曹丕满怀兴奋地吐出一个字：“可。”

曹丕话音刚落，底下就响起一片欢呼声，一切准备工作都做完了，就等着曹丕的这个“可”字呢！

第二天，也就是大汉延康元年十月二十九日，经过一个月的疯狂作秀、表演，曹丕终于受禅，登基称帝，定国号为魏，建都洛阳，改元黄初。

从此，大汉四百年社稷寿终正寝，历史正式进入三国时期。

既要懂谋略，更要懂政治

曹丕终于满级了，论功行赏是免不了的，有功的赏，有过的罚，照理又是一轮小小的洗牌。

作为曹丕最亲密的战友，司马懿被提拔为侍中兼尚书右仆射（就是当年李傕想要塞给贾诩的那个职务），与尚书令桓阶、尚书左仆射陈群共同负责尚书台事务。没过多久桓阶病逝，陈群升任尚书令，司马懿专任尚书仆射，同时又身兼侍中，相当于同时兼任了内阁副首相和皇帝高级幕僚长二职。

被压抑了十二年之后，司马懿终于咸鱼翻身，像坐上直升机一样一路飙升，终于登上了曹魏政界的巅峰。

在这个位置上，司马懿一待就是五年。司马懿放开手脚，充分展示着自己的行政才能，帮助曹丕波澜不惊地度过了从魏国到魏朝的过渡期。

终于把这些乱七八糟的事情全部搞完后，曹丕突然想起，自己的南征大业似乎烂尾了……虽然打从一开始所谓南征就是个篡位的幌子，但是做戏做全套，这么有始无终的，还是让人觉得很尴尬。

幸好孙权是个识趣的人，非但没有落井下石，还主动帮曹丕解了围。

黄初二年，孙权派出使者求和，提出愿意向曹丕求和称臣，还送来一份非常丰厚的贡品，计有优质大号的珍珠一百筐、黄金接近一吨、驯养的大象公母各一头、会说话的鹦鹉一批，以及其他珍玩上千个品种，好多都是曹丕见都没见过的宝贝。

曹丕很亢奋，觉得孙权实在太识时务了，于是，他兴高采烈地召来群臣，讨论如何封赏孙权。其实曹丕心里早就有想法，所谓讨论也就是走个形式，所以大家也就跟着庆贺，没人愿意去扫兴。

这个时候，却有个家伙跳出来高声反对：“无事献殷勤，非奸即盗。陛下，孙权无缘无故来投降，肯定是自家遇到大问题了。他在荆州把刘备得罪死了，刘备一定会起兵讨伐，孙权怕咱们再趁火打劫，不得已才投降，等把刘备搞定了，他绝对立马翻脸不认人。”

这话就像将一盆冷水当头浇在曹丕身上，让曹丕很不爽。大家也纷纷转过头去，看看究竟是谁那么不开眼。

这个不开眼的家伙是刘晔，说起来算司马懿的老战友，一起扛过枪的交情。

刘晔一直被曹操当作第二代谋臣重点培养，建安十九年，司马懿和刘晔一起随军出征张鲁。那次战役中刘晔大出风头，也给司马懿留下了深刻的印象。

在之后的日子里，刘晔一直算无遗策，最近一次表现是半年前，大家都认为刘备跟孙权打不起来，但刘晔一口咬定刘备肯定会起倾国之兵替关羽报仇。而事实也确实如他所料。

曹操手下谋士如雨，而且都各有所长，荀彧擅长统筹调度，荀攸、贾诩擅长出奇谋、定奇策，而郭嘉则以神机妙算、算无遗策著称。

司马懿对郭嘉印象不深，因为他进曹营的时候郭嘉已经死了，但司马懿也一直觉得，刘晔应该不会比郭嘉逊色。

跟司马懿相比，经常出风头的刘晔仕途却很不顺利，混到今天也才混出一个散骑常侍，跟司马懿差了不是一级两级。

在司马懿看来，那是因为刘晔比自己聪明许多，但也仅仅是聪明而已。

曹丕被刘晔泼冷水不是一次两次了，所以脾气还算好："那你说该怎么办？"

"孙权怕咱们趁火打劫……"刘晔阴恻恻地一笑，"咱们就是要趁火打劫：趁他病，要他命！（可因其穷，袭而取之。）咱们不光不接受孙权投降，还要渡江进攻孙权，到时候刘备只能占据吴国外围的土地，我们却占有了扬州最富庶的地区，再去消灭刘备，难道不是举手之劳吗？"

"好毒辣的计策！"司马懿倒吸一口凉气，随即又摇了摇头，"没用的，陛下不会听的。"

果然，曹丕当场就否定了刘晔："孙权来投降朕，朕却去攻打他，这样一来以后就没人会归附我了，此事万万不可，不过你的计策倒是不错，要不……"曹丕还是决定给刘晔点面子，卖他个好，"要不咱们接受孙权投降，然后攻打刘备吧，反正打谁不是打，你看怎么样？"

曹丕其实是给刘晔一个台阶下，刘晔却一点不给曹丕留面子："陛下怎么会说出那么蠢的话，蜀地多远？我们调动军队要多久？如果刘备听到我们出兵立刻回防，我们怎么办？相反，现在刘备恨死了孙权，如果我们出兵，刘备肯定会不计后果跟我们合作的。"

本来挺开心的一件事情，被刘晔一而再、再而三地泼冷水，曹丕听着很烦："好了好了，知道了，下去吧。"

史载："帝不听。"没理刘晔。最后"商量"出来的结果是册封孙权为吴王，加九锡。还没来得及下诏书，刘晔又冒出来了："陛下不可啊！"

没完没了了这是！曹丕鼻子一歪："有何不可！"

"陛下！"刘晔丝毫没理会曹丕的表情，"孙权原来就是个骠骑将军、南昌侯罢了，现在突然之间封给他一个王爵，还加九锡，过了吧，封个侯爵就差不多了。"

曹丕："管得着吗？我乐意。"

"这不是乐不乐意的事儿！"刘晔继续说着，"王爵跟天子只差了一级，将来咱们还怎么驾驭？相反如果封王爵，那孙权跟江东子民至少理论上解除了君臣关系，将来咱们打他就容易多了……"

曹丕极不耐烦地听完刘晔絮叨，回答照例是："好了好了，知道了，下去吧。"

最后的结果是，夷陵之战孙权打败刘备，然后真的如刘晔所料，翻脸不认人了，再也没有当初那副恭敬的模样，让他送儿子来洛阳他不干，连让他亲自来受封王爵都爱理不理。

曹丕真的火了。前年就被孙权玩儿了一次，今年又被玩了——碧眼老贼，我跟你拼了！于是曹丕再一次提议兴兵南征。

看到曹丕那么生气，再想到前年南征前那个霍性的下场，大家都争先恐后地表示支持，正当曹丕准备下令全军动员的时候，又有人跳出来反对了。

曹丕定睛一看：还是刘晔！

“当初不是你让我打孙权吗！”曹丕几乎要咆哮起来。

刘晔一句轻蔑的回答就把曹丕噎回去了：“刘备新败，孙吴现在士气高涨，上下齐心，还打个什么劲儿。”

听到这里，曹丕固然暴怒，司马懿也是大摇其头：“刘晔啊刘晔，你还是不懂政治。你忘了陛下第一次南征的事情了吗？你以为陛下真的是为了打孙权而去打孙权吗？”

曹丕终于还是没有听刘晔的，立刻下诏，命曹休、张辽、臧霸取道淮南洞口；曹仁取道淮南濡须；曹真、夏侯尚、张郃、徐晃取道荆州的南郡，三路大军合攻江南。孙权早有准备，分遣麾下诸将凭江拒守；同时，抛弃魏帝的“黄初”年号，又自定年号“黄武”，把曹丕气得够呛。

让人感到奇怪的是，曹丕虽然看上去暴怒无比，用兵时却一直保持着谨慎态度，始终不愿渡江打攻坚战，跟同样怒而兴兵的刘备表现得完全不同，就连曹休屡次请战，曹丕都是装聋作哑。

就这么小打小闹玩到黄初三年三月，曹丕下令全线撤军。

与此同时，细心的人注意到，在这次南征前后，曹丕刚即位时提拔上来的三位军界新星也像坐直升机一样军职涨得飞快：

曹休，在延康元年南征时就从中领军升职为镇南将军了，而到了黄初三年的南征他官拜征东将军，领扬州牧，假黄钺，督二十余军。

曹真，战前是镇西将军，三年南征，他官拜上军大将军，都督中外诸军事，假节钺。战后，升为中军大将军。

夏侯尚，在南征前是征南将军，三年南征，迁征南大将军，战后拜荆州牧，假钺。

刘晔这才明白过来，曹丕不是真的要打仗，他是想借打仗的机会，趁机提拔自己的嫡系将领，完成军权的大洗牌。

战争时期，最容易集中权力，办想办的事，提拔想提拔的人。

刘晔叹口气：“我怎么就没想到？”

司马懿也摇摇头：“你什么都懂，唯独政治不懂，所以爬到这个位置的人是我而不是你。”

战争只关乎政治，无关军事

曹丕上台后司马懿的升官速度一般人拍赤兔马也赶不上。人逢喜事精神爽，官越做越大，司马懿越活越年轻，感情生活上居然也焕发出了第二春，跟一个叫柏夫人的宠姬打得火热。

如此一来，就把人老珠黄的原配夫人张春华给冷落了。

张春华可是年轻时杀过人的奇女子，自然是既不愿忍气吞声，也不愿跟柏夫人这种女人去争宠，这样一来，两夫妻的关系越来越差，最后几乎都不见面了。

司马懿地位上去了，工作量也唰唰往上涨，终于被繁重的工作累倒了。

作为原配妻子，张春华还是关心着自己的丈夫，于是决定“摒弃前嫌”，上门去探望探望他。

在官场上，司马懿是出了名的沉稳内敛，跟谁说话都恰到好处。但那是司马懿的官场形象，不代表他在家里也这样，生了病之后脾气更差。张春华在病床边絮絮叨叨问寒问暖，司马懿看着这张老脸却气不打一处来，开口就骂：“老东西面目可憎，你烦不烦！”（老物可憎，何烦出也！）

史书上没有记载张春华听到这话是否把滚烫的汤药直接泼司马懿脸上，但她“嘭”的一声摔门而出是肯定的。

然后，张春华绝食了。

“老东西玩什么花样，有本事你饿死一个我看看！”司马懿一边喝下柏夫人喂过来的汤药，一边骂骂咧咧。如果这时候有同僚在窗边偷看，一定会很惊讶在家的司马懿怎么跟在大伙面前的司马懿完全不一样。

很快有消息传来，不光张春华绝食，司马懿的两个儿子司马师和司马昭居然也跟着绝食了，还声称如果老妈饿死了，他们也要跟着饿死。

“我的姑奶奶！”司马懿“嗖”的就从病床上蹿起来，二十多年前张春华满身是血的模样立刻浮现在眼前，司马懿绝对相信她能做出把自己饿死这种事情来，一想到这儿，病都好了一大半，赶紧跑去找两个儿子：“乖儿子，来，吃口饭，听话！”

两个儿子头摇得跟拨浪鼓似的：“不吃不吃我不吃，妈妈不吃饭，我们也不吃饭！”

这两个儿子都犟得跟牛一样，司马懿没辙，只好去求张春华，“心肝、宝贝”地哄了半天，就差跪搓衣板了，张春华终于同意：“行，那我就勉为其难地不饿死我自己了。”

两个儿子一本正经地点点头，也跟着吃饭去了。

司马懿这辈子都没这么丢过人，真是一物降一物，曹操、诸葛亮、曹爽都治不了的司马懿，却被张春华整得一点脾气都没有。可能连司马懿自己都觉得太丢人了，事后偷偷跟别人说：“我不是怕我老婆，我是怕饿坏了我的两个儿子。”（老物不足惜，虑困我好儿耳！）说的时候还左顾右盼，生怕被张春华听去。

这个故事正儿八经地记载在《晋书》上，给司马懿阴鸷、厚黑的人生添上了一抹亮色。透过这个故事，我们终于看到那个城府极深、步步算计的司马懿身上，原来也有人性的一面。

不过这一面司马懿只会在最亲近的家人面前展现，走出房门，那个在张春华面前手足无措的司马懿从此消失，再次恢复了老辣、沉稳的面目。

黄初六年，司马懿再次升职，封向乡侯，任抚军大将军、假节，领兵五千，加给事中、录后台文书事。

这几年司马懿升官都升麻木了，不过这一次还是让司马懿小小地激动了一下，从侍中兼尚书仆射升任抚军大将军、录后台文书事，不仅官品提高了，而且实权也大大加重了。

录后台文书事是个相当不得了的职务。所谓“后台”是一个行政机构。当天子离开都城的时候，尚书台会分为两部分——随皇帝巡行处理前方政务者，叫“行台”；留在后方处理后方政务者，叫“后台”。所谓“录”就是总管的意思，因此“录后台文书事”就是说当我曹丕不在京城的时候，你司马懿就是我们大魏国的后台老板了。

而抚军大将军就更不得了了，位列大将军之下、三公之上。按曹丕的指示，在他出外巡游时，后方的中央军和地方军，统统要听抚军大将军的调遣节度，这权力实在不小。也就是说，虽然司马懿直接指挥的士兵只有五千人，但他却有调动十余万大军的权力。

抚军大将军的任命，意味着司马懿终于摸到军权了！司马家族的悲苦经历让司马懿深深懂得枪杆子里出政权的道理，经过十几年的努力，司马家族终于再一次摸到了枪杆子。

曹丕的如此信任让司马懿受宠若惊，口称“岂敢”，连连推辞。曹丕抬手制止了司马懿的谦虚：“这两年政务繁杂，朕实在是忙不过来了。授予你这个官职，不是给你的恩荣，而是让你替我分忧。”

司马懿这才千恩万谢地接受了这一职务，从此手握军政大权，成了曹魏统治集团中少数几位重臣之一。

曹丕说他很忙倒也不是句空话，从登基以来他确实忙得不行，六年来他留在洛阳或许昌的时间加起来不会超过一半。

他在忙什么？说起来有点尴尬：在忙着打东吴。

虽然这几年来他一场能搬上台面的战役都没打过，虽然军队留在前线的时间还没行军途中的时间久，但理论上曹丕确实一直在忙着南征。

就在一年前，也就是黄初五年，曹丕刚刚打完东吴，那一次不幸遇到了长江洪峰，之所以说不幸是因为曹丕刻意避开了洪峰时间，谁知道那一年的洪峰却迟到了，正好跟曹丕撞个满怀。

看着波涛汹涌的长江，曹丕悲叹了一句：“魏虽有武骑千群，无所用之，未可图也。”

然后，他就跟没事儿人一样回许昌了。

才过去一年，曹丕又坐不住了，任命完司马懿后，曹丕开始风风火火地筹备他即位以来的第四次南征。

南征已经成了魏国的习惯，大军动员起来轻车熟路，当然，一如既往还是会有人跳出来反对。

这次反对的人叫鲍勋，也是当年劝进的积极分子。他反对的理由是曹丕这么多年穷兵黩武，把国库都耗尽了。鲍勋倒不算冤枉曹丕，连曹丕自己都承认这几年把国家玩得有点穷，但他就是忍不住要打仗，因为他打仗的收益实在太大了——不是军事收益，而是政治收益。

一般来说，劝谏曹丕出兵这件事情本身跟玩俄罗斯转盘一样，霍性被砍了，刘晔却什么事情都没有，大家纷纷猜测鲍勋会是什么命运。

很快答案揭晓：曹丕当场把鲍勋贬官了。比霍性幸运，比刘晔不幸，凑合了。

黄龙六年三月下旬，曹丕大军终于踏上了南征的道路。临行之前，曹丕还不忘下诏给司马懿：“仲达啊，我的后方就交给你了，当初汉朝开国的时候，曹参虽然战功不小，但丞相的位置还是给了萧何，为什么？就是因为后方保障最重要，萧何立功最大啊。你能让我南征没有后顾之忧，就是你的大功一件！”

司马懿感动得一塌糊涂，望着曹丕远去的方向不停地磕头谢恩。

不过感动之余，司马懿心里还是想着：“比起萧何，其实我更愿意做韩信。”

即使在这时候，恐怕司马懿也没想过要当刘邦，毕竟没有谁生来就立志要当乱臣贼子，每一个权臣都是被时代造就的，而这个时代暂时还没来到。

对曹丕来说，这又是一次郊游式的行军

曹丕花了一个多月的时间才从许昌走到谯县，平均每天才十里多一点。到了谯县，数千艘战船已经调集在谯县城东北的涡水岸边待命，曹丕却再也没提过南征那茬儿，居然在谯县停下来了，这一停就是三个月（现在知道为什么曹丕四次南征却花掉总共三年时间了吧）。

原来，曹丕吸取上一次洪峰迟到的经验，觉得长江水太不靠谱，打算干脆等到十月份洪水退尽的时候再进攻。

所以曹丕在谯县一直待到了八月份，然后才水陆并进，杀气腾腾地向江东而来。

然而不幸的事情再次发生，十月份突然气温骤降，前军斥候突然发来探报：由于近期气温骤降，长江周边湖泊结冰，支流的水灌不进来，导致前方水路水位骤降，大船过不去了！

曹丕差点要疯了，十月份大湖封冻，这种事情几十年才能遇到一次啊！去

年是洪峰迟到，今年为了保险选在这个时候出征结果遇到了寒流早到！

真是命苦不能怨政府啊！

唉，算了。反正打仗这种事情呢，也就重在参与，过程比结果重要。看着一脚能踩到底的江面，曹丕哭笑不得地慨叹了一句：“嗟乎，固天所以限隔南北也！”然后就回家了。

大江对面的孙权同样是哭笑不得：曹丕每次都是过来看一眼就走，每次都把孙权搞得紧张兮兮结果虚惊一场，“逗我玩呢！”孙权小声嘟哝着。

曹丕不会知道，一百多年后，他的故事会被一个叫王子猷的年轻人抄袭，那个可恶的抄袭者还被写进了《世说新语》，故事的名字叫《雪夜访戴》，故事中王子猷留下了一句名言：“我本乘兴而来，兴尽而返……”

这句台词让曹丕来说，是再好不过了。

没背景没功勋，司马懿凭什么

听说曹丕南征铩羽而归的消息后，留守许昌的“后台老板”司马懿忙得一塌糊涂，各种接驾工作一点都不敢疏忽，生怕一不小心扫了曹老板本来就不高的兴致。

黄初七年正月，曹丕带着十万大军垂头丧气地回许昌了，曹丕一路都很郁闷，倒不是郁闷没有打胜仗，而是郁闷老天爷三番两次跟自己开玩笑。

而老天的玩笑没有到此为止，快到许昌的时候突然发生了一件非常戏剧性的事情：许昌南门居然塌了！

原来，这许昌城的城门是当初曹操迎驾汉献帝的时候仓促扩修的，本来就是豆腐渣工程，能熬到今天已经很了不起了。

司马懿吓得拍拍胸脯：幸好没有在曹丕进城的时候坍塌，看来南门还是很给自己面子的——于是立刻通知迎驾队伍转移到东门并且把这件事情通报给了曹丕。

曹丕心里本来就不爽，这下更不爽了，这城门早不塌晚不塌，偏偏在自己打了败仗回城的时候塌，而且塌的不是西门、北门，偏偏是自己经常走的南门。

太不吉利了。

一想到洪峰跟自己过不去，寒流跟自己过不去，连城门都跟自己过不去，曹丕心里太窝火了，一赌气，决定不回许昌了，当即挥挥手，下诏改道西北，绕过许昌，回洛阳，同时他还发了一道诏书给司马懿告知此事。

在许昌东门外苦等的司马懿只等来一份诏书，顿时战战兢兢，生怕曹丕怪罪自己。不过打开诏书后，司马懿立刻释然了。曹丕非但没有任何怪罪，反而对司马懿说“从今以后，如果我在东边，你就帮我总督西边的事务；如果我在西边，你就帮我总督东边的事务”。

何止是释然，司马懿简直感动了，这是对他何等的信任！

曹丕前往洛阳或许是为了避开这段日子的晦气。遗憾的是，洛阳似乎比许昌更加晦气，曹丕刚回到洛阳就开始生病，御医使尽浑身解数医治，到了五月初，曹丕终于被医得起不来床了。

听到这个消息后，司马懿寝食难安，作为曹丕最亲密的朋友，司马懿私下里听曹丕说过这么一件事：曹丕年轻的时候遇到过一个叫高元吕的算命先生，高元吕算定曹丕四十岁的时候会有一场大劫，如果熬过去了，就能活到八十岁。

看来这就是高先生说的那个劫数了！司马懿心急火燎，一方面他替曹丕担心，但与此同时，他更担心另一件事情：

魏国至今尚未立太子！

曹丕一直不立太子是有原因的，曹丕的嫡长子是曹叡，曹叡的母亲就是著名的甄宓，偏偏曹丕和甄宓之间有一段不堪回首的爱情往事。

很多人都知道曹丕和甄宓之间的浪漫爱情故事（当然，曹植和甄宓之间的八卦新闻流传更广），但是和童话里王子公主的爱情故事不同，曹丕和甄宓最终也没有“从此幸福地生活在一起”，反而结局无比悲惨。

和所有爱情故事一样，曹丕和甄宓之间曾经有个浪漫的开场，那一年打下邺城，曹丕无意间见到了袁熙的妻子甄宓，这是真正意义上的一见钟情，只一个照面曹丕就一佛出世二佛升天，手里的宝剑咣当一声掉在地上，然后，曹丕就把甄宓抱回来了。

当时曹操还笑着骂曹丕，说：“原来我打袁绍，就是为了让你小子捞个大便宜。”

曹丕身披黄金战甲，脚踩五色祥云迎娶了甄宓，如果到此为止，童话将多么完美，可惜我们猜中了开头，却没猜中结局。

接下来发生的事情可以用峰回路转来形容——一个叫郭女王的女人横刀夺爱，从甄宓手中抢走了曹丕。

郭女王是曹丕的小老婆，俗话说妻不如妾，妾不如偷，曹丕被妖媚的郭小姐迷得五迷三道，登基之后曹丕更是把甄宓丢在了邺城，自己天天和郭小姐黏在一起。

但是郭女王并不知足，这个女人的内心和她的名字一样霸气，她要的不光是曹丕的心，还要曹丕的名分，她想当皇后，而现任皇后甄宓就是她最大的阻碍。

于是，郭女王天天在曹丕身边吹枕边风，具体说了些什么历史上没有记载，据说是郭女王模仿西汉“巫蛊之祸”，污蔑甄宓扎小人诅咒曹丕，然后，郭女王还不忘煽风点火一番：“陛下你看，甄宓就是巴不得你赶紧死了，她的儿子好当皇帝，她好当皇太后！”

曹丕信以为真，一怒之下竟然赐甄宓自尽。

黄初二年，来自洛阳的使者递上一尺白绫，甄宓香消玉殒。

“你哭着对我说，童话里都是骗人的……”

甄宓死后，曹丕一直没有立太子，想等郭女王给他生个儿子，然后废长立幼。可惜郭女王的肚子没有她名字那么霸气，五年过去了，一直没见有什么产出。

眼看着曹丕很有可能熬不过这场大劫，说不定哪天就“龙驭上宾”了，那时如果没有太子，很有可能会出乱子。

“陛下——臣当然希望陛下龙体安康，可是太子的事情，也绝对不能再拖了啊。”司马懿向着洛阳方向自言自语着。

仿佛听到了司马懿的呢喃，曹丕终于决定放下成见，指定曹叡为继承人。

听到这个消息后司马懿心里的石头总算落了地，可接下来问题又来了，曹叡一直没有被立为太子，所以在治国上根本没有机会接受锻炼，还显得非常幼稚。

那么，曹丕百年之后，由谁来辅佐曹叡呢？

司马懿心中立刻浮现出四个名字。

其中两个人属曹氏宗族：曹真和曹休。

经过曹丕五次南征，这哥俩在军界的地位“嗖嗖”上涨，到黄初六年，随着夏侯惇和曹仁相继去世，曹真和曹休已经是魏国军界当之无愧的顶级大佬。

也许有人还记得当年曹丕提拔了三个军界新星：曹真、曹休和夏侯尚。那么夏侯尚哪儿去了？

答案是夏侯尚去年就死了。

说起来，夏侯尚还是被曹丕间接逼死的。

这事儿要从夏侯家和曹家的关系说起。这两个家族之间世代通婚，所以夏侯尚也不例外。可是夏侯尚对这种政治婚姻很不感冒，对于强行塞给自己的便宜老婆一点儿感情都没有，反而把所有感情都倾注到一个爱妾身上。

话说貌似这类破事儿光本章当中我们就遇到三次了，前两次是甄宓和张春华，都是青史留名的强人，却都拿曹丕和司马懿的小三一点办法也没有。可是这位连名字都没留下的曹太太绝对不好惹，她扭头就去找族兄曹丕告状了。曹丕也不废话，也是送来一尺白绫，命令使者亲自动手，把夏侯尚的爱妾绞死了。

所以说男女不平等其实是伪命题，权力不平等才是现实。夏侯尚对于这个手眼通天的老婆一点办法都没有，只能眼睁睁看着爱妾被绞死在自己面前。

从那以后，夏侯尚就被彻底毁了，每天只是哭泣，哭得痛彻心扉，以肉眼可见的速度一圈圈枯槁下去，简直变成了一具行尸走肉。

当时司马懿还偷偷全程关注了这一事件，他预感夏侯尚活不长了，对他来说这一件好事：随着夏侯惇和曹仁的相继去世，曹魏军界的顶梁柱不多了，死一个少一个，等这些人都死光了，就该轮到司马懿了吧。

果然，夏侯尚没有撑到黄初五年的除夕，就在哀痛中孤独死去了。

真是一个情种，可惜生在夏侯家，真不知道曹太太和曹丕心里会不会因此后悔。

反正司马懿心情很舒畅，曹魏军界三颗未来之星至此已经陨落一颗了，所以在司马懿的名单上，军方代表只剩下曹真和曹休。

剩下两位顾命大臣人选，司马懿相信一个会是陈群，而另一个必然是自己。

司马懿把朝中的大臣一遍遍地梳理，确认顾命大臣的人选超不出连他在内的这四个人，因为不管是论资历、论能力还是论官职，朝中已经没有人能超过他们几个了。

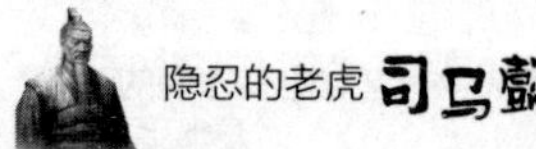

在这四个人中，曹休、曹真是曹氏宗族，陈群在曹操时代就声名赫赫，而司马懿既没宗族背景，也没有显赫功劳，却站在了同样的位置上。

司马懿成功的窍门很简单：该忍的时候忍，该等的时候等，该低调的时候低调，该表态的时候表态。

五月十六日，司马懿突然受到曹丕的紧急召见，和他一起进宫的是太子曹叡、镇军大将军陈群和大将军曹真，司马懿顿时知道了原因。

果然，曹丕拉着曹叡的手，看着曹真、陈群和司马懿三人，殷切嘱咐他们一定要齐心协力辅佐曹叡。接着，曹丕又把头转向曹叡道："今后若有人说这三位大臣的坏话，离间你们君臣，慎勿信之，切切！"（有间此三公者，慎勿疑之。）说完之后，曹丕即陷入昏迷之中。

次日，曹丕与世长辞。

曹丕终于没有熬过四十岁。

在曹丕的灵柩前，司马懿痛哭流涕。他对曹丕的感情是真挚的，在曹丕执政的短短六年里，司马懿一路升官，最后居然成了文帝朝的"二号首长"。

曹丕把他当作师长，当作朋友，当作股肱之臣；重用他，提拔他，让他可以展现才华，而不用像曹操时代那样隐忍、伪装，过着战战兢兢的生活。

是曹丕给了司马懿今天的一切。

但司马懿不是那种生活在过去，生活在回忆里的人。他同样期待曹叡的时代。

如果说曹操当年那句"司马懿非人臣也，必预汝家事"多多少少给曹丕留下了一点心理阴影，那么在小曹叡的心中，只有曹丕临死前那句"有间此三公者，慎勿疑之"。作为顾命大臣，司马懿将会得到前所未有的信任。

而且，经过曹丕一朝，汝颍世族集团的势力再次抬头，俨然已经和谯沛武人集团分庭抗礼。重新崛起后的世族集团必然会把目光转向曹魏的军权，四十七岁的司马懿预感到，司马家族掌握枪杆子的时机马上就要到来了。

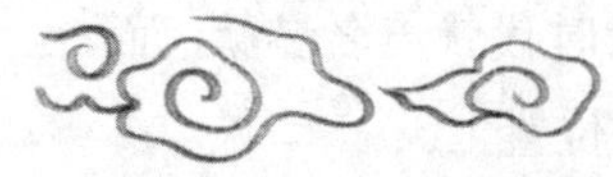

第五章　继续埋头做事，以不变应官场万变

夫唯不争，故天下莫能与之争

黄初七年五月十六日，魏文帝曹丕驾崩，太子登基，是为曹魏第三代领导人魏明帝曹叡。

从一开始，司马懿就发现曹叡这个人不一般。曹叡并不像他的老爹和爷爷一样礼贤下士，相反，他几乎很少跟群臣接触。

对此，群臣心里隐隐有些不安，不知道自己的新老板到底是个怎样的人。直到有一次，侍中刘晔被曹叡单独召见，两人谈论了许久。从皇宫出来后，刘晔对身边的人说："当今圣上，跟秦始皇、汉武帝是同一类人啊，只是才能上比秦皇汉武略少了一些。"

这句话作为一个重磅八卦瞬间传遍了整个曹魏政坛，当然也传到了司马懿的耳朵里。司马懿一点也不怀疑老朋友刘晔的判断力，但照刘晔的意思，曹叡简直就是"缩水版秦皇汉武"，这个评价……也太高了吧？

司马懿的疑虑没有持续多久，很快，曹叡就显示出了他在军事和政治上的无比成熟。

当年八月，孙权起兵攻打江夏。消息传到洛阳，朝中大臣气得暴跳如雷。自古兵不伐丧，想不到孙权竟敢这么不按常理出牌！魏国新丧，万一再丢了江夏，岂不是会举国震动？

朝堂上，大家议论纷纷，大多数都认为应该出兵增援江夏。

大臣们义愤填膺地讨论出兵问题，曹叡却始终高深莫测地沉默着。大家闹腾了一会儿，见曹叡始终不打岔，慢慢安静下来。

等所有人都不说话了，曹叡才缓缓开口："不出兵。"语速虽慢，却掷地有声。

众人"哗"的一下又沸腾了。

等大家再次安静下来，曹叡才开口解释：

"孙权一向擅长打水战，现在之所以敢从陆路进攻江夏，是想打我们个措手不及，现在孙吴的第一波进攻已经被文聘抵挡住了，丧失主动权的东吴肯定没有能力在江夏城下打长久战的。"

换句话说，就算现在发兵，等援兵到了，东吴大军早回家了。

曹叡一番话说得大家目瞪口呆：想不到年轻的皇帝竟有这般见识！

大家此时的表情让曹叡很满意，过了一会儿，又补充了一句："更何况，朕早料到东吴会有所动作，所以之前已经派治书御史荀禹去南线劳军，此人素有智计，肯定不会让我失望的。"

群臣面面相觑，好一会儿才回过神来山呼万岁：英主如此，社稷幸甚！

最后的结果也不出曹叡所料，孙权久攻江夏不下，正好荀禹劳军抵达，发动周边郡县步骑兵上千人在江夏附近放火，孙权以为曹魏援兵来了，于是撤军了。

曹叡的第一次表演完美落幕，全程旁观了这场表演的司马懿既感到很欣慰，但也有些落寞。曹叡越英明，那就说明四大辅政大臣的用武之地就越小，原先设想的辅政大臣总揽朝纲的局面看来不会出现了。

不过司马懿也不是很在乎这个，他可以等，都等了这么多年了，还在乎多等几年吗？继续埋头做事，以不变应万变，司马懿这一辈子就是这么过来的。

做事的机会很快就来了。孙权在江夏吃了瘪，很不服气，又派诸葛瑾、张霸等人攻打襄阳，看来他是铁了心要用一场军事胜利来庆祝曹丕的驾崩。

这一次曹叡不客气，果断命令时任抚军大将军的司马懿率军反击。

这是司马懿第一次独立领兵征战。司马懿心里又是激动又是不安，他对自己的军事能力倒是挺自信，但毕竟是处女战，万一理论没有联系实际打输了怎么办？虽说胜败乃兵家常事，可打仗这种事情呢，最讲究开门红，要知道良好的开端是成功的一半……

司马懿就这么一路碎碎念地杀到襄阳，然后带着巨大的心理压力完成了部署。

事实证明司马懿确实想多了，吴军的不堪一击超出司马懿的想象，在研究完东吴军阵后，司马懿郁闷地发现所有高深的军事理论在这里根本用不上，对付诸葛瑾这样的人，大军列阵后直接发起总攻是最简单粗暴有效的解决方式。

一个中规中矩的冲锋之后，司马懿的处女战就算打完了，诸葛瑾溃败，副将张霸被斩杀于阵中。这场战役无聊到了连史家都懒得去写的程度，如果不是看在司马懿他孙子是晋朝开国皇帝的份儿上，根本都不可能被载入史册。

虽然过程很无聊，但至少战报是喜人的，司马懿的军事处女秀，以一个漂亮的胜利收尾。

司马懿旗开得胜、春风得意的时候，有一个人很失意，他就是淮扬战区最高司令长官曹休。

曹休和曹真、司马懿、陈群并列四大辅政大臣，但是由于地理方面的原因曹休没能出席曹丕的托孤大会，导致自己名义上比其他几位辅政大臣，尤其是比曹真矮了一截。

曹休非常不爽。

曹休一直看不起曹真，一个重要的原因是曹真其实本来不姓曹，他的父亲叫秦邵。曹操起兵讨伐董卓，秦邵率众随曹操征战，死于军中。曹操伤悼故人，便亲自收养了秦邵之子，并赐姓曹氏，此子即是曹真。在曹休看来，曹真的“血统”比自己差远了，凭什么站在自己头上拉屎撒尿？凭什么把自己丢在南方前线跟吴国拼死拼活，曹真却能留在中央吃香喝辣还能发号施令？

一边是少主年幼，一边是两位手握重兵的辅政大臣相互视如仇寇，让曹魏政坛陡生变局，一不小心就会演变成一场政治地震。

不过被刘晔评价为“缩水版秦皇汉武”的曹叡绝不是一般人，这场动荡非但没有让曹叡感到头痛，反而让他一下子兴奋起来。

太和元年初，曹叡突然下诏，任命太尉钟繇为太傅，征东大将军曹休为大司马，中军大将军曹真为大将军，司徒华歆为太尉，司空王朗为司徒，镇东大将军陈群为司空并录尚书台事，抚军大将军司马懿为骠骑将军。

大多数人都觉得这是新皇帝上台后的一次正常人事调动，但眼光毒辣的人马上就看出来，曹叡此举是为了调和曹休与曹真的矛盾。

大司马是曹魏最高的军职，相当于全国武装力量总司令，曹休从征东大将军一步登顶当上五星上将，升迁速度已经不能用“直升机”来形容了，更妙不可言的是，大司马比大将军高两级，曹休从此在官阶上稳稳压住了曹真，着实让曹休扬眉吐气了一番。

而曹真从中军大将军直接被提拔到大将军的位置，也是连升五级，撑竿跳也不过如此，虽然升迁速度没有曹休快，但曹休跟曹家人的关系确实比自己家更近，他也没什么话说。

一纸诏书，曹叡就把剑拔弩张的两位军界大佬安抚下来，手段之高明，令人击节赞叹。

但是如果以为曹叡这么做只是为了调和曹休和曹真，那就有点小看曹叡了。只有像司马懿这种积年的老狐狸才能看懂这番人事调动背后的深层用意。

在被调整的七人中，钟繇、华歆和王朗都是打酱油的，曹叡真正关心的是曹休、曹真、陈群和司马懿这四位辅政大臣。

从目前的人事情况来看，曹休虽然已经升任全国武装力量总司令，但实际上干的是淮扬战区最高司令长官的活儿，离政治中心洛阳远远的。

而曹真在升任大将军后，立刻就被曹叡踢回了雍凉战区抵御蜀国入侵，也远远离开了曹魏政治中心。

至于陈群，简直是最明显不过的明升暗降，陈群原先的官职镇军大将军是有实权的，而现在担任的司空美其名曰“三公”之一，其实就是摆着玩的，没有实权，中看不中用。

对司马懿也是一样，他从抚军大将军被升为骠骑将军，也算是撑竿跳了，但是他本来的录后台文书事头衔却被摘掉了，曹丕亲手送给他的“后台老板”的地位就这样被曹叡撸掉了，没有了这个职务，让司马懿还怎么辅政？

曹叡还嫌不够，几个月后，司马懿又受命督荆、豫二州军事，成了荆豫战区司令长官，和曹真一样被踢出了政治中心洛阳。

司马懿一边收拾南下的行囊，一边嘿嘿冷笑：曹叡果然不简单，这一手眼花缭乱的组合拳下来，等于把老爹留下的辅政大臣全部扔进了历史垃圾堆，把国家权柄牢牢握在了自己手里，而且还让所有人都无话可说。

上台不到一年，就把老班底全部清除，这是曹叡最牛的地方。但正如刘晔说的，他毕竟只是“缩水版秦皇汉武”，曹叡的问题在于他根本没有靠谱的新班底可用，最后还是要仰仗这些老臣。这就决定了他这番人事调动从长远来看其实没有多少意义。因此，司马懿相信自己迟早有一天还是要回洛阳的。

所以司马懿并没有感觉太失落，相反，他还有些庆幸，如果夏侯尚没死，那么督荆、豫二州军事的位置无论如何都轮不到他来坐，而现在，他已经和曹真、曹休二人并列，成了曹魏三大战区的最高司令长官。换句话说，司马懿已经成了曹魏军界三巨头之一。

到此为止，司马家族终于重新掌握了枪杆子，从马背走进书房，又从书房回到马背，司马家族用数百年的时间完成了一个轮回。但是司马懿坚信，这不是一个简单的循环，而是一个上升的螺旋，虽然司马懿从此要离开曹魏政治中心，但是当他再一次回到洛阳的时候，兵权在握的那个司马懿就不是现在的这个司马懿了。

当然，就目前而言，还有两个人能压制司马懿，那就是曹真和曹休。对于这两个人司马懿一点办法都没有，因为他们不光是宗族，而且都军功赫赫，司马懿能跟他们并驾齐驱就已经很了不起了，想要压制这两人往上走，无异于痴人说梦。

不过没关系，司马懿从来不会去争夺那些虚无缥缈的东西，他可以忍，可以等，他已经耗死了曹操，耗死了曹丕，耗死了夏侯尚，他相信自己只要再等等，再忍忍，肯定还会有机会的。

至少对司马懿来说，机会从不是争来的，而是等来的。不是说争不好，而是一旦去争，就可能失败，而不争者，自然不会有失败，也不会有失去。

这就是司马懿的哲学。

诸葛亮崛起：最强大的对手

正当司马懿宦海沉浮之时，西南方的蜀国也经历了一番政治动荡，动荡过后，蜀汉政局重新洗牌，一位即将在司马懿人生中扮演重要角色的强大对手正在迅速崛起，成为横跨蜀汉军政两界的巨头。

他就是诸葛亮。

诸葛亮的官路历程比司马懿顺利太多了，原因只有两个：从主观上讲，忠诚的诸葛亮给人的感觉比阴鸷的司马懿靠谱太多；从客观上讲，诸葛亮遇到的是刘备，而司马懿遇到的却是曹操。

虽然三顾茅庐的故事被《三国演义》夸张了，但从正史记载（《三国志》：由是先主遂诣亮，凡三往，乃见）和诸葛亮自己的描述（《出师表》：先帝不以臣卑鄙，枉自委屈，三顾臣于草庐之中）来看，刘备确实是一开始就把诸葛亮当作顶梁柱看待的；反观司马懿，曹操先是派使者刺探，然后……居然把司马懿遗忘了整整七年，要不是崔琰等人提醒，说不定司马懿装病要装一辈子了。

高起点才有大格局，从一开始司马懿就没和诸葛亮站在同一起跑线上。

再看入职以后两人所面临的竞争环境。

当时的曹操集团麾下四大谋士就不提了，就算是戏志才、崔琰、陈群一类的二线文臣随便拉出一个来也能甩刘备集团八条街，矬子里尚且能选出将军来，诸葛亮这种才华卓绝的人物一跑到刘备集团简直是鹤立鸡群，起点想不高都难。

可以说，同样是二三十岁的年纪，诸葛亮做了鸡头，司马懿做了凤尾。

当然，最大的问题不在于做鸡头还是做凤尾，而是刘备这只鸡是潜力无限的大公鸡，而曹操这只凤凰已经飞到巅峰，没有太多上升通道了。

更要命的是，曹操对司马懿这根小尾巴居然表现出了超乎常人的关注，摆出一副不玩死你不罢休的架势，逼得司马懿胆战心惊、如履薄冰，在碌碌无为中度过了本该最有机会展露才华的十多年。

反观诸葛亮，刘备对他的信任简直是全方位、无条件的信任，可以说，整个中国历史上都找不出几个如此信任员工——尤其是新员工——的老板。

当然，司马懿也没必要太过于怨天尤人，毕竟客观原因只起到推动作用，而主观原因才是起决定作用的那个因素。

司马懿一开始就对曹操采取观望政策，然后又以如此惊人的心机让曹操留下深刻印象，的确很难在曹操的时代飞黄腾达；反观诸葛亮，还未出山就给刘备集团送出了一份大礼：那就是著名的《隆中对》，彻底奠定了刘备集团的整体战略。

不过，诸葛亮在刘备集团的地位根基并不只是来源于《隆中对》，因为每个智力值超过 85 的谋士都会给自家主公提出有相同含金量的战略方针——孙权和曹操都有着各自版本的《隆中对》，连袁绍都有。

诸葛亮最成功的一点在于，他不需要任何矫揉造作就能够成为最让刘备放心的人，这一点司马懿在曹操面前绝对办不到。

后世总是不缺喜欢推翻历史的人，常常语出惊人，说什么刘备得诸葛亮后，喻之为“如鱼得水”，实际上则并不信任他，因此，军国要务从未征求诸葛亮的意见，刘备每次出征，只是委派诸葛亮留守后方供应粮草兵员。

这样的说法实在可笑，只能说论者演义小说看多了，事实上，这正表现了刘备对诸葛亮无比的信任。

例如楚汉战争，刘邦与项羽生死搏斗之际，便让萧何替他“镇国家，抚百姓，给馈饷，不绝粮道”，虽然萧何从未出征，但天下安定之后刘邦却认为应列萧何为第一功。刘邦的理由是：萧何镇守关中，足食足兵，“此万世之功也”。

且不说萧何这么远的例子，就说司马懿，曹操打汉中让司马懿一路跟着，而曹丕打吴国的时候却让司马懿镇守后方，难道这反而说明了曹操比曹丕更信任司马懿？

只有心腹重臣才能被委以留守根本重地的大任。刘备入蜀，荆州是根据地，因而必须留诸葛亮镇守；既得益州，每次出征，又留诸葛亮守成都，并兼负辅导嗣子刘禅之责，这岂能说刘备不信任？

可以说，司马懿一直熬到曹丕登基后才争取到的待遇，诸葛亮一开始就拥有了。

真是人比人气死人。

然而接下来诸葛亮所被托付的重任，司马懿连比的资格都没有了。

夷陵之战后，刘备不想再回成都这块伤心地，便就在永安白帝城住了下来。蜀汉章武三年，刘备感觉自己快不行了，叫来了两个人，一个是诸葛亮，一个是李严，然后发表临终遗言——这就是著名的“白帝城托孤”。

托孤的待遇并不罕见，司马懿也享受过，真正罕见的是刘备对诸葛亮所说的托孤辞：“君才十倍曹丕，必能安邦定国，终定大事。若嗣子可辅，则辅之；如其不才，君可自为成都之主。”

这段话翻译过来就是：“孔明，你比曹丕厉害多了，安邦定国的任务就交给你了。我的儿子阿斗，如果你觉得可以辅佐，你就辅佐他；你要觉得不能辅佐，你就取而代之吧。”

一道闪电劈开了历史的天空，刘备这番话，已经不能用石破天惊来形容了！

孟子曾经说过："民为贵，社稷次之，君为轻。"这句话让历代皇帝都很不爽，所以尽管帝王多尊孔孟，但真正能把君主排在社稷之后，又把社稷排在人民之后的皇帝，却凤毛麟角。

但刘备是其中之一。刘备不是要把蜀汉让给诸葛亮，他是有前提的：那就是"嗣子不才"。刘备的思路也很明显：与其让刘家天下彻底葬送在儿子手里，不如将天下拱手让给诸葛亮，至少刘家的社稷宗庙能保住，更不用说两川的百姓可以免遭流离之苦。

要多么信任诸葛亮，才能说出这种话！

然而后人却很奇怪，总是不惮以最坏的恶意来揣度刘备。自古以来，白帝托孤非但没有为刘备带来任何仁者之名，反而让他坐实"阴谋家"的身份，几乎所有人都愿意相信，刘备这番话并非出于本心，而是为了彻底收服诸葛亮。

当然，历史这种东西公说公有理，婆说婆有理，我们没有任何证据表明刘备这番话不是在玩弄权术，正如我们没有任何证据表明刘备这番话是在玩弄权术一样，但有一点是可以肯定的，即使刘备真的在玩弄权术，那也是基于对诸葛亮无比的信任。

试想，万一诸葛亮有谋权篡位的野心，刘备这番话一旦流传出去，那么诸葛亮的篡位行为简直就是名正言顺，他甚至可以打起奉先王遗诏靖国难的旗号，至少在舆论上已经立于不败之地了。就算诸葛亮不想篡位，只想当个霍光、曹操一类的人物，刘备这句话也足够让诸葛亮拉起虎皮做大旗了。

可见，无论刘备出于真情还是假意，在托孤时候对诸葛亮流露出来的信任，都是前无古人，后无来者的。

对此，司马懿连羡慕嫉妒恨的资格都没有，因为这已经超越他最狂野的想象了。

诸葛亮得到的信任比司马懿更多，而刘禅却比曹叡更加暗弱，像诸葛亮这样的托孤重臣，在新朝的地位可想而知。

当刘备死去，诸葛亮已经"一手遮天"了。

但是，蜀汉政坛上还是有一些不自量力的小鱼小虾米，想从诸葛亮手中分走一杯权力的羹。

为首的便是另一位托孤重臣李严。

李严与诸葛亮之间其实并无私仇，要说清两个人的矛盾，就不得不提到蜀汉内部的派系斗争。

在《三国演义》中，我们看到蜀国仿佛是一个无比团结、其乐融融的大家庭，仿佛所有人都团结在以诸葛亮为首的丞相府周围，高举兴复汉室的伟大旗帜，奔向美好未来。

但事实绝非如此，蜀汉内部其实派系林立，其中最有影响力的是四大派系。

第一是北方元老派，代表人物是刘备、关羽、张飞、赵云、简雍、糜竺等人，是陪着刘备一路创业吃着方便面、住着地下室过来的，可惜这批人中能活到刘禅时代的，已经没几个了。

第二是荆州集团，代表人物是诸葛亮、马良、马谡，都是刘备来到荆州后前来投奔的，以荆襄士人为主，是刘备集团收购的第一批员工，也是跟着刘备一路吃便当、睡办公室沙发过来的。

第三个派系可以叫作东州集团，代表人物是李严、法正、孟达。这个集团的骨干成员都是当初跟着刘焉和刘璋在益州创业打天下的班底，在刘备入主益州后果断“弃暗投明”，跟随了刘备，是刘备治理西川的主要力量。

相对而言，第四个派系就挺惨，可以叫作益州集团，没啥特别厉害的掌门人。比起东州集团，这批人才是真正的益州土著，可是一直被外来的刘焉、刘璋所压迫，直到刘备入主西川后为了制衡东州集团才算恢复了点元气，但是在整个蜀汉政坛，这个派系的影响力也很有限。

由此可见，白帝托孤之时，真正在蜀汉政坛有影响力的派系也就只剩下荆州集团和东州集团，刘备托孤的时候之所以单独选中了诸葛亮和李严，其实也是为了平衡这两个派系。

可惜，李严怎么可能是诸葛亮的对手？刘备尸骨未寒，李严就被诸葛亮扔到江州，远远离开了政治中心成都——李严还没来得及蹦跶，就已经没机会掀起什么风浪了。

诸葛亮要的就是大权独揽，但这并不是因为他权势欲强烈，而是因为诸葛亮心里有一个梦想：完成先帝遗愿，光复中原，兴复汉室！

这是一项宏大的工程，对国力弱小的蜀国来说尤其如此，所以必须采用高强度的集权政治，把蜀汉帝国的每一滴血液都注入战争机器当中，诸葛亮绝不允许任何人来掣肘他。

蜀汉建兴五年，也就是曹魏太和元年，诸葛亮终于铲除了权力路上的一切障碍，权势滔天的诸葛丞相把目光转向了秦岭以北，那里，有先帝一生未竟的梦想。

不过在此之前，诸葛亮还有一件小小的事情要做，也就是这件小事，让诸葛亮第一次和司马懿有了交集，而在两人之间牵线的那个人，就是孟达。

玩“阳谋”，司马懿被诸葛亮借刀

投降曹魏的日子里，孟达从未间断过和蜀汉老朋友们的信件来往，尤其是蜀汉两位军政大佬——诸葛亮、李严，一直是孟达的亲密笔友，几乎每个月孟达都会给他们写封信，谈理想，谈人生。

李严很认真地回复每一封信，告诉孟达：“我很想你。”

李严是真的很想念孟达。自从法正死后，东州集团就开始走下坡路，白帝托孤之后，李严作为东州集团首脑却被远远发配到了江州，理论上和诸葛亮同为托孤大臣分庭抗礼，但其实连隔壁邻居家的阿姨都能看出来，当今的蜀汉，早已是诸葛亮为首的荆州集团一家独大了。

李严非常希望曾经的东州集团干将孟达能够回到蜀汉，和他一同对抗荆州集团。在某一封信中，李严很隐晦地说：“吾与孔明俱受寄托，忧深责重，思得良伴。”其实这时候的李严早就被诸葛亮边缘化了，哪来什么“忧深责重”——“思得良伴”倒是真的，他真正想说的是：“同是托孤大臣，你看看你哥现在都混成啥样了？回来吧，子度（孟达的字），咱哥俩并肩战斗！”

另一方面，孟达也很希望回蜀汉，他投降本来就是被逼的，尤其是曹丕死后，孟达没了靠山，同僚申耽老跟他尿不到一个壶里，新来的顶头上司司马懿也不拿他当盘菜，孟达越想越郁闷，越郁闷越想回家。

孟达把这个念头透露给了李严，也透露给了另一位笔友——诸葛亮。

发现孟达有归顺心理后，诸葛亮心中闪过无数个念头。

孟达镇守的东三郡位于沔水上游，“舟行下水差易而上水甚难”，蜀汉若占据东三郡，就可以和下游的东吴联合，坐着船直接威胁由曹魏所控制的襄阳、樊城等地。

在关羽丢掉荆州后，诸葛亮的《隆中对》就已经宣告破产，但是如果能重新夺回东三郡，并占领襄阳，那么在东吴的配合下，至少《隆中对》里“一向宛、洛，一出秦川”的两路伐魏战略便可重新实现。

但是，如果孟达真带着东三郡回归蜀国，已经半残的东州集团很可能东山再起，李严将重新和自己分庭抗礼。

一边是东州集团，一边是《隆中对》，诸葛亮权衡了许久。

夺回东三郡，对蜀汉北伐战略的优势是显而易见的——但并不是压倒性的。因为如果空有东三郡却攻不下襄阳，隆中对战略依然是镜花水月，而且，诸葛亮现在已经有了以夺取凉州为基础的隆中对 2.0 版。

相反，如果坐视东州集团壮大，那么这帮官僚很可能会影响到自己未来的决策。

诸葛亮并不是一个权势欲很强的人，但是他深知，以蜀汉弱小的国力想要统一中原，就必须走彻底的集权路线，他绝不能容忍任何人对自己的北伐策略有所掣肘。

哪怕为此付出东三郡的代价。

就这么决定了！让东三郡和《隆中对》1.0 版彻底成为历史吧！我会凭我的鞠躬尽瘁为蜀汉开创未来，死而后已。如果连我都改变不了蜀汉的命运，我不相信李严和他的党羽能。

孟达的命运就此决定。诸葛亮的嘴角露出一丝无奈的苦笑，他展开案台上的帛书，提笔写下了回信："几年前南征，在汉阳遇到李鸿，听他说了你的许多事迹，我感动得眼泪哗哗的。知道你是个牛人，可惜啊可惜（以存足下平素之志，岂徒空讬名荣，贵为乖离乎）。哇呀！阿孟！（呜呼，孟子！）当年实在是刘封欺负你太狠了，跟先帝还有我一毛钱关系都没有啊。我听李鸿说王冲跟你造谣说我要杀了你全家，但是你没有听信谣言，你真是太了解我了，我怎么会做这样的事情呢？我天天往东边瞅着你，写这封信也是因为想你啊（依依东望，故遣有书）。"

写完这封情深意切的信，诸葛亮搁下笔，长叹了一口气。与此同时，一盘很大的棋已经在他的胸中展开。

棋局上的第一颗过河卒是一个叫郭模的路人甲。

公元 227 年 6 月，蜀国人郭模奉命诈降魏国，他的任务是帮助孟达制订完善的叛逃计划。与此同时，他还接受了另一个秘密任务：经过魏兴的时候，"无意间"把这个消息走漏给申耽。

于是，经过魏兴的时候，郭模“很不小心地”让申耽看到了诸葛亮送给孟达的礼物：一块玉玦、一片织成、一块苏合香。

这是汉魏时期一种公开的暗语：玉玦，代表下决心；织成，代表谋已成；苏合香，代表两人合谋。

申耽立刻明白孟达要造反，申耽本来就跟孟达尿不到一个壶里，此时更没有理由替孟达遮掩，当即快马加鞭把这个消息报告给荆扬军区最高司令长官司马懿。

申耽不知道，他已经充当了诸葛亮的第二颗过河卒。

申耽的加急军报很快送到了司马懿手里。司马懿眯着眼，反复读着申耽的每一句话，隐约地嗅到了一股阴谋的味道：这么重要的消息，怎么会“不小心”让申耽看到？诸葛亮，你会派这么粗心的人来吗？

但诸葛亮没有给司马懿太多的时间考虑，很快，孟达就“无意中”得知自己要起兵的消息被司马懿知道了。孟达无路可退，只能决定提前起兵的日期。

不过这一次，司马懿算得比诸葛亮准。用一句拗口的话来说就是：司马懿知道孟达知道司马懿知道孟达要造反。

于是，司马懿决定先跟孟达摊牌——当然，只能摊一半，目的是稳住孟达，让他先等几天，否则我怎么打你？

几天后，孟达收到了一封来自司马懿的信，惴惴不安地打开信。

在信里，司马懿首先告诉孟达：“听说最近跟诸葛亮走得挺近呗？听说诸葛亮让郭模给你送了一块玉玦、一片织成和一块苏合香？”

看到这儿孟达吓得直抹冷汗，不过接下来，司马懿话锋一转，开始说孟达的功绩：“当年将军弃暗投明来投奔我大魏国，我大魏国也委将军以重任，这相互间的信任，实在让人感动啊。蜀国人没什么脑子，恨你恨得牙痒痒，却又拿你没辙儿。”

孟达心说，可不是吗？我拥兵三郡，都是险要的地方，谁不得忌惮我三分？想到这儿，孟达有点放心了，接着读了下去。

司马懿在信里继续说：“诸葛亮老早就想废了你，可一直拿你没办法。结果就想出这么没有技术含量的离间计，郭模带的信那么重要，怎么可能泄露给申耽知道呢？用脚指头想想就知道，这肯定是个离间计。”

读到这儿，孟达的心算是彻底放下了。一边心里骂着司马懿自作聪明，这下着了道吧，一边心里也有点疑惑：是啊，这么重要的消息，怎么会泄露给申耽？以前没觉得诸葛亮是那么不精细的人啊——看来诸葛丞相的脑子也没传说中的那么好使。

孟达在心里把司马懿和诸葛亮的智商都贬低了一番，却不知道真正智商不过硬的是自己——如果你觉得两个顶级聪明人同时在犯傻，那么真正犯傻的其实很可能是你自己。

现在的情况是：诸葛亮和司马懿都知道这是个没有技术含量的反间计，但是两人都知道，这个没有技术含量的反间计肯定、必须会成功。这是一笔交易，司马懿要东三郡，诸葛亮要孟达的命。

这笔交易当中唯一没有达成一致的条件是：诸葛亮想让司马懿在东三郡城墙下多死些人，但司马懿不想死人。

读完司马懿的信后，孟达就开始犹豫了——是不是多等几天，等准备充分了再造反？

为此，他还写了一封信跟诸葛亮解释：宛城（司马懿的驻地）离洛阳八百里，离我这里一千两百里，等我造反的时候，司马懿肯定要向天子请示，然后等天子回复——这样怎么着也得一个月吧？这时候，我已经把我的城墙修得很坚固了，军队也武装得差不多了。更何况，我在那么险远的地方，司马懿养尊处优的，肯定不会亲自来，要是他随便派个将领来，咱还能怕他？

诸葛亮看完就把信扔到一边，你想得怎么那么美？不过孟达说得也不是没有道理，就凭东三郡的地势，至少能把荆豫军区的魏军拖上个把月，让他们死上千把人吧？

结果证明，非但孟达小看了司马懿，连诸葛亮都小看司马懿了。

司马懿根本就没想过要上报朝廷，而是来个先斩后奏，亲自率领大军就往东三郡直扑而来。司马懿的参谋们对此有点意见，觉得东三郡紧挨着蜀国和魏国，政治地位非常敏感。司马懿你好歹观望一会儿——当然，在观望的时候别忘了向天子请示下，先斩后奏可不是个好习惯。

司马懿笑了，这些参谋不愿担责任的小算盘他看得清清楚楚，但当下也不点破，而是解释道："孟达这个人，从来不讲信用，别说我们不相信他，连蜀国也不会相信他，这会儿蜀国和孟达估计都还在犹豫呢，咱们应该趁这个机会把他灭了。"

说完，也不管参谋的意见，下令全军动员，一千两百里急行军，八天之后，就来到了上庸城下。

孟达吓傻了，这厮开挂了吧？飞过来大不了也这速度了。惊讶之余，连忙给亲爱的笔友诸葛亮写信：司马懿八天就到我城下了，这也太快了……

不过惊讶归惊讶，孟达对上庸城的防守能力还是很有信心的。上庸城三面环水，老子玩命修起的木栅栏足够把司马懿挡在城外……嗯，至少半个月吧？这时候援军也该到了。

司马懿再一次给了孟达一个巨大的惊喜，随着一声号角，魏军强行渡河攻破栅栏，分八路抢攻城池。

强行军上万里后居然还敢强攻如此坚固的上庸城，孟达下巴都要掉到桌子上了。

司马懿之所以敢这么玩，是因为他坚信上庸城不会有援军——他已经跟诸葛亮达成了一笔交易。虽然他本人并不想做这笔生意，但诸葛亮让他别无选择。

果然，蜀国的援军连窝都没挪，吴国更不用说，根本不想管这档子破事儿。六天后，司马懿成功策反了孟达的外甥邓贤、副将李辅，两人献城投降。孟达城破身死。

至少有一件事情孟达说对了：从东三郡到洛阳的路确实很遥远，所以他的脑袋在路上颠簸了许多天才出现在曹叡的桌子上。

司马懿赢了，他创下了魏国军事史上的奇迹，以八天强行军和六天抢攻城墙充分地诠释了什么叫“彪悍的人生不需要解释”。他唯一感觉不舒服的，是被诸葛亮当了一回枪使——尽管他并没有损失什么。

诸葛亮也赢了，他除掉了孟达，东州集团再也不可能翻盘，没有人能掣肘他的北伐大业。但他也很不舒服，忍痛丢了东三郡，居然连魏军的毛都没拔掉几根，买卖做亏了。

从此，诸葛亮记住了这个名字：司马懿。尽管在曹魏军界中实际上的一号人物是西线的曹真和东线的曹休，但诸葛亮有预感，南线的三号人物司马懿，才是最难缠的对手。

越是完美的计划容错率就越低

解决了孟达之后，北伐计划已经万事俱备。

诸葛亮屯兵汉中已经好几年，著名的《出师表》都传遍天下了，从政坛到民间都知道魏、吴两国和诸葛亮的战争不可避免，唯一的问题是诸葛亮会从哪里出兵。

摆在诸葛亮面前的有三个方向六条路：

第一个方向是出秦岭入关中。秦岭天险倒也并非不可逾越，在汉中和关中之间有三条谷道，分别是子午谷、褒斜谷、傥骆谷，几乎是突袭长安的直达通道，不过谷长路险，大军行动非常困难。

第二个方向是由汉中出阳平关、武都（今甘肃略阳）、建成（今甘肃西和）、祁山（西和县北祁山堡）出天水，虽然绕了个大弯，但较为平坦。

第三个方向是由汉中向东，迂回武关、蓝田，这条路路线比第二个方向的路线还长，而且靠近魏国首都洛阳，有重兵把守。

对于从哪里出兵这个问题，诸葛亮和魏延发生了分歧。

诸葛亮是一个稳重的人，所以他选择的也是最稳扎稳打的路线：兵出祁山，占据陇右，蚕食关中——诸葛亮并不想一口吞掉魏国，他只想先吃下凉州，然后吃下雍州，然后才是中原。

一口吃不成胖子，尤其是对蜀汉这种小国而言。

当诸葛亮在军事会议上把计划公之于众的时候，督前部，领丞相司马、凉州刺史魏延提出了反对意见。

魏延很鄙视了镇守长安的大将夏侯楙，认为夏侯楙之所以能坐到现在这个位子上只有一个原因：他姓夏侯。这样的人镇守之下，长安简直易攻难守。因此，魏延向诸葛亮请求亲自率领五千精兵、五千辎重兵共计一万人，从子午谷出奇兵偷袭长安，同时由诸葛亮率领大军从斜谷进兵，最后和魏延在潼关会师，这样一来，长安以西的大片土地就姓刘了。

魏延一边慷慨陈词一边盯着诸葛亮的反应，看到诸葛亮不说话，魏延有些着急，于是加重语气补充道："奇兵出子午谷出现在长安城下的时候，夏侯楙这种酒囊饭袋一定会第一个逃跑，到时候长安就只剩下一帮子文官，根本守不住……至于军粮，我军完全可以到长安周边区县打秋风。”

说完，魏延一脸期待地看着诸葛亮，但诸葛亮却还是一言不发，只是摇头。

魏延的计划太完美了。

但越完美的计划就意味着越精密，任何一个环节都不能出错：如果在子午谷受到伏击、如果夏侯楙没有弃城逃跑、如果长安久攻不下、如果魏延没能抢到军粮，甚至于，如果自己的主力部队在斜谷受阻……任何一个问题都会导致计划失败。

魏延的计划如此完美，以至于容错率低到了零，但在任何一场战争中，计划永远赶不上变化，没人有能保证不出现突发情况。

所以诸葛亮否决了魏延，毅然选择了更为稳妥的兵出祁山计划——蜀国是小国，冒不起这个险。

当然，诸葛亮稳扎稳打，不代表他不懂“兵者诡道”的道理。诸葛亮一方面把大军秘密调往阳平关方向，一方面却扬言要兵出斜谷直取长安。为了演得更像一些，诸葛亮还派出赵云、邓芝二人进据箕谷，耀武扬威好像真的要打长安一样。

得知诸葛亮计划后，曹叡轻蔑地一笑：当年我爷爷打汉中走的就是斜谷道，诸葛亮真是一点创意都没有，那条路有多难走，我们魏国人可比你明白多了。诸葛亮，你也不过如此嘛。

一直以来曹魏的工作重心都放在和东吴打仗上，所以曹叡也不想跟诸葛亮费太大的事儿，为了能够毕其功于一役地消灭来自西南方的威胁，曹叡下令雍州刺史郭淮率领雍州兵团驻防斜谷道口，同时命令西北战区总司令曹真驻守郿城，准备以逸待劳跟诸葛亮的主力决战。

事实证明，任何小看诸葛亮智商的人最后都是吃瘪，曹叡得意扬扬，却不知自己已经中了诸葛亮的计谋，亲手把曹魏西北军区最精锐的野战部队和最能打仗的两员大将钉死在了关中地区。

没有人注意到，陇右的兵力已经空虚了。

收到曹叡命令后，曹真和郭淮天天望着斜谷道口，脖子都望酸了，却始终没有等来传说中的蜀国大军，却等来一个爆炸性新闻：诸葛亮兵出祁山，大军直逼凉州！

此时此刻，诸葛亮的大军正在围攻祁山的魏国边防部队，扫清蜀军进入凉州的障碍。曹叡把郭淮的雍州兵团调往关中后，整个陇右地区就没有能与诸葛亮大军抗衡的野战部队，消灭祁山的那些边防部队只不过是个时间问题。

事实上，战局比诸葛亮想象得更顺利。曹魏在陇右地区的统治基础本来就很薄弱，现在诸葛亮兵临城下，凉州军民根本就没有抵抗的欲望，一时间，天水、南安、安定三郡纷纷投降，形势不是小好，是一片大好！

但诸葛亮知道，这些都是表面光鲜，私底下依然暗流涌动。尤其是天水郡的重镇上邽（今天水市）、冀城（天水郡首县，今甘肃伏羌县南）等都还在魏国控制下；陇西、广魏两个郡固守城池，仍然忠于魏国。

而曹魏本身就像一台庞大的战争机器，它需要时间预热，可一旦开动起来，可以轻松地把失去秦岭“防御加成”的北伐军碾成碎片。到那个时候，诸葛亮将轻而易举地失去如今似乎轻而易举就得到的一切。

诸葛亮忧郁的眼神在巨大的舆图上游走，最后停留在祁山东面的一个小小地标上。

那个地方叫街亭。

街亭，全称街泉亭，在今陕西秦安县东北、庄浪县东南，把守着自泾河谷地进入陇西的要道。因此只要控制了街亭，就等于封住了关中通往陇右的大门，形成关门打狗之势，同时也将宜州和凉州连成了一片。

在诸葛亮的计划中，兵出祁山，平定陇西三郡的同时必须占领街亭这一战略要地，这里既是阻击关中援军的壁垒，也是西进关中的桥头堡。一旦占据街亭，接下来就可以步步为营地吞并魏国土地，直到占领整个关中地区，到那时便可仿效高祖刘邦一样，退可据守潼关安然无恙，进可直取洛阳覆灭曹魏政权。再由许昌南下，配合从长江上游顺流而下的蜀军进攻，则东吴俯首亦不在话下。

当然，诸葛亮的畅想有点远了，当务之急是攻下街亭，并且在街亭阻击来自关中的曹魏大军，给自己扫清祁山、平定陇右地区留出充足的时间。

诸葛亮把这个重任交给了马谡。

马谡是个很有才华的年轻人，诸葛亮私下里早已把马谡内定为了自己的接班人，每次和马谡交谈，诸葛亮都会觉得自己有无数个信任马谡的理由，因为这个年轻人实在太优秀、太有见地了。

“幼常（马谡字幼常），你可千万别让我失望啊！”

诸葛亮兵出祁山、陇右三郡皆反的消息传到洛阳，曹叡被惊得差点从椅子上掉下来。曹魏帝国上一次遭遇这类危机还是十年前关羽水淹七军、威震华夏的时候。

不过领导就要有领导的样子，曹叡只用了四分之一炷香的时间就恢复了镇定，亲自下诏书，一边安慰群臣（顺便也安慰自己），一边从洛阳派出五万中央军驰援陇右，带兵的是曹操手下“五子良将”中仅存的硕果，也是当前曹魏经验最丰富、资历最老的老将（没有之一）张郃。

张郃从官渡之战起就追随曹操，经历大小战阵无数，又在汉中跟刘备对峙数年，夏侯渊死后还被民主选举为曹魏汉中军团的司令——这样的人，绝对不会是吃素的角色。

果然，张郃只扫了地图一眼，目光和诸葛亮落在了同一个点上：街亭。张郃知道，别看诸葛亮声势浩大，蜀军一旦离开秦岭的庇护，在大平原上绝不是魏军的对手，只要能够夺下街亭，就等于开门放狗，蜀汉大军便直接暴露在曹魏铁蹄之下。

这么浅显的道理，张郃相信诸葛亮不可能不明白，所以他只能以最快的行军速度挺进，祈祷能在蜀军之前占据街亭。

张郃急行军的同时，在另一个方向上，马谡向着街亭迅速挺进。

这一路上马谡既郁闷又兴奋。兴奋是因为如此关键的任务诸葛亮没有交给魏延、吴懿这些宿将，却交给从未打过仗的自己，可见诸葛丞相对自己的器重程度。

而马谡之所以郁闷，是因为诸葛丞相太啰唆了。出兵之前，诸葛亮唠唠叨叨半天，把马谡行军路线和防守部署上的每一个细节都讲了一遍两遍三四遍，恨不能让马谡背下来默写一遍。

马谡心想我从小熟读兵法，每次交流打仗的事情连丞相都说不过我，至于把我当小孩儿一样手把手地教吗？丞相分明是不信任我的能力。

想到这里，连马谡自己都没察觉到的逆反心理油然而生。所以当马谡比张郃提前赶到街亭后，马谡有意无意地把诸葛亮的千叮咛万嘱咐抛在脑后，彻底抛弃了诸葛亮要求“拒城而守”的嘱咐，反而跑到附近的南山上去驻扎了下来。

马谡的偏将王平对此很有意见，劝他说：“马参军……那个啥……当初诸葛丞相可不是这么嘱咐的……这南山上也没个水源什么的，万一被人包围，不用打我们就先渴死了。”

马谡轻蔑地看了一眼王平：“你懂什么，知道什么叫‘置之死地而后生’吗？知道什么叫‘背水一战’吗？哎呀，算了，我看你也不知道，你别管我。”在斗大字不识一箩筐的王平面前，马谡的优越感简直要爆棚。

王平没办法，自己笨嘴笨舌反正也说不过马谡，但也不想听马谡的，干脆领着本部兵马跑到旁边的小山丘上，和马谡形成掎角之势。

等马谡部署得差不多了，张郃大军也气喘吁吁地赶到了。看到街亭果然已经被蜀军占领了，张郃绝望得直想哭，不过，他也只绝望了四分之一炷香的时间就感觉出事情不对劲儿：蜀军非但没有利用险要的地势拒守城池，反而跑到边上一座连水源都没有的小山上驻扎了下来。

“哈哈，”张郃顿时乐不可支，“蜀国带兵的人是谁啊？不会是咱们派过去的卧底吧？”

张郃这样的老将绝对不会错失送上门来的机会，他立刻率领大军把南山围了起来，然后切断了马谡的水源。

西北地区本来气候就干燥，再加上太阳一直暴晒，失去了水源的蜀军瞬间陷入了“死地”，但传说中的“后生”却没有出现，短短三天工夫，蜀军就被渴得毫无战斗力。还没等张郃下令进攻，蜀军自己就溃败了，逼得张郃把还没来得及喊出口的“冲锋”二字咽回去，硬生生改成了“追击”。

马谡毫无悬念地一败涂地，街亭又重新回到了曹魏手中，从关中通向陇右的大门被再一次打开，而且诸葛亮再也没有能力将其关闭。

兵败的消息传到祁山，诸葛亮仰天长叹——此时的诸葛亮已经击破了祁山一带的魏国边防军，而且占领了西县（今天水市西南）、冀城，只要再攻下邽，就等于控制住整个天水郡，然后就能进而兵进街亭，跟马谡会师。

可是马谡却因为如此可笑的低级错误丢了街亭。

一着棋错，满盘皆输。失去了街亭，诸葛亮的所有军事行动都变得毫无价值，如果继续进兵，就不得不在大平原上面对源源不断赶来的曹魏铁骑，那将是置全军于万劫不复之险地，为今之计，只能撤退。

功败垂成！功败垂成！这是诸葛亮的第一次北伐，也是离胜利最近的一次北伐，就这样莫名其妙地毁在一个自以为是的蠢货手里。

但是这能怪谁？归根到底，还是诸葛亮用人不当。

一声叹息后，诸葛亮率军缓缓退回汉中，留下数不尽的遗憾。

曹休马失前蹄，留下一个萝卜坑

诸葛亮退兵的消息传到长安，曹叡异常兴奋，这是襄樊之战后曹魏第二次挫败蜀汉帝国主义的野蛮入侵，取得对蜀作战的伟大军事胜利。曹叡顿时感觉信心爆棚，产生了横扫天下的欲望。所以太和二年司马懿奉诏入京述职的时候，曹叡兴冲冲地问司马懿："仲达，你觉得我们应该先打吴国还是先打蜀国？"

"先打吴国。"司马懿不假思索地回答。

其实这个问题的标准答案应该是"谁都别打"，因为曹魏虽然是三国中最强大的势力，但吴蜀两国国力也都处于巅峰状态，又有长江和秦岭的防御加成，此时此刻，鼎足而立养精蓄锐才是正道。

但司马懿才不会笨到说出这种话来，既然曹叡这么想打仗，那就给他一场仗让他打吧，反正对我司马懿也没坏处。至于司马懿为什么说先打吴国，用脚指头想想也知道：打蜀国，功劳全是曹真的，能有司马懿什么事儿？

听了司马懿的回答，曹叡果然很高兴，继续兴致勃勃地问："那我们要怎么做才能打过长江，解放东吴呢？"

这话算是问对人了，司马懿对此早有想法，于是一五一十地跟曹叡分析："东吴看不起我们不会打水战，所以在东关一代布防非常散漫，而东关、夏口地区恰恰是东吴的心脏地带，所以我们应该偷偷发展水军，然后派陆军攻击宛城，等孙权带主力部队救援宛城的时候，我们的水军就去偷袭夏口，来个神兵天降，把孙吴的心脏先打残。"

平心而论，司马懿这套战略算不上多高明，有点类似于魏延的子午谷奇谋，听上去很唬人，真要实施起来困难重重。

但是对好大喜功的曹叡来说，听上去能唬人就够了。听了司马懿的陈述，曹叡瞬间热血沸腾起来："好！就按你说的办！赶紧回宛城督造舰船，训练水军，时刻准备着为解放东吴同胞而奋斗！"

"领旨！"离开了洛阳司马懿乐不可支，当时曹魏三大主战区中负责对蜀作战的是雍凉战区，负责对吴作战的是淮扬战区，而司马懿的荆豫战区基本处于替补队员的角色，冷板凳坐穿，在垃圾时间偶尔上上场，别说进球，连个助攻都捞不到。可是曹叡这道圣旨一下，就意味司马懿从此成了主攻队员，意味着更多的资源、更多的权力、更多的进球……司马懿美滋滋地回到宛城，投入热火朝天的水军建设中去了。

其实司马懿自己也明白所谓的“出奇兵攻江夏灭吴国”有些放空炮的感觉，可谁让曹叡就好这口呢？

但司马懿没想到他还是高估了曹叡的耐心，仅仅一个月后曹叡就按捺不住了，一道诏书送到司马懿面前：“仲达，准备一下，要打仗了……对了，船造好没？”

司马懿心说：“你当造船是搭积木啊，连木头都没准好呢！”可是曹叡不管这些，他太急着要去解放吴国人民，什么都不管了：“既然船没造好，那你从陆路进攻吧！”

司马懿：“……”

太和二年五月，迫不及待的曹叡起三路大军伐吴：第一路大司马曹休，直取宛城；第二路，建威将军贾逵，直取东关；第三路，骠骑将军司马懿，直取江陵。

司马懿一阵腹诽心谤，但他绝不想给曹叡泼冷水，给自己惹麻烦，既然曹叡要打，那就打呗。还是那句话，反正打打没坏处，一将功成万骨枯，权力不就是打仗打出来的吗？于是，司马懿恭敬地领了圣旨，立刻把造船工作停下来，一丝不苟地执行军令点兵出征。

尽管司马懿心里很不爽，但他万万没想到，更不爽的事情还在后头。就在司马懿杀气腾腾扑向江陵的半路上，突然曹叡就下了一道圣旨：让他取消全部军事行动，全军返回宛城！

搞什么飞机？逗我玩呢这是！

当然，司马懿没有展现出丝毫不满，依然恭敬地领了圣旨，然后一丝不苟地带兵回宛城去了。

一路上司马懿都疑惑，到底发生了什么？一打听，原来是曹休搞的鬼！

曹休一直被曹真踩着，本来就很不爽，好不容易升了官扬眉吐气了，结果自己居然在雍凉战区让诸葛亮铩羽而归，一时间让曹真风光无限；紧接着，又听说司马懿给曹叡出了个什么“水路奇袭江夏”的战略，曹休跟东吴打了半辈子仗，可没曹叡那么好忽悠，一听就听出猫腻来了：“司马懿你个老东西，连你都想来抢我风头！”

虽然后来曹叡的仓促出兵让司马懿的计划流产了，但曹休还是不满足：三路并进，功劳三个人平分，凭什么？

曹休琢磨着要怎么才能把灭吴的功劳独占，就在这个时候，他突然收到一封信，一封来自江东的信！

信是东吴鄱阳太守周舫寄来的，在这封信中，周舫向曹休吐槽自己在东吴过得很郁闷，孙权不拿太守当干部，处处欺负他，日子过不下去了。

吐槽过后，周舫才说出了自己的真实目的：他要投降曹休。非但如此，周舫还把孙权在东部战区的全部军事部署都透露给了曹休，并且拍着胸脯要给曹休大军做带路党，里应外合直捣江东。

真是瞌睡遇枕头！曹休做梦都要笑出来了。根据周舫提供的情报来看，孙吴东部防御体系极为薄弱，如果再加上周舫的降兵带路，自己想不独吞功劳都难啊！

当然，为了保险起见，曹休又联系了淮扬战区驻东吴的情报机构，前方发回来的情报是：周舫最近的日子比信上说的还要惨，孙权已经逼得周舫不得不赌咒发誓，甚至削发明志了。

既然如此，那肯定不会错了！曹休抑制不住心中的激动：哈哈，司马懿、曹真，嫉妒吧！傻眼吧！功勋属于我！荣誉属于我！你们尽管眼红去吧！

曹休一边流着口水哈哈大笑，一边写下奏折把情况呈报给曹叡。

收到奏折后，曹叡比曹休更兴奋。他本来是抱着打得过就打、打不过拉倒的心态伐吴的，可是天大的机会就这么送上门来了，一战平吴不是梦，曹家三代人的梦想即将由自己亲手去实现！

说干就干！兴奋难耐的曹叡当即命令曹休率主力部队快速推进，贾逵的中路大军立刻转向前去和曹休会合。至于司马懿的东路军，离得太远，干脆回宛城歇着去吧。

就这样，司马懿白忙活一场，灰头土脸地回宛城了。撤军路上，司马懿遥望东方，想象着曹休那张得意忘形的脸，气不打一处来。

不过愤怒过后，司马懿隐约感觉曹休全盘计划的基石——也就是带路党周舫——是有问题的，但是问题在哪儿，司马懿想不出来。

和司马懿一样感觉不对劲儿的人还有尚书蒋济。

蒋济也是曹魏第二代谋士中的佼佼者，在智谋方面与刘晔平分秋色。得知曹休的军事计划后，蒋济进谏道："三路大军伐吴变成了曹休孤军深入，很容易被江上游的吴军切断退路，这恐怕很危险吧。"

蒋济也只能说到这个地步，因为他和司马懿一样，只是感觉周舫有问题，至于哪里有问题，他也看不出来。

司马懿和蒋济毕竟离战场太远，另一位更接近战场的高人却看出了更多的门道，他就是当时和贾逵一起出兵中路的满宠。得知曹休进军路线后，满宠上表提醒曹叡："周舫跟曹休约定碰头的地方是一片洼地，而且道路险要，很容易被断后、包围。"

满宠的潜台词是：周舫为什么要约在这种地方碰头？但是，求胜心切的曹叡和曹休并没有理会这些杂音，他们依然满怀希望，憧憬胜利的荣耀。

事实证明，司马懿、蒋济和满宠的直觉是对的，带路党周舫确实有问题。

孙权一直把曹休的淮扬兵团看作东吴最大的威胁。几个月前，孙权找到鄱阳太守周舫，让他找几个当地土豪诈降曹休，把淮扬兵团的主力引出来。不过周舫认为曹休这条鱼太大，想要钓上曹休这条大鱼，光靠几个土豪是靠不住的，必须自己亲自出马。

孙权同意了周舫的计划，于是一场苦肉计上演了。

周舫在信里写的遭遇一点没造假，间谍发给曹休的情报也没有丝毫水分，只不过这些都是孙权和周舫在唱双簧。

苦肉计加诈降计，这是东吴压箱底的拿手好戏，早就玩得炉火纯青。

在得知曹休上钩后，孙权一边偷偷地把陆逊、朱桓、全琮等东吴名将所率领的主力部队全部调往东线，一边大张旗鼓地兵出安陵，做出一副要从西路进兵的样子。

这一招玩得有点过火了，终于被蒋济看出了问题。

收到前线军报的蒋济心急火燎地觐见曹叡："陛下，曹休危矣！"

看到一向以沉稳著称的蒋济有如此慌张的时候，曹叡奇道："蒋尚书此话怎讲？"

"东吴从安陵出兵了！陛下，快快下旨让曹休撤兵！"

曹叡哑然失笑："尚书大人老糊涂了吧？东吴从西线安陵出兵，东线岂不是正好让大司马乘虚而入？"

“陛下！”看到曹叡反应这么慢，蒋济都急了，“三路大军中曹休兵团规模最大，孙权再蠢也不至于把主力调往西线啊！只能说明孙权早就在东线暗中部署大军，就等着曹休上钩了！至于西线出兵安陵，纯属欲盖弥彰啊！”

蒋济说得这么明白，曹叡终于反应过来了：“快，立刻下诏，让大司马退兵！对了，再下一道诏书，让贾逵快速挺进，接应大司马！”

诏书十万火急地送出洛阳，可是已经来不及了。

曹休兴冲冲地钻进东吴大军的伏击圈，没见到带路党周舫，却见到了陆逊、朱桓、全琮这些东吴名将，和他们背后虎视眈眈的伏兵。

孤军深入的曹休顿时悲剧了。

当退兵诏书送到曹休手中时，曹休兵团已经溃败，要不是贾逵赶来接应，小命都不一定能保住。

就这样，黄初二年轰轰烈烈的伐吴大业以淮扬兵团一败涂地而告终，非但如此，淮扬兵团的覆灭还导致曹魏三代人在东线的经营毁于一旦，此后一段时间内，曹魏再也没有能力在东线发动大规模的伐吴战争。

此战过后，曹休亲自上表请罪，然后回家待罪去了。对司马懿来说，这意味军界三巨头中曹休的光芒已经黯然退去，此消彼长，司马懿的地位变得越发重要。

事实上，这一战带来的红利远远超过司马懿的想象，回家后曹休越想越窝火，内火攻心，背上长出了一个痈疽。此时此刻，曹休非但不静心养病，反而忙着写奏折把失败的所有原因都推给了贾逵，说他接应得太晚。

贾逵也不是个好惹的人物，立刻上表自辩，两个人唇枪舌剑，嘴架打得热热闹闹。

贾逵牙好胃口好，身体倍儿棒吃嘛嘛香，曹休就不行了，本来背上就长了个痈疽，经不起一再折腾，跟贾逵吵了几架以后，最后痈疽发作，嘎嘣一下死了。

被曹操誉为“千里驹”的曹休马失前蹄，最悲痛的是曹叡，最开心的是孙权，除此之外还有两个人在暗爽。因为曹魏军界一号首长的倒下，意味着空出了一个萝卜坑，意味着有人可以挪窝了。

这两个人，一个是曹真，一个是司马懿。

善胜者不败，善败者不亡

淮扬兵团被重创后，曹魏不得不投入巨大的人力物力来重振东线战区，很快诸葛亮就察觉到了曹魏西线的空虚，于是果断决定：再一次出兵北伐。

此时离诸葛亮第一次北伐失败不到八个月。

第一次北伐时祁山战场的形势一片大好，但是听到街亭失守的消息后诸葛亮第一时间下令，果断放弃陇右一切战略成果，全军有条不紊地撤回了汉中，保证了蜀汉的军事力量没有受到任何损失。

因此，在北伐中蜀国唯一的损失可能只有蜀军的士气。

但诸葛亮很快用行动弥补了这一损失。他先是挥泪斩马谡，然后又上表要求自降三级，把所有的罪责都揽到了自己身上，最后又重赏了在街亭之战中表现突出的王平。

当诸葛亮做完这些事的时候，潜伏在汉中的曹魏间谍惊人地发现蜀军再一次士气高涨，仿佛他们几个月前根本没有打过败仗。

因此，当诸葛亮第二次北伐的时候，蜀军不管是军队规模还是军人士气都丝毫不逊色于第一次北伐。

这一次，诸葛亮放弃了蚕食陇右的计划，而是把目标对准了关中，决定从武都出散关直取陈仓——当年韩信攻取关中时走的就是这条路。

蜀军一路走来无比顺畅，曹魏似乎并没有在这条道路上严密布防，尤其是地势险要的散关，居然没有重兵镇守。

诸葛亮小小地鄙视了一下曹真，目光扫过前方送来的一份情报：几个月前曹真把陈仓城太守换成了一个叫郝昭的人。

“郝昭？”诸葛亮努力回忆了一下，记忆中有这么一号人，但印象并不深刻，“无名小卒而已。”心里想着，诸葛亮把这份情报丢在了一旁。

几天后，诸葛亮出现在了陈仓城下。

陈仓是西北、西南通向关中的交通要冲。西可去天水郡，西北有大道直通安定郡，西南与武都郡相连，向东则是长安。对曹魏来说，只要控制住了陈仓，哪怕雍凉被蜀汉军队占据，大军也可以把陈仓当根据地随心所欲地打击敌人而使敌人难于设防。当然，对蜀汉来说，占据陈仓后的效果也是一样的。

诸葛亮对攻克陈仓是有信心的，因为双方在兵力上的差距实在是太巨大了，抱着“能不死人尽量别死”的想法，他还是派了一个叫靳详的手下去劝降。此人是郝昭的老乡，据说跟郝昭私交不错。出发之前，靳详拍着胸脯保证轻摇三寸舌一定把陈仓拿下。

靳详走后，诸葛亮优哉游哉地坐在中军大帐，等着靳详的消息，他对此没抱太大的希望，但是反正等几个时辰也不花钱，正好让士卒们歇息一会儿。

事实上，诸葛亮根本没必要等几个时辰，没过多久，亲兵就来报告：“丞相，靳详回来了。”

“哦？这么快？”诸葛亮心里已经有数了。果然，靳详哭丧着脸走进中军帐，说郝昭连城门都没让他进，在城墙脚下就被骂回来了。

诸葛亮遗憾地耸耸肩：“既然你要战争，那就给你战争吧。”

紧接着，蜀军发起了排山倒海的进攻，陈仓之战正式打响。

这是一场发生在公元三世纪的高科技战争。虽然陈仓城本来就只有千余名守军，而且又建在大平原上，易攻而难守，但谨慎的诸葛亮还是以狮子搏兔的架势，用上了蜀军所有最尖端的高科技攻城兵器。

首先出场的是威力巨大的冲车和结构复杂的云梯。

冲车和云梯本来是很常见的攻城武器，但是在诸葛亮手里却被改造成了当时最高精尖的攻城器械，原理之精妙、结构之复杂，让人叹为观止。

郝昭没见过这么高精尖的武器，但他有他的土办法——那就是放火。

只见城墙上“嗖嗖”射出一串火箭，正紧紧吸附在城墙之上的云梯瞬间化成一团火焰，爬在云梯上的士兵不是烧死，就是摔死。

跟云梯相比，冲车的命运更悲惨。

正当蜀国工程兵把机动力惊人的冲车运到城门下的时候，突然城墙上砸下好几坨巨石，把最靠近城门的冲车砸得粉碎。更缺德的事情还在后头——郝昭居然在巨石上凿了个眼儿，用粗麻绳拴着，砸完一辆后又吭哧吭哧拉上城墙继续砸下一辆。

诸葛亮的心在流血，高科技战争是最烧钱的，那些高精尖兵器和操作兵器的技术兵种都是蜀汉拿钱砸出来的，就这么让郝昭给砸没了。

“郝昭……”诸葛亮默念了一遍这个陌生的名字，挥了挥手中的鹅毛扇，鸣金收兵，“你想玩，咱们就玩一把大的！”

当天晚上，蜀军工程兵都没怎么睡觉，把陈仓周围的大树砍了个精光，又比照图纸叮叮当当敲打了好几天，终于制造出了蜀汉兵器库中最尖端的攻城器械——井阑。

所谓井阑，可以理解为一种高架车，比城墙还高，蜀军弓弩手站在井阑上，冲着陈仓城居高临下地射箭，陈仓守军躲都没地方躲，更不用说还击了。

在井阑的掩护下，蜀军大摇大摆地填平了陈仓护城河，大摇大摆地爬上了城墙，跟逛街似的。

只能挨打不能还手，一般人就算不被打死也被气死了。

但郝昭岂是一般人？

当蜀军兴高采烈翻过城墙之后，突然发现，城墙后面……还有一堵墙！

原来，蜀军叮叮当当建造高科技武器井阑的时候，郝昭也在忙着建造一种低科技工事——墙——而且是一堵丑得跟牛屎一样的墙——因为郝昭既没有砖头也来不及夯土，只能把城里所有房子都拆了，连祠堂里的棺材板儿都用上了，才堆起这么一座防御工事。

想象一下，代表公元三世纪最高科技水平的井阑、云梯和冲车，却被一堵由房梁、床板和棺材板搭建而成的丑陋无比的内墙堵得束手无策，这是多么讽刺。

诸葛亮彻底郁闷了，年初北伐的时候多么叱咤风云，把曹真、郭淮这种名将都玩得团团转，想不到今天却在小小的陈仓城外，被名不见经传的郝昭阻挡那么久！

其实如果诸葛亮下令全军不惜代价蚁附攻城的话，郝昭是撑不了多久的，但诸葛亮不想在陈仓城下损失太多精锐，毕竟蜀国国力有限。于是，诸葛亮决定继续和郝昭打高科技战争，这次的方案是：挖地道。

训练有素的蜀国工程兵带着全套先进的土木作业工具出发了，然后……就再也没有回来过。

原来，郝昭早就想到诸葛亮会来这一手，在陈仓城内挖了一道深深的壕沟，蜀国工程兵挖着挖着，就把自己挖沟里了，被魏军一刀一个捅死，然后填平地道，真是管杀又管埋。

旷日持久的陈仓之战让诸葛亮心力交瘁。北伐军的先机正在一天天地丧失，而后勤保障的难度却在一天天增加，诸葛亮不禁仰天长叹：“郝昭啊郝昭，想不到魏国还有你这号人物！”

诸葛亮唉声叹气的时候，曹叡却有点惊慌失措。关中地区的主力部队要么在陇右布防，不敢随便调动；要么就被派往荆豫战区参与三路伐吴，目前没有多少机动部队了，没办法，只能再次请出老将张郃，率领洛阳的中央军前往驰援。

曹叡紧张得直搓手，大军开拔的前一分钟还在磨磨叨叨：“老将军，你可要赶快啊，万一你到了，陈仓失守了……那可就要命了。”张郃倒是很轻松：“放心吧陛下，我估摸着等我到了，诸葛亮也该退兵了。”

事实证明，老将张郃果然名不虚传，当洛阳援军还在路上的时候，诸葛亮就已经撑不住了。

主要是蜀汉的后勤系统撑不下去了——越过秦岭跑到魏国的土地上来打这么一场旷日持久的高科技战争，诸葛亮当年汉中积攒下来的粮食已经快告罄了。

没有粮食，仗还怎么打？就算打下了陈仓又有什么意义？诸葛亮一声长叹：“退兵。”

果然如张郃所料，当他赶到陈仓的时候，战斗已经结束了。

郝昭浴血奋战的时候，雍凉战区司令长官曹真一点没闲着——他在忙着调动本来就捉襟见肘的野战部队，打算等陈仓失守后构筑第二道防线。曹真没有太多部队可以用，只能希望拖一会儿是一会儿。郝昭的表现大大出乎曹真的预料，非但拖住了诸葛亮，还把诸葛亮打跑了！

这下曹真嘚瑟起来了，反正第二道防线也没有构筑的必要了，他立刻召来部将费曜、王双，点起兵马打算来个乘胜追击。

痛打落水狗这种事情谁都喜欢，尤其是骑兵统帅王双，兴奋得嗷嗷叫，连夜披挂上阵，一人配三马，风驰电掣而去。

曹真太不了解诸葛亮了。诸葛亮之所以被称为伟大的军事家，不是因为像《三国演义》里写的那样能神机妙算，而是在于，诸葛亮用兵从来都是有条不紊，即便是在败退的时候也保持着严整的军阵，步步为营。

这一次，诸葛亮还是像往常一样，保持着紧密的战斗方阵，并且留下了精锐的断后部队埋伏在追兵（如果有的话）的必经之路上。

王双这辈子打过很多仗，见过什么叫兵败如山倒，他满心欢喜地憧憬着即将到来的大屠杀，想象着自己领着上万个首级领赏的美好场景。冲进蜀军包围圈的时候，王双脸上还挂着笑。

一支弩箭凝固了王双的笑容，紧接着，一阵箭雨倾盆而下。王双这辈子没有见过那么多箭矢同时倾斜而下，他疯狂地号叫，徒劳地想把溃散的队伍收拢起来，直到锋利的箭镞穿过铁甲，刺穿身体，王双还在想，怎么会有这么密集的箭雨……

答案是，蜀军在伏击王双的时候动用了另一种高科技兵器——诸葛连弩。一扣扳机，能发出十支箭矢，堪称弓弩界的机枪。

割下王双的首级，断后部队缓缓后撤，融入诸葛大军本阵，安然无恙地退入汉中。

第二次北伐，从战略上讲，诸葛亮再一次失败了，从消灭敌人的有生力量方面讲，却成功诛杀了魏国大将王双，还耗死了郝昭（郝昭在陈仓之战中操劳过度，战后没几天就过劳死了，棺材板上也有诸葛亮的贡献），蜀国的元气却依然充沛，诸葛亮依然有实力发动第三次、第四次、第五次北伐。

这就是诸葛亮的伟大之处，他不会被任何一场失败拖垮，总是能用最快的速度东山再起，原因正如他自己所说的："善胜者不败，善败者不亡。"

曹真失败日，便是司马登顶时

诸葛亮两次铩羽而归，让雍凉战区的最高司令长官、大司马曹真名望如日中天，虽然街亭是张郃打下的，陈仓是郝昭守住的，但是作为领导，下属的功劳就是自己的功劳——要不怎么那么多人想当领导呢？

尤其是在一败涂地的曹休和碌碌无为的司马懿映衬之下，曹真更加显得光芒四射。也就是在诸葛亮第二次北伐失败后，曹真被加封为大司马，顶替了曹休留下来的萝卜坑。

可以说，诸葛亮两次北伐，最大的赢家就是曹真。

按理说曹真也该满足了，但人心就是得陇望蜀，曹真这段时间自信心爆表，真把自己当军事天才，已经不满足于被动防御诸葛亮了。

在给曹叡的一封奏疏里，曹真抱怨道：“诸葛亮跟苍蝇一样，嗡嗡嗡赶也赶不走，虽然没啥大威胁，但总还是拍死了舒服。”然后，他向曹叡提出了一个大胆而狂野的计划：兵出子午谷，远征蜀汉。

之所以说狂野，是因为连魏延在提出子午谷奇谋的时候都着重强调了一个“奇”字和长安守将夏侯楙的无能，曹真居然想率领大军大摇大摆地穿过子午谷去跟诸葛亮硬碰硬？

曹真狂野的计划正好击中了曹叡狂野的梦想。曹叡又当场批准，下令曹真率领雍凉战区的主力军团从长安出发，走子午谷南下，同时，命令司马懿率领荆豫战区主力沿汉水而上，从上庸地区的西城进攻，最后在汉中首府南郑跟曹真胜利会师。

诏书传到宛城之后，司马懿心中突然一动，他有一个强烈的预感：曹真这个傻帽要完蛋了。

当时，司马懿刚刚接受任命，接替了曹真的大将军职位，从骠骑将军到大将军，司马懿连升三级，成为曹魏军界第二号人物，这都得感谢无私的曹休让出了萝卜坑。

然而这一次，司马懿在曹真身上看到了曹休的影子。同样是好大喜功的宗室将领，同样是越过天险去攻打强大的敌人……对，还有同样拿我司马懿当替补队员。

司马懿看着舆图上层峦叠嶂的秦岭，紧锁眉头。

他并不看好曹真的伐蜀计划，就和曹休的伐吴计划一样，这是一个仓促出炉的政绩工程，失败是必然的。那么要不要提醒下曹真和曹叡呢？思考了一会儿，司马懿摇摇头，算了，何必触他们的霉头，在别人兴致高涨的时候泼冷水，这从来不是司马懿的作风。

甚至于，司马懿不无恶意地猜想：曹真会不会跟曹休一样的下场，到那时候，曹真空出来的萝卜坑……

想到这里，司马懿决定举双手双脚赞同曹真的计划。送走了曹叡的使者后，司马懿就投入热火朝天的战争动员工作中去了。

太和三年八月，经过一番紧锣密鼓的准备，曹真怀揣着光荣与梦想，从长安出发，雄赳赳、气昂昂一脚踏进了子午谷。

司马懿也是热情高涨的样子，在鸡血一样的誓师大会上把士气激励得嗷嗷叫，然后杀气腾腾地出征了。

如果单看表象，司马懿简直是曹真计划的铁杆支持者。但事实上，司马懿一点都不看好曹真。

诸葛亮早就料到曹魏会来那么一出，早在曹真出兵前他就已经在南郑的西、东两个方向修筑了两个军事要塞：汉城和乐城，确保曹真的奇袭计划绝不会那么顺利。

当然，严防不是死守，进攻才是最好的防守，诸葛亮最明白这个道理。得到魏军进攻的消息之后，诸葛亮准备来个主动进攻：你要打我的汉中，我趁机打你的陇西。

不过诸葛亮面临一个要命的问题：兵力不足。

面对曹真大兵压境，汉中的数万兵力只够防守，想要进攻还需要去别的战区打秋风才行——诸葛亮立刻想到了驻扎了蜀汉数万正规军的江州军区，当时吴蜀关系正处于蜜月期，江州军区去江州打秋风是最合适不过的了。

“驻防江州的人……是前将军李严吧。”诸葛亮喃喃自语了一句，突然有个想法像闪电一样击中了他，他翘起嘴角，笑了，“这说不定是个机会。”

于是，诸葛亮给李严写信，请求李严亲自带两万士兵北上汉中，协助诸葛亮防守曹真以及北伐中原。

李严迅速给诸葛亮回信，但是信上没说两万大军的事儿，却东拉西扯说了一大通，还假装闲聊地说了句：“我听说魏国的司马懿，还有那谁和那谁都开府了呢……”

李严不知道，诸葛亮其实正等着他提要求呢，这是诸葛亮下的一个套，他不光要借走李严的兵，还要趁机收走李严的权。

收到李严的信，诸葛亮心里敞亮得很：“李严倒是滑头得很，开府就意味着拥有独立的人事任免权，拥有属于自己的班底，这个李严，野心不小嘛。”

于是，诸葛亮立刻回信，把李严吹捧了一顿，同时告诉他，自己已经表奏陛下，要封李严为骠骑将军，金印紫绶，位同三公，同时还让李严的儿子李丰当江州都督，在李严不在的时候代理一切军政事务。

在蜀国，骠骑将军的地位仅次于大将军，又因为大将军一职本身空缺，诸葛亮这一任命等于承认了李严是全国武装力量总司令，同时册封李丰，等于宣布李氏家族可以永远保有在江州的地位。

在诸葛亮的信里面丝毫没有提到开府的事情，但一连串殊荣已经把李严开心坏了，于是他也不再提开府的事儿，带着军队开开心心地出发去汉中了。

这样一来，诸葛亮拥有了七万大军，已经足够一边防守，一边反击了。

除此之外诸葛亮的另一个收获是：李严离开江州来到汉中，鱼脱于渊，从此江州就处于诸葛亮的掌控之下了。至于他的官职是骠骑将军还是别的，诸葛亮根本不在乎。

既获得了江州的援兵，又趁机解除了李严的威胁，这么好的事儿到哪儿去找？可怜李严被人卖了还帮着数钱，这会儿抱着骠骑将军的印信正傻乐呵呢。

蜀国这边准备妥善了，厉兵秣马等待曹魏大军，可是左等不来，右等不来，等到黄花菜都凉了，还是没见到曹真的大部队——一打听，敢情曹真给卡在子午谷了。

原来，子午谷比曹真想象得更难走，此时此刻，他还没走完一半的路程。只有先锋夏侯霸走得稍微快了点，并且在迷路等不可抗因素的作用下，稀里糊涂走到一个叫兴势的地方，在那里，他们遭遇到了一支驻防的蜀军。

夏侯霸是曹魏名将夏侯渊的儿子，十几年前，夏侯渊葬身于汉中定军山下，因此，当遭遇蜀军后，夏侯霸兴奋异常，觉得为父报仇的机会到了。

事实上，兴势的蜀军比夏侯霸还要兴奋。兴势不在曹真的预定路线上，诸葛亮原先的防御体系中是没他们什么事儿的，现在遇到了自己送上门来的魏军，不打白不打。

所以，夏侯霸还在气势汹汹地部署进攻策略，这支蜀军就嗷嗷叫着杀过来了。夏侯霸一时没反应过来：不对啊，我们才是进攻方吧？可是他没来得及思考更多，锋利的箭矢就“嗖嗖”地向他飞来。

蜀军的诸葛连弩在魏国是传说一样的存在，夏侯霸有幸近距离观摩并体验到了这种神奇的高科技武器。蜀军居高临下，又有如此犀利的武器，魏军从白天杀到傍晚，全军死伤无数。夏侯霸一看顶不住了，只得下令撤退，最后趁着夜色的掩护才狼狈地逃离了这个鬼地方。

兴势之战是曹真大军和蜀军的第一次交锋，也是唯一一次交锋，进入九月份后，连绵不绝的秋雨袭击了中国西南地区，关中的伊水、洛水、河水（黄河），汉中的汉水都泛滥成灾，栈道被冲毁了多处，本来就困难的补给线越发难以维持了。

整个子午谷也被大雨泡成了一锅泥浆，曹真的大军本来就步履维艰，此刻全身湿漉漉地走在遍地泥泞的山路，推进速度更是慢得难以置信。

最可怕的是，面对连绵的秋雨和无尽的山路，曹真大军的非战斗减员与日俱增，有掉下山崖摔死的，有一头栽进泥潭淹死的，有病死的，有累死的……总之，除了战死之外，各种五花八门的死法都有。

曹真突然发现，比起诸葛亮的军队，秦岭才是最要命的敌人。曹真开始后悔，怀疑自己这次伐蜀计划是不是太激进。与此同时，他还觉得挺对不起司马懿："仲达不知推进到何处了，万一打到南郑城下我却还没走出这该死的子午谷，仲达恐怕会有危险吧？"

当然，曹真多虑了，司马懿此刻离目的地南郑足有十万八千里。

司马懿是从西城出发了，他先是派水军沿沔水而下，然后调动陆军部队逢山开路、遇水架桥，经过艰苦卓绝的工程作业后在沔水边上开出一条山路，然后水陆并进杀气腾腾地冲到巴东郡朐忍县，经过一番浴血奋战后攻克了新丰县，取得对蜀作战的伟大胜利。

这段战报听上去很威风，可是仔细一推敲就发现问题了：既然西城到汉中有现成的水路可以走，司马懿何必花那么大的力气去搞什么"水陆并进"？水陆并进也就算了，巴东郡朐忍县就是现在的重庆市云阳县，司马懿明明是要去打汉中的，最后怎么跑到重庆去了？就算迷路也没有那么夸张的吧！？

也就是说，司马懿要么是故意南辕北辙跑到重庆去了，要么就是随便溜达了一圈然后随便报了一条线路。总而言之，司马懿伐蜀，是典型的出工不出力，既不给曹叡泼冷水，也不把自己往火坑里送，真是两全其美。

曹真忧心如焚，司马懿到处旅游，远在洛阳的曹叡却出现了极不靠谱的状况：他似乎把西征军这茬儿给忘了！

曹叡是个建筑学发烧友，平生最大的爱好就是建造宫殿，尤其是当了几年皇帝之后，曹叡越来越觉得造宫殿同样能满足他好大喜功的性格，而且比打仗更好玩，更无害，更让人有成就感。

所以尽管好久没有收到来自曹真的消息了，曹叡似乎不太着急。

皇帝不急，有人急了。管理皇帝私房钱的少府杨阜最先忍不住，上疏提醒曹叡咱们魏国军费开支有点儿大了，是不是把前线的曹真喊回来……

杨阜开了个好头，一时间恳请曹叡撤兵的奏疏雪片一样飞进皇帝办公室。

九月底，曹叡终于下诏撤兵，结束了这场要命的远征。

曹真收到诏书后的心情是极度复杂的，一方面他真不甘心就这样无功而返，可另一方面，他也真的撑不下去了。

撤吧，撤吧，反正死撑下去也没必要了。

太和四年十月，大司马曹真回到洛阳，尽管这次西征耗费钱粮无数，却连汉中的墙角都没看到，曹真出征前的所有大言不惭如今都成了大家的笑柄。

跟前任大司马曹休一样，曹真承受不了大家鄙视的眼光和自己失败的命运，急火攻心，病倒了。

正在重庆旅游的司马懿同样收到了退兵诏书，结束了愉快的旅程，然后他就听说了曹真病倒的消息。

司马懿耸耸肩，知道曹真的命恐怕不会太久了。

曹真死后，我就是军界第一人了，司马懿快乐地想着。同时，司马懿还想到了另一件事情，另一件让他激动万分的事情。

曹真病倒后，谁来担任雍凉战区的总司令呢？当今曹魏，除了我，还有谁能在那个位置上和诸葛亮一较高下？

想到这里，司马懿激动得浑身颤抖：诸葛亮，让我来会会你吧！

第六章 司马 vs 诸葛：顶级强者的巅峰对决

跟谁的剧本走，谁就是最后的赢家

曹真重病不起的消息让司马懿度过了一个愉快的春节，没过多久，一个更美妙的消息传来：曹真重病不治，一命呜呼了。

到此为止，曹丕一手提拔的军界三巨头：曹真、曹休、夏侯尚，全部去世，反倒是行政大臣司马懿，踩着这些人的尸体终于一步一步走到了军界的巅峰。

曹真去世后，雍凉战区出现了群龙无首的局面，与此同时，前线传来消息：诸葛亮又来了。

太和五年（蜀汉建兴九年）二月，诸葛亮再次举兵北伐，沿着第一次北伐的路线大军出祁山，兵锋直指陇右。

消息传到洛阳，也许是诸葛亮前几次雷声大雨点小的北伐让大家见怪不怪了，曹魏群臣居然没人把这事儿当个事儿。

当曹叡召开紧急会议讨论第四次抗蜀卫国战争细节的时候，他惊讶地发现大臣们一副懒洋洋的状态，表情仿佛在说："屁大个事儿，至于嘛。"

群臣的懒散让曹叡感觉轻松了很多："诸位爱卿，可有什么退敌良策？"曹叡愉快地问道。

大臣们你看看我，我看看你，叽叽喳喳议论了一小会儿，站出来一个人说："陛下，诸葛亮跑这么远，带的粮草有限，咱不用派人去打，就让地方军坚守不出，诸葛亮用不了多久就得乖乖地滚蛋了。"（不击自破，无为劳军。）

曹叡一愣，这算什么主意？还没来得及开口，就听见有人高声反驳："此言差矣！"曹叡点点头，正要看是谁在说话，只听此人继续高谈阔论道："天水郡上邽县是陇右产粮大县，诸葛亮大军到的时候刚好麦子成熟，万一他从此地补给军粮怎么办？"

"有道理，不如现在就去把上邽的粮食都割了烧掉……"

曹叡算是明白了，跟这帮人讨论不出什么东西来，一一否决掉众人的提议后，曹叡下诏：命司马懿即刻前往长安，接替曹真统率西线大军，阻击诸葛亮大军。

当司马懿经过洛阳办理交接手续时，曹叡亲自嘱咐道："西线的那点破事儿，除了你，没人能帮我分忧了。"（西方有事，非君莫可付者。）

曹叡的信任令司马懿深深感动。离开洛阳奔赴长安的途中，司马懿遥望西南方的秦岭："诸葛亮，尽管来吧，让我司马懿来做你的对手吧。"

到达前线之后司马懿突然发现，他面临的问题比想象中的更复杂：首先是粮食问题。

去年曹真伐蜀，基本上把陇右地区的存量吃光了，今年的粮食还没熟，从全国各地转运的话时间肯定来不及。

幸好，这时候坐镇陇右的雍州刺史郭淮送来了一个好消息："我已经把大军作战的粮食准备好了！"

司马懿一阵惊喜，郭淮怎么能凭空变出这么多粮食来！一打听，原来听说诸葛亮入寇的消息后，郭淮就知道粮食肯定不够吃，于是立刻给西北的羌胡部落写信，主题就是一句话："守土抗战人人有责，给我送点粮食过来你就是良民，不给我粮食你就是魏奸卖国贼，看我以后怎么收拾你们！"

郭淮经营陇右多年，在羌胡部落中威望极高，谁都不敢得罪他。而且打从一开始他把附近有多少羌胡部落，每个部落有多少人口、多少粮食储备摸得清清楚楚，他们想糊弄也糊弄不过去，只好乖乖地把粮食"借"给郭淮。

只用了几封信，郭淮就彻底解决了雍凉兵团的军粮问题，让司马懿大大松了一口气。

"郭淮。"司马懿默念着这个本来就熟知的名字，"此人是雍凉兵团的头号名将，能力出众，若是能与我齐心，西北大事可定。”

司马懿之所以这么想，是因为曹叡拨给他的西北军高级将领们普遍不怎么买司马懿的账。在这帮骄兵悍将眼里，曹真常年扎根雍凉，身经百战，而且还是宗室将领；至于司马懿，颍川世族出身的读书种子，又干了半辈子文官，没见他打过几仗，又是荆豫战区的指挥官，有什么资格来给我们当统帅？

尤其是张郃，毫不掩饰地把轻蔑写在了脸上。

张郃是曹叡直接派给司马懿的，并不隶属于雍凉兵团，再加上此人身为曹魏“五子良将”仅存的硕果，可以说全程见证了司马懿的发迹史。在他眼里，司马懿也就是个靠曹丕恩宠起家的前朝太子党。

司马懿有些懊恼，如果不能收服张郃，他在雍凉战区的权威肯定会大打折扣。

司马懿还没想好怎么搞定张郃，张郃却率先发难了。

等大军集结完毕后，司马懿下令费耀、戴陵留四千精锐驻守产粮大县上邽，然后亲自率领主力前往祁山压制诸葛亮。

令箭刚刚扔下去，张郃就跳出来反对了：“诸葛亮第一次入寇就玩声东击西，这次他要是还玩声东击西，佯攻祁山大军却从褒斜道奔袭长安，那岂不是糟糕？”

张郃的猜想有理有据，见识过诸葛亮狡猾的将领们纷纷点头。接着，张郃提出了自己的战略：“所以我们应该留一部分军队在长安附近守备。”

司马懿的计划是集中优势兵力在战术上压制诸葛亮。相比而言，张郃更重视战略层面的稳妥，本身说不上多高明也说不上多低劣，只能说张郃完全不信任司马懿的军事能力，千方百计想把指挥权抓在自己手中。

司马懿眯着眼打量着张郃好一会儿，阴沉地回答：“如果诸葛亮的主力在祁山，分兵之后我们的压倒性优势就不存在了。如果诸葛亮的主力真的走了褒斜道，分兵之后怎么可能是他的对手？留在长安的后军完蛋了，我们一样会跟着完蛋的。”

张郃不再说话，他隐约感觉到一丝不安：这是个权力欲很强的家伙，绝不会容许自己指手画脚——可是，把军队交给司马懿，真的没问题吗？

司马懿丝毫不关心张郃的想法，再次重申了自己的命令后，大军向着祁山出发了。

事实上，张郃说对了一半，诸葛亮确实在玩声东击西的把戏，不过玩的手法极其高明，超越了张郃想象力的极限。

第一次抗蜀战争结束后，魏国在祁山上设置了一座要塞，由贾诩、魏平二人驻守，导致祁山边防军的战斗力陡然上升。对诸葛亮来说，第二次北伐战争中的陈仓攻防战是他心里永远的痛，他再也不愿意用有限的兵力去死磕曹魏要塞。

所以当大军来到祁山脚下的时候，诸葛亮的眼睛其实盯着另一片金黄的土地：上邽。

蜀军斥候很快打探到司马懿大军奔祁山而来的消息，诸葛亮狡黠地一笑：来得正好！一声令下，蜀汉大军迅速脱离战场，像一支离弦的箭直扑上邽，只留下少数部队继续装模作样地攻打祁山。

当蜀军前锋部队出现在上邽城下的时候，费耀、戴陵还以为这是蜀军来偷粮食的小股部队，于是立刻出击，想把这群没眼力见的小偷赶走。费耀、戴陵万万没想到的是，两军交锋，一时还没分出胜负，负责战场外围警戒的轻骑兵突然骚动起来，紧接着，只见烟尘滚滚，一个庞大的步兵方阵出现在战场上，一面大纛映入费耀眼帘：诸葛！

居然是蜀汉主力部队！魏军立刻乱了阵脚，兵败如山倒。

费耀、戴陵领着残部狼狈地逃回上邽城，再也不敢出来了！

诸葛亮轻蔑地望了一眼上邽城，那些小鱼小虾米，根本就不可能成为他的对手。鹅毛扇挥动，诸葛亮下达了军令：全军，割麦子去。

这才是诸葛亮的目的，后勤保障一直是北伐军的软肋，有这么一个产粮大县，又恰好遇到麦子成熟，诸葛亮不想办法去弄来那才奇怪。

蜀军兴高采烈地割麦子，费耀、戴陵眼睁睁地瞅着自家粮食从眼皮底下被抢走，心在流血，却一点办法都没有。

与此同时，司马懿的斥候也发现了这一情况。

“什么？诸葛亮大军离开祁山奔上邽去了？”所有情报都指向这一令人尴尬的事实，司马懿不得不承认自己又被诸葛亮玩了一回。

“不过没关系，这次我不会让你得逞！”司马懿一脸沉静地下令，把所有沉重的甲胄器械都留给辎重队，全军轻装前行，即刻增援上邽。

不得不说上邽的麦子确实多产，蜀军割了两天才割了一小部分，两天之后，司马懿的援兵到了。

听说司马懿的援兵到了，诸葛亮也没太惊诧，他只是远远望着司马懿的军阵，面露微笑："不出所料，魏军重装果然还在路上，来的都是轻骑兵和轻步兵。"

诸葛亮回头，下达了简短的命令："全军列阵，准备跟魏军决战！"

此时此刻，司马懿也在观察诸葛亮的军阵，发现蜀军不慌不忙地结阵后，司马懿立刻明白了诸葛亮的诡计。我开始以为祁山是诱饵，诸葛亮真正的目标是上邽，结果连上邽都只是诱饵，诸葛亮最终的目标居然是想以逸待劳跟我军主力野外决战啊。

司马懿不由得一阵心悸，他很早就听说过诸葛亮的可怕，但亲眼见到之后，才发现诸葛亮居然可怕到如此地步。

不过诸葛亮有些小瞧司马懿了，司马懿清楚地明白，自己的长处并不在于野外大兵团决战，相反，诸葛亮治军严谨、"八阵"变化无穷，蜀汉步兵纪律严明、武器先进——这些都是大兵团野外决战的优势条件。

司马懿丝毫不掩饰自己在这方面比不上诸葛亮，这一点恰恰是他的优势。既然明白自己的不足，他就绝对不用自己的短处去碰诸葛亮的长处，这就是为什么一开始他就反对分兵，坚持要用优势兵力压制诸葛亮。

"如果换了一个人，说不定还真上当了，可惜啊，你到底还是不了解我。"面对诸葛亮咄咄逼人的气势，司马懿果断下令，全军在上邽以东三十里处扎寨安营，坚守不出。

众将对此很有意见，他认为魏军在兵力上已经压过诸葛亮的情况下居然缩头缩脑，简直是畏敌如虎，贻误战机！

司马懿根本不在乎部下鄙夷的眼神，坚持龟缩在营地自保，营外蜀军的搦战挑衅越来越刺耳，但司马懿始终不提"决战"二字，相反，蜀军的叫骂声越响亮，越说明诸葛亮急于求战，司马懿越是开心。

善战者致人而不致于人。诸葛亮越想"决战"，就越不能跟他决战。司马懿有自己的打算，他不想跟着诸葛亮的剧本走，相反，他想让诸葛亮跟着自己的剧本走！

非但魏军将领觉得司马懿胆小，连蜀军都觉得司马懿是个没胆的老乌龟，只有诸葛亮知道司马懿的高明之处——他甚至能猜到司马懿接下来要干什么。

“继续割麦子吧。”诸葛亮下达了新的命令，语气中却没有丝毫兴奋。明知道司马懿的计划，他却只能跟着司马懿的剧本走，诸葛亮第一次感到很无力。

司马懿的反应果然跟诸葛亮设想的一模一样，听说蜀军又开始割麦子后，司马懿长出了一口气，我的大戏该登场了。

没过多久，魏军大营的辕门突然打开，一队轻骑兵嗷嗷叫着冲向麦田，把正在割麦子的蜀军杀得七零八落，等蜀军结阵赶来增援时，这些骑兵立刻风一样地回到了大营。当蜀军再一次出来割麦子的时候，司马懿的轻骑兵又像旋风一样出来一顿砍，当蜀军结阵完毕赶到麦田的时候，魏军又旋风一样撤退了。

这就是司马懿全部计划的第一步。骑兵是魏国的优势兵种，曹魏轻骑来去如风，以步兵阵见长的蜀军除了疲于奔命一点办法也没有。

诸葛亮望着绝尘而去的魏国骑兵，心里明白：麦子，不会再有了；主力决战，也不会再有了。司马懿只用了一招，就把自己摆进了极其被动的地位。

要么跟着司马懿的剧本走，要么自己重新写剧本，这是诸葛亮唯一的选择了。

司马懿得意扬扬：“诸葛亮啊诸葛亮，运筹帷幄，治军有方，这是你擅长的。耐心寻找机遇，让敌人跟着我的剧本走，这才是我所擅长的呀。”

恰到好处的失败，有时是种胜利

司马懿铁了心不打算让蜀军安心割走小麦，对此诸葛亮一点办法都没有，谁让咱骑兵不如人呢？

日子就这么一天天过去了，每天诸葛亮都会派人去搦战，司马懿就装死，等诸葛亮开始收麦子，司马懿的骑兵就如约而至，这种令人不能忍受的骚扰持续了整整一个月，蜀军麦子没割几捆人倒死了不少。

眼看着曹叡像挤牙膏一样不断给司马懿送来援军，司马懿的辎重队也已经赶到了，魏国士兵重新穿上了厚重锃亮的铠甲，现在就算开打，恐怕也占不到多大便宜了。“撤兵吧，这次北伐又失败了。”随着诸葛亮一声长叹，蜀军缓缓拔营，向祁山以东三十里处的卤城撤退。

司马懿登上望楼，仔细观察着诸葛亮撤退，整个过程秩序井然，蜀军展现出来的纪律性令所有魏军将领叹为观止。

等蜀军渐渐撤出视野范围，司马懿在中军帐召开会议，宣布了会议精神：全军拔营，追击。

这个命令让不少人犯嘀咕。痛打落水狗的事情谁都愿意，但谁都知道诸葛亮肯定不是落水狗。当年王双被诸葛连弩射成刺猬的教训还历历在目，没有人愿意去触诸葛亮的霉头。

但谁也不可能据此站出来反对，就在司马懿的命令差点要被执行的时候，张郃又跳出来了。

“诸葛亮远道而来，最想速战速决，所以我们更应该做出打算以持久战耗死蜀军的姿态，让他们心生绝望知难而退才对。现在蜀军退兵了，我们却出兵，这不是又给了他们野外决战的希望吗？”

司马懿几次想打断张郃，却发现其他将领都听得很认真，只得让他继续说下去。

“当然，我们不能什么都不做，主力屯驻上邽的同时，我们还应该派出一支奇兵偷袭蜀军后路，帮诸葛亮坚定退兵的决心。”看着司马懿还是没有反应，张郃又加了一句，“如果我们追上去，却又不敢跟蜀军交战，恐怕有损军威，到时候会很丢人。”

最后一句话说得司马懿心里咯噔一下。他确实打算像狗皮膏药一样黏在蜀军屁股后面，如果能等到战机就进攻，等不到战机就当是给诸葛亮开欢送会了。没想到张郃一番话，非但点破了他的计划，还犀利地指出了他计划中的破绽。

“老东西确实有一套。”司马懿有些懊恼自己的军事水平确实跟这些打了一辈子仗的名将没法比，但他同样相信，任何时候，军事都要为政治服务，如果在这里打败了诸葛亮却不能为自己在雍凉兵团的地位带来任何实际好处，他宁可不要胜利。

所以，司马懿断然拒绝了张郃的要求，这是一场赌博，司马懿要用自己的方式而非张郃的方式赢得这场战争，只有这样，他才能在这里站住脚。

于是，司马懿再一次下令全军追击，当然，说是追击，其实是只“追”不“击”。在诸葛亮看来，司马懿就像一只讨厌的苍蝇，一直在自己面前嗡嗡嗡地叫唤。

司马懿主动追击确实让诸葛亮很意外，再一次点燃了他野外决战的希望，于是，诸葛亮在卤城驻扎下来，决定暂时不走了。

诸葛亮不走了，司马懿也立刻停了下来，第一件事情就是找个易守难攻的地方安营扎寨，防守得比普通城池还严密。

诸葛亮已经对司马懿的龟缩政策见怪不怪了，只是派人天天跑到司马懿营地外面叫骂挑衅。

蜀军心里憋着一股火："本来都快回家了，你个老小子又出来搅和，来就来呗，来了又不打，存心耽误我们是不？"所谓"物不得其平则鸣"，所有负面情绪都是文学才华的催化剂，怀着怨毒心理的蜀军这一次叫骂简直花样迭出，恶毒到了极致。

可司马懿居然还是装死，天天免战牌高挂，根本不搭理诸葛亮。

饶是诸葛亮涵养再好也有点火了：跟我比狠？我让你看看狠字怎么写！

第二天一早，魏军从不安的睡梦中醒来，发现水渠里不出水了，更令人难堪的是，蜀军居然绕着魏军营地修建工事，把整个魏军大营都围在了中间。

是可忍，孰不可忍。魏军简直要疯了，气势汹汹地要找蜀军拼命。军官们一边阻止手下的冲动，一边用怨毒的眼神盯着司马懿："我们真的还打算继续做乌龟吗？"

其实司马懿也是有苦说不出。

他不听张郃之言，结果张郃的预言居然一一验证，现在已经把他放在一个两难的境地上了：打吧，肯定是一场败仗；不打吧，照这架势迟早有人要爆发。

让司马懿没想到的是，最早爆发的居然不是自己帐下的将领，而是祁山上的两位守将贾诩、魏平。这两人困在祁山要塞里叫天天不应，叫地地不灵，好不容易盼来了援军，结果援军却这么一副窝囊相。

贾诩、魏平二人实在看不下去了，修书一封命人送下祁山直接送到了司马懿手里。这两人被围困得太久，脾气暴躁得像火药桶，一点都没给司马懿留面子，开口就是一串责骂："将军你畏敌如虎，难道不怕天下人耻笑吗！"

司马懿阴沉着脸读完这封信，目光扫过帐下诸将，这些人的脸上都写着鄙视和佩服，司马懿知道，鄙视是给自己的，佩服是给贾诩、魏平二人的。

再看看张郃，只见他一脸凝重。

大多数人都以为司马懿畏敌如虎，但张郃知道司马懿是骑虎难下！打从一开始张郃就不看好司马懿的军事能力，现在发生的一切更是印证了他的想法。

望着眼前这些人的表情，司马懿的脑子里突然闪过一个想法，他发现他等来了一个极为美妙的机遇。

“下令全军，准备出击。”司马懿这句突如其来的命令让在场所有人都产生了违和感，面面相觑了很久，才确定司马懿真的在下令出击，一阵欢呼后，各自回本部准备去了。

只有张郃离开大帐前意味深长地望了司马懿一眼，这一眼，看得司马懿非常不舒服。

司马懿的进攻计划是这样的：派张郃攻打南部的蜀军大寨，而自己则率领主力攻击北寨。

这是典型的诸葛式声东击西战术——而且是早期版本——司马懿学得挺快，但诸葛亮怎么可能看不穿？一阵欣喜若狂后诸葛亮命王平扼守南路，同时命令魏延、高翔和吴班率领主力迎战司马懿。

梦想已久的主力决战终于到来了！

大军到了野外，那就变成诸葛亮的主场了，在诸葛亮的剧本上，一切进展顺利，进攻南路的张郃发现自己很不幸遇到了老对手王平，和王平手下的蜀汉精锐特种部队——无当飞军。

所谓无当飞军，是诸葛亮在征服南中后，利用当地少数民族兵源建立的蜀汉劲旅，是一支外籍雇佣兵团，有点类似于英国的廓尔喀部队。在三国历史上，无当飞军是和曹魏虎豹骑并列的精锐部队，正如它的名字：无人能当。

更何况张郃带来的只是普通骑兵而非虎豹骑。

南线的战斗毫无悬念地结束了，张郃被这些哇哇大叫的南方蛮子砍得丢盔弃甲，大败而回。

司马懿的主力大军也没好到哪儿去，因为他面对的是蜀汉头号猛将魏延。在名将凋零的三国晚期，魏延已经是战神一样的存在，只用了几个冲锋，司马懿的军阵就变成了一盘散沙。

魏延一阵兴奋，在亲兵的簇拥下杀入魏军阵中，左冲右突，如入无人之境。看到主帅如此，蜀军也拉开了散兵队形，一场决战变成了屠杀。

如果诸葛亮在场，或许会发现司马懿列阵的方式和地点都很不对劲，魏延也察觉到了，但他不知道不对劲儿在哪儿。

容不得魏延多想，只听到司马懿军中传出号角声响，后军迅速变阵，然后以迅雷不及掩耳之势……逃跑了！

魏延没想到司马懿会跑得那么果断，根本来不及进行收拢大军，只能眼睁睁看着司马懿跑掉。

不过，这一仗蜀军的收获也足够惊人了——史载蜀军斩首无数，光军官的脑袋就砍下了三千颗，又缴获铁甲五千副、弓弩三千一百张——这几乎等于全歼了雍凉兵团中的弓弩部队。

打扫战场的蜀军欢呼声震天，司马懿中军帐却哀声一片。

司马懿冷峻地扫视着败军之将，他的目光扫到哪里，哪里的人就低下头。司马懿不会说“看吧，这就是你们非要出击的结果”这种话，他也没必要这么说，因为所有人都明白。

看到大家一副犯了错的孩子的模样，司马懿脸上露出了一丝不易察觉的微笑：“从现在起，再也不会有人质疑我的命令了吧？”

当司马懿的目光最终停留在张郃身上时，张郃抬起那张满是血污的脸，也看着司马懿。

张郃没有那么多花花肠子，玩手腕他比不上司马懿，但是他太懂军事了，从司马懿部署上他就看出，司马懿打从一开始，就决定要打一场有限的败仗。

张郃低下了头，避开司马懿的目光。他是一个武人，从来没想过争权夺利，只想打胜仗，所以他理解不了司马懿为什么放着上邽的胜利不要，却跑到卤城来追求一场失败。

“一场恰到好处的失败，很多时候也是胜利的一种。张儁乂，你不会懂。”司马懿在心中默默地说，看张郃的眼神却变得阴冷起来。

一个团队只能有一个拍板的人

司马懿兵败后终于可以毫无压力地龟缩不出，诸葛亮打了胜仗，觉得蜀兵士气可用，暂时也没想回家的事儿，战事重新进入胶着状态。夏天即将过去，秋天马上来临，这就意味着秦岭已经进入了雨季。

诸葛亮紧皱眉头，盯着案头的粮簿苦苦思索。

随着雨季到来，秦岭的粮道越来越难以通行，每天能顺利送到北伐军大营的粮食越来越少了。

“粮食，为什么每次都是粮食！”诸葛亮有些懊恼。其实为了本次北伐的后勤保障，诸葛亮已经做了极大的努力，甚至还为此发明了一种革命性的运输工具——木牛。

木牛到底是个什么东西、长什么样、什么原理已经无从考据了，不过根据历史记载，一辆木牛可以装载一个成年人一年所需的粮食（约四百斤），在秦岭间以每天二十里的速度穿行，如果是以最高速行驶的话，每天的运输距离能达到数十公里之多。

科学技术是第一生产力，诸葛亮是三国时期最懂这句话的人。理论上，借助这样的高科技后勤装备，蜀军的粮食供给短期内不会出现大问题。

可是，诸葛亮完全没想到会碰上司马懿这么丑陋的战术，明明掌握着优势兵力，却龟缩在阵地里面就这么耗着，诸葛亮跟随刘备征战半生，就没见过这么无赖的打法。

在诸葛亮原来的计划中，这一仗绝对不可能拖到雨季，借助技术革新所带来的后勤运力飞跃，诸葛亮完全有信心在运动战中一举击溃曹魏主力，然后不慌不忙地收割上邽的麦子，失去机动兵团的陇右地区立刻就会插遍蜀汉的大纛。

千算万算，没有算到司马懿会来这么一手，诸葛亮有些不淡定了。

当然，最不淡定的人是留守汉中负责后勤保障的中都护李平（就是李严，这时候他已经改名为李平）。

首先李平很不爽，本来他在江州也算是一方封疆大吏，吃香喝辣，呼风唤雨，结果不小心着了诸葛亮的道儿，贪图虚名跑到了汉中，这下算是虎落平阳、龙游浅滩，让诸葛亮欺负得够呛。

最可恶的是诸葛亮拿他当幕僚，让他督运粮草——我堂堂骠骑将军，位同三公！粮草？我呸！

诸葛亮每次跟李平伸手要粮草李平都是一阵腹诽心谤，但也只敢把怨气留在肚子里供五脏六腑交流，该怎么筹备军粮还怎么筹备，可是这场秋雨，却让李平是真的一点办法都没有了。

关键是李平还不敢把困难告诉诸葛亮，好员工都是把问题留给自己，把答案交给领导。李平虽然不是好员工，但他没有胆量把问题抛给诸葛亮，因为他理论上跟诸葛亮平级。诸葛亮的分工非常明确——一个管打仗，一个管后勤，如果因为李平的工作环节出了问题导致诸葛亮的工作无法展开，李平能想象得到诸葛亮将会如何暴怒。

尤其是前线传来消息，诸葛亮打得非常漂亮，胜利在望，如果因为我的后勤工作没有搞好导致北伐功败垂成……

李平不敢往下想了。

他决定换一个思路来思考这个问题，李平相信，一切问题都会有完美解决方案的。

没过多久，诸葛亮收到一封来自李平的信，信里没有多少废话，只是传达了后主的一句口谕：值天霖雨，运粮不继，请丞相把队伍拉回来吧。

诸葛亮仔细读了李严的信，心中闪过一丝不解："陛下的口谕，为什么要李平来传达？"

当然，疑惑只持续了一瞬间，以诸葛亮的忠诚与谨慎，是绝对不可能违抗皇帝陛下的圣旨，更不可能又让大军陷入断粮的危险中，幸好，这里的战事也快成鸡肋了（鸡肋这个词儿还是曹操几十年前在汉中发明的），那就干脆退兵吧。

诸葛亮小心翼翼地收起李平的信，同时下令，全军准备撤退。

随着诸葛亮一声令下，蜀军开始有条不紊地撤兵，卤城的主力部队收到撤退命令后依然不动如山，直到围攻祁山的部队被撤了下来，跟他们会合后，全军才缓缓拔营，经由卤城以东的木门道，准备向南撤往蜀汉益州所辖的武都郡。

司马懿站在望楼上，再一次观赏了蜀军整个撤兵过程，越看越心惊。纪律严明的部队他不是没见过，但从来没见过在战败撤退的情况下还能保持如此秩序井然的部队。善胜者不败，善败者不亡，司马懿突然觉得，只要诸葛亮还活着，蜀军就绝不可能被击败。

想到这里，司马懿嘴角露出了一丝不易察觉的微笑，他决定好好利用这次机会，再次巩固一下自己的权威。

司马懿转身走下望楼，宣布在中军帐开会，然后下达了军令：“蜀军已经撤退，张郃，命你率精兵追击蜀军，务必斩首而归，一雪前耻。”

张郃一听，愣了。他不知道司马懿复杂的脑袋里又在运算什么东西，因为从纯军事的角度考虑，诸葛亮退兵时军容严整、层次分明，这时候轻兵追击，不等于羊入虎口吗？况且追击诸葛亮绝对不会有好果子吃，这是王双用生命作代价换来的铁的教训，在魏国连新兵都明白这个道理。

当然，张郃不能这么说，只能拣个比较中规中矩的理由反对道：“兵法上说，‘围城必阙’‘穷寇莫追’，现在去追击，不合乎兵法吧……”

司马懿才不管什么兵法不兵法，他怎么可能不知道“追诸葛亮必然倒霉的定律”？但他要的就是让张郃倒霉。

“将军难道想违抗军令吗！”司马懿阴沉的声音让张郃心中一震。这次战役中张郃已经无数次试探司马懿的底线了，他早已得出一个结论：这家伙虽然打仗不如自己在行，但对军权却抓得极紧，绝不容许任何人置喙。张郃明白，自己如果继续顶撞下去，很有可能会被司马懿拿来开刀。

“末将……遵命！”张郃十分勉强地领了军令，转身点兵去了。望着张郃的背影，司马懿竟然感觉到有些疲倦：做个像张郃这样纯粹的武人，简单而直率，也许日子会很轻松吧。

张儁乂，你的资历太老、威望太高……最不幸的是，你在军事上表现出来的能力太强了，至少比我强，可我才是这里的最高指挥官，在这里，只能有一个说话的声音、一个拍板的人，那就是我。所以……对不起了。

张郃郁闷地点起本部兵马，提心吊胆地杀进木门道，走得是步步惊心。

那木门道本是一条南北走向的小河谷，两侧山势陡峻，是杀人放火、埋设伏兵的最佳选择。张郃不愧是一代名将，在高速追击的情况下依然派出了一部分斥候搜索前方道路。他暗暗决定，只要一嗅到危险的气息，立刻就撤退，让司马懿和诸葛亮都见鬼去吧。

但是，《孙子兵法》中说过：“百里而趣利者蹶上将，五十里而趣利者军半至。”这一点孙武老爷子绝对不是信口开河的，高速机动中的张郃部队根本无法进行细致的战场侦察，尽管已经万分小心，但张郃还是钻进了诸葛亮的圈套中。

诸葛亮不可能不在路上设置伏兵。以诸葛亮的性格，就算急得火烧眉毛了，也会把退路收拾得一丝不苟，更何况诸葛亮并不着急。

在退兵之时，诸葛亮按照平时的习惯，命令王平率领断后部队埋伏在木门道的两侧。这种部署完全是为了保险，属于能钓到鱼就钓，钓不到拉倒的性质。

在干掉了几个发现他们的斥候之后，大股部队进入王平的视野中。王平心中一阵兴奋，心里更是激动得不得了："难道是……传说中的……张郃？哎哟妈呀，钓到大鱼了！"

王平挥挥手，身边响起一片咯吱咯吱的上弦声。诸葛亮的蜀军是典型的高科技部队，而王平的断后部队自然装备了代表蜀汉进攻武器最高科技水平的诸葛连弩。

随着王平一声令下，万弩齐发，铁质的弩箭像暴雨一样倾泻而下，那一瞬间，张郃感受到了王双曾经感受过的绝望。

"果然……有伏兵！"张郃瞬间闪过无数个念头，但依然保持着名将本色："全军靠拢！结鱼鳞阵缓缓后撤！"

可是他手下的士兵已经被突如其来的箭雨吓傻了，瞬间陷入了崩溃。

张郃当机立断，立刻放弃了这些混乱的士兵，双腿一夹马腹打算撤离战场，正在这时，一支弩箭准确射中张郃大腿动脉，巨大的冲力将张郃连人带马掀翻在地，鲜血顺着箭镞上的血槽喷涌而出，张郃的生命力也随着鲜血迅速消散在木门道的土地上。

"司马懿……"怀着无比的遗憾，张郃吐出了最后一口气。

以张郃之死作为终点，司马懿与诸葛亮的第一次战斗就此落下帷幕。

从总体上说，司马懿赢了，他击退了蜀汉军国主义的野蛮入侵，挫败了野心分子诸葛亮疯狂的穷兵黩武，取得了曹魏第四次卫国战争的辉煌胜利。

胜利属于大魏国，光荣属于司马懿，军功章上没有任何人的另一半。

但是如果深入战场局部来看，司马懿的战果并不好看。

从一开始，司马懿就被诸葛亮牵着鼻子走，丢了上邽的麦子不说，而且始终没能解除祁山的围困，在之后的进攻战中遭受重大损失，最后诸葛亮撤军途中还折损了老将张郃。

这样看来，司马懿似乎又不算胜利了。

但司马懿从来不是一个军人，他是一个政客，他不需要热血沸腾的胜利。在这场战争中，他不仅赶走了诸葛亮，而且树立起了自己在雍凉战区的权威，最重要的是，他已经知道应该如何对付诸葛亮了。

这就是司马懿式的胜利。

对诸葛亮来说，这是一场不折不扣的失败。

当诸葛亮再一次把北伐大军毫发无损地带回汉中，他要做的第一件事情是请来李平，要求检查汉中的后勤保障体系，诸葛亮在撤军前没有对此质疑，不代表他心中就真的没有怀疑。

谁知李平自己就先跑来了，一脸惊讶地说："丞相，汉中存量充足，何故退兵啊？"

听到李平这句话，在场的左右僚属大吃一惊：不是你李平送来天子诏书命令撤兵的吗！

诸葛亮倒没有显得很吃惊，只是表情变得无比严峻，用一道犀利的眼神，将李平从头到脚扫视了一遍。李平被盯得直发毛，故作镇定地站着不说话。

过了一会儿，诸葛亮收起眼神中的锋芒，一言不发地走回后堂。

李平背上已经被冷汗打湿，他事先准备好了一大堆说辞，甚至还选好了替罪羊，但这些在诸葛亮的沉默面前都变得毫无价值。他突然觉得，自己的那套小把戏，是不是有点自作聪明了？

就在李严惴惴不安的同时，诸葛亮已经派出使者直奔成都。没多久，使者带来了成都的消息：所谓的后主口谕根本就子虚乌有，相反，李平还曾向天子上书解释，说北伐大军是伪装撤退，想要引诱敌人与其决战。

李平这点可怜的小把戏立刻穿帮。

原来，李平的本意是想利用信息不均衡玩个左右逢源，他对诸葛亮说撤兵是后主口谕，对后主说撤兵是诸葛亮的计策，于是，他自己就不用承担任何责任了。

简直是幼稚！真不知道李平哪来的自信以为自己可以把诸葛亮玩得团团转。

诸葛亮感到深深的悲哀。他不惜在刘备尸骨未寒之时就把李平送出权力中心成都，不惜断送东三郡和孟达的性命，又不惜玩弄诡计把李平骗到汉中，只是希望这位顾命大臣不要掣肘自己的北伐大业。然而机关算尽，最后却还是让李平摆了一道。

当然，这次退兵和李平的小把戏其实没有多大的关系，就算李平不耍这一招诸葛亮也耗不了多久的。

但是下次呢？下下次呢？

诸葛亮终于决定下狠手了。

成都。

后主刘禅收到一份来自诸葛亮的奏折，义正词严地弹劾李平，把李平从刘备驾崩之后的斑斑劣迹一五一十地摆出来。最后，诸葛亮无不痛心疾首地说道："这种人和事任其存在下去，必将导致国家的祸败！"

这话就说得太重了，任何人都能感觉到诸葛亮的愤怒，与此同时后主刘禅也很愤怒。他是个质朴的孩子，质朴的孩子都讨厌被人欺骗，而这个可恶的李平，恰恰同时欺骗了他和他可敬的相父！

啥也别说了，李平，滚蛋吧！后主一道诏书，李平被废为庶人。

诸葛亮和李平的恩怨，终于以诸葛亮大获全胜而告终。从此，诸葛亮成了蜀国真正的、唯一的权威。

或许后人觉得诸葛亮这样做有失光明磊落，但似乎很少有人注意到，在这场蜀汉最惊心动魄的权力斗争中，没有人下狱，没有人被杀，没有人受牵连，连最终的失败者李平都只是被贬黜。

在残酷的三国时期，很难见到如此温情脉脉的权力斗争。

高手过招，真正的功夫在出手之前

祁山重新恢复了平静，魏军大营沉浸在胜利的喜悦中，将士疯狂喝酒、喧闹，发泄着此前心中的压抑，连司马懿都破例喝了不少酒，虽然还没醉，脸色却已经发红了。

在这片欢乐的海洋中，还是有人保持着清醒，军师杜袭和督军薛悌一副忧心忡忡的样子告诫司马懿，等明年麦子熟了，诸葛亮肯定又会来，可是陇西的粮食已经完全见底了，到时候就恐怕连郭淮都“借”不到粮食了，所以，这二人建议，应该尽早从外面征调粮食，囤积起来。

司马懿脸颊红红的，眼神却依然矍铄，他很欣赏这两人的冷静，可惜看问题不够深远。

“诸葛亮两次出祁山，一次攻陈仓，都是铩羽而归，我料想他绝对不会再选择攻坚要塞了，肯定会想尽办法跟我们野外决战！”司马懿声音洪亮，确保每个人都能听见，“因此，诸葛亮下次入寇绝对不会在从陇西出兵，而是会选择沃野千里的关中地区。”

在场诸将听了纷纷点头，诸葛亮急于野外决战的心思在这次北伐中就已经显露无遗了。

司马懿接着把头扭向杜袭、薛悌道：“诸葛亮每次都因为军粮问题功败垂成，所以这次，他肯定会全力积蓄粮食，然后再开战。我估计，没有三年时间，他是不可能再次出动的。”

有了这样的判断后，司马懿接下来的工作就从容多了。

首先，面对陇右缺粮的问题，司马懿的方针是与其到处征调粮食，不如征调种粮食的人，所以他上奏魏明帝，从农业大省冀州征调了大量业务娴熟的农民，让他们在上邦地区屯田，解决粮食问题。

这就叫“授人以鱼，不如授人以渔”。

安顿完陇右地区后，司马懿把主要精力投放到他认为诸葛亮下次入寇的主攻方向——关中。

关中沃野千里，从不缺粮食，但是在司马懿的战略计划中，他和诸葛亮之间的战斗将会旷日持久，需要更多的粮食保障。所以，司马懿调集大量人力在关中地区兴修水利工程，先是在渭河平原上长达四百里的成国渠，又在临晋县一带兴修大型水库，确保粮食产量能够支撑一场消耗战。

如此一来，三年之后，雍凉战区将会有足够的粮食储备，对任何一场战争来说，这都是至关重要的生命线。

除此之外，蜀军在数次北伐中体现出来的科技实力令司马懿震惊不已，他深刻体会到了科技强军、科技兴国的道理。

司马懿决心和诸葛亮展开军备竞赛，于是，他上奏朝廷在长安一带建立官办的冶铁工场，大批量生产兵器。同时又在天水、南安两郡设立兵工厂，日夜赶工打造兵器甲胄。

司马懿热火朝天投入备战备荒热潮时，在秦岭南麓，诸葛亮也在同样热火朝天地准备下一次北伐。

司马懿猜得没错，诸葛亮有感于前几次北伐后勤保障的捉襟见肘，这次下定决心一定要先积攒足够的物资，跟司马懿也玩一把持久战！

所以诸葛亮做的第一件事情就是屯田。经过细心选择，诸葛亮把开垦地点选在了一个叫黄沙的地方，此地靠近黄沙河，所以土地肥美、灌溉方便，简直是屯田的完美选择。

解决了粮食问题后，诸葛亮又开始了新的军事技术革新。

最重要的一项革新产品叫“流马”。

跟木牛一样，流马的内部结构和工作原理也已经不可考，但有一点是明确的，流马的出现弥补了木牛在某些地形条件下的缺陷，木牛和流马同时装备，将意味着蜀军的后勤运输能量将更上一个台阶。

秉承科技强军理念的蜀汉军中从来不缺军工技术人才，诸葛亮算是其中的佼佼者。除此之外，蜀国还有一位专家级的老军工——蒲元。

蒲元在诸葛亮丞相府中任西曹掾，本职工作是个“人事经理”，但他真正擅长的却不是人事管理，而是铸刀。

早在先主时代，蒲元就给刘备铸造过五千把刀，都是百炼精钢的刀刃，被称为“神刀”。

蒲元最神的地方在于：别人铸刀是技术，到他手里却成了一门艺术。据说有一次此君在汉中铸刀，却让助手去成都取蜀江水来给他淬火，助手当然很不乐意，吃饱了撑的，放着汉水不用干吗去成都？蒲元白眼一翻：“你懂个甚！汉水水质弱，不任淬；而蜀江水比较爽烈，适合淬刀……还不速去？”

助手骂骂咧咧地走了，一个月后从成都拎回来一桶水。蒲元用烧红的刀刃在水里哗啦一下，就说：“你这水里掺杂了涪水，不能用了。”

助手有点毛了，存心找事儿吧？

看到助手一副抵死不承认的架势，蒲元又拿刀刃在水里划拉了一下，略一沉思道：“水中掺进了八升涪水，还敢说没有？”

助手一听惊得下巴都掉到地上去了。原来他从成都返回，行至清津渡口时不小心摔倒在地，将取来的水洒出去很多。他惊恐万分，生怕回去难以交差，情急之中取了八升清水掺在其中，以为神不知鬼不觉，可以蒙混过关，没料想却被蒲元一眼识破。

助手赶紧认错求饶，在场的人却纷纷竖起大拇指，简直神乎其技啊！

这样的高手当然不能只让他管人事，诸葛亮叫来蒲元，给了他一个艰巨的使命：前往位于斜谷道口的秘密兵工厂，为蜀军铸刀。

蒲元领命而去，带领蜀国最优秀的军工人才夜以继日赶工，终于制造出了三千把刀，质量比当初给刘备铸造的五千把神刀更胜一筹。

有木牛流马，有冲车井阑，有连弩神刀，在军备方面，诸葛亮自信绝不会输给司马懿。

粮食方面，经过三年的休养生息，诸葛亮自信也不会有太大的问题。

“是时候了。”诸葛亮北向望着高高的秦岭，思绪却飘向了秦岭背后的大地，“司马懿，你准备好了吗？”

其实，秦岭北麓的司马懿密切注视着诸葛亮的动向，从青龙元年年底开始，司马懿就发现一支工程兵开进了斜谷道，在那里修起了行军粮仓，从这些布局来看，这些蜀军工程兵似乎打算沿着四百七十里长的斜谷道一路把粮仓修到关中平原。

由此，司马懿可以确定三件事情：第一，诸葛亮即将入寇；第二，诸葛亮将从斜谷道进兵；第三，这次诸葛亮不太会缺粮食了。

“来吧，诸葛亮。”司马懿早已迫不及待，三年，他囤积了足够的粮食，制造了大量兵器铠甲，最重要的是，他已经完全树立起权威，牢牢掌控了雍凉兵团的指挥权。

魏明帝青龙二年（蜀汉建兴十二年）春，诸葛亮终于又要卷土重来，只是谁也没想到，诸葛亮这次的来势居然会如此凶猛。

吸取前几次孤军奋战的教训，诸葛亮这次联络了吴国一起出兵，两国分两路同时攻打曹魏东西两线。

收到诸葛亮请求的孙权十分给力，亲率大军进攻合肥新城；又遣陆逊、诸葛瑾将万余人入江夏、沔口，进逼襄阳；还派将军孙韶、张承由淮河直指淮阴，这三路大军号称十万，大有一举吞并曹魏淮扬战区的气魄。

诸葛亮本人当然更加给力，经过三年的休养生息，屯驻在汉中的北伐大军已经彻底恢复，而且收拾了李平之后诸葛亮把屯驻江州的兵马调到了汉中，一并参加北伐。

也就是说，诸葛亮这次北伐的兵力也在八万到十万之间，这个数量，基本等于蜀国机动部队的总兵力了。

诸葛亮已经砸上了蜀国的全部本钱，这是五次北伐中规模最为浩大的一次，是诸葛亮最寄予厚望的一次。

也是最后一次。

所谓战略，就是在正确的时间占据正确的位置。

诸葛亮第五次北伐的消息震动了魏国朝野。

自从赤壁之战奠定三足鼎立的局面以后，曹魏就不停地在跟吴蜀两国打仗，但是两国同时起兵入侵的情况还是头一回碰到。

魏明帝曹叡再次展现了自己“缩水版秦皇汉武”的雄才大略，亲自统兵南下抵御吴国，同时命令司马懿坚守要塞，抵御诸葛亮。为了表示对司马懿的支持，曹叡挖地三尺又凑出了两万援兵，在秦朗的带领下开赴雍凉前线。

因为有了整整三年的准备时间，司马懿从容地完成了大军调度，在渭水南岸严阵以待。

这次战役，曹叡一开始就下了死命令让司马懿坚守，这条命令正好跟司马懿的战略计划不谋而合，所以诸将中没人提出异议，只是在选择据守地点的时候出现了分歧。

诸将都希望能够驻守在渭河北岸，这样有大河做天堑，安全系数陡然上涨。然而司马懿反对这个方案，他认为，渭河南岸还有我魏国的百姓，我们若是据守北岸，不等于把南岸的土地百姓拱手送给诸葛亮了吗？

“全军渡河，背水扎营，我们在南岸等诸葛亮！”司马懿一挥手，决绝地下令。众将一愣：“嗬，咱们的司马将军什么时候胆子这么大了？”

司马懿暗自一笑，占据了渭水南岸，就等于牢牢扼住了诸葛亮的咽喉，此中深意，你们马上就能领会到。

公元 234 年 4 月，蜀军终于穿过了崎岖难行的蜀道，来到了沃野千里的关中平原，也看到了渭水南岸司马懿的大营。

当斥候报告司马懿驻防情况的时候，诸葛亮一愣神，接着一声惊叹：“高！实在是高！士别三日，想不到司马懿用兵已经如此纯熟。”

麾下众将一时没听明白，司马懿放弃渭水天险，渡河背水列阵，有什么高明的？难道他想效法淮阴侯韩信的“背水一战”吗？

诸葛亮叹口气，指了指墙上的舆图，舆图上画着鲜红的行军路线。聪明的将领立刻明白过来了。

渭河与秦岭山脉之间有一条狭长的平坦河谷地区，蜀军若是沿这个狭长地区行军，东出武功水，就能直接突袭长安地区，从而速战速决。

很明显，这是诸葛亮最中意的行军线路，但是现在却被司马懿扼住了咽喉。

由于司马懿在渭水南岸沿河驻扎，也就是说想通过这条走廊，蜀军就必须侧敌行军，将柔弱的侧翼整个暴露给魏军——而这正是行军的大忌。

司马懿什么都没做，只是提前占据了一个位置，就摧毁了诸葛亮的整个计划。

当然，像诸葛亮这种人不可能没有备用计划，望着司马懿的大营，诸葛亮思虑再三，终于下定决心，放弃东出武功水计划，全军向西挺进，前往一片宽阔的高地驻扎下来，和司马懿对峙。

这块高地的叫作五丈原。

司马懿一直在紧张地观察诸葛亮。从一开始他就明白，自己抢先落子虽然占据了先机，但也极为冒险。一旦诸葛亮铤而走险宁可暴露侧翼也要东出武功水，那么司马懿就不得不全军出动阻击诸葛亮——司马懿并不介意和诸葛亮打一场小小的遭遇战，但是如果是整个兵团级别的大会战，即使占据了优势地位，司马懿心里依然没底。

所以司马懿不停地告诫手下将领：“如果诸葛亮东出武功水，则一场恶战是免不了的；如果诸葛亮西上五丈原，那么我军可以高枕无忧了。”

不过，诸葛亮谨慎的性格中没有冒险基因，他做的每一件事情都中规中矩，稳妥为上，司马懿相信，这一次，诸葛亮依然不会冒险。

果然，很快消息传来，诸葛亮已经放弃了东进计划而选择西上五丈原，司马懿长出了一口气：“咱们已经赢了。”

这时候，有人突然站出来道：“将军，咱们恐怕还没到高枕无忧的时候！”

司马懿一看，说话的人是郭淮。

郭淮当初筹备军粮的事情给司马懿留下了深刻印象，而张郃死后，郭淮也成了雍凉战区的头号名将。更重要的是，此人丝毫没有老牌战将的嚣张气焰，始终坚持和司马懿穿一条裤子、尿一个夜壶，因此深得司马懿赏识。

于是，司马懿示意郭淮说下去。

郭淮指着舆图分析道：“五丈原的正对面，渭水的北岸有一片开阔的高地，叫北原，如果诸葛亮发兵占据北原，蜀军就能南北夹击我军大营，还会趁机骚扰渭北地区，割裂关中与陇右的联系。”

郭淮刚说完，军帐里就响起一片不以为然的议论声，但这一次，司马懿表现得极为从善如流，非但同意了郭淮的提议，而且立刻命令郭淮率本部兵马前去占领北原。

郭淮领命而去，快马加鞭赶到了北原，一看原上还空空如也，高兴得不得了，立刻开始构筑防御工事。郭淮相信诸葛亮一定会注意到北原，在蜀军到来前，多修一座营垒就多一分胜利的希望。

郭淮一点都没猜错，进驻五丈原后诸葛亮第一时间就注意到了北原，他也立刻派出一支军队前去占领北原。

与熟知关中地形的司马懿和郭淮不同，诸葛亮能够在如此短的时间内判断出北原的战略价值完全来源于他的过人军事直觉，只是可惜，人生地不熟的蜀军的行军速度还是晚了魏军一步。

当蜀军渡过渭水到达北原的时候，郭淮的营垒才修了不到一半。

郭淮丝毫没有感觉意外：该来的终于来了！郭淮拔出宝剑大吼一声：“儿郎们，列阵，守住北原，就是守住关中的门户，就是守住咱们秦中父老的家！”

蜀军再怎么打着兴复汉室的旗号，终归是侵略者身份，经不起魏军的拼死打击，只能撤兵。

等蜀兵退去，魏军一刻钟也没有休息，重新开始建筑工事，建造营垒。

溃退回来的蜀军向诸葛亮描述了这场遭遇战，出于每个失败者的普遍心理，这些败军之将夸大了北原魏军的兵力和战斗力。诸葛亮听后非常惊讶：“想不到魏军中竟然有如此高人，这么快就能识破我的意图……惊讶之下，谨慎的诸葛亮竟然没有迅速派援军夺回北原。”

这是诸葛亮当天最大的失误，当诸葛亮终于彻底打探清楚的时候，郭淮的防御工事已经构筑完成，蜀军再也没有能力攻下北原。

诸葛亮一声叹息：“这几天来居然被司马懿连续抢占先机，想不到蜀军出师不久，就已经陷入了被动中。”

依靠在正确的时间占据正确的位置，司马懿兵不血刃就牢牢掌握了战场主动权。司马懿不得意那是不可能的，但司马懿不会得意忘形，他明白诸葛亮绝对不是个坐以待毙的人。诸葛亮虽然很谨慎，但玩起阴谋诡计也是行家里手，司马懿丝毫不敢放松警惕。

果然，没过多久，蜀军又有了新动向：根据斥候探报，蜀军正在大规模向西运动，似乎打算攻击魏军西部防区。

收到消息后魏军诸将立刻骚动起来，纷纷要求前往西部防区阻击诸葛亮。大家之所以这么积极，是因为这一仗太有利可图了：西部防区依托雍凉第一要塞陈仓城，进可攻、退可守，诸葛亮打西部，简直就是来白送功勋值的。

在这片骚动中司马懿始终保持冷静，他始终觉得诸葛亮不可能这么傻，他这么做的背后绝对有阴谋……可阴谋是什么呢？

司马懿一时想不出来，不过有一个人想出来了，那就是郭淮。不愧是西北第一名将，郭淮一眼看穿了诸葛亮的诡计："西部防区兵力并不充沛，如果蜀军要打，最好的方法是奇袭，诸葛亮为什么搞得这么大张旗鼓？"

郭淮这句话一语中的，立刻让所有人都安静下来。是啊，诸葛亮从来不做傻事，所有认为诸葛亮蠢的人最后都被证明自己才是蠢货，既然如此，诸葛亮为什么还要这么干？

司马懿突然有种豁然开朗的感觉，一下子就想明白了。但他没有打断，而是示意郭淮说下去。

"那么只有一种可能，诸葛亮又在玩声东击西，想让我们把主力部队调往西线，然后他好进攻我们的东部防区。"郭淮走到舆图边上，继续说道，"如果我猜得没错，诸葛亮真正的目标应该在这里——阳遂！"

司马懿听完拊掌大笑，诸葛亮啊诸葛亮，这一次，可要让你大大地吃瘪了。紧接着，司马懿立刻命令郭淮带领胡遵等人前往阳遂守备，同时又派遣小股部队大张旗鼓地救援西线防区。

事实证明，郭淮再次猜中了诸葛亮的计划，蜀军大摇大摆地向西挺进一天后，一支奇兵在夜色地掩护下掉头杀向阳遂。

这支特种部队的指挥官对胜利充满了信心，因为诸葛丞相信誓旦旦地向他保证，魏军主力都被调往西线，阳遂兵力空去，探囊可取。

所以当数以千计顶盔掼甲的魏国士兵从阳遂大营杀出来的时候，他惊得几乎从马上掉下来，紧接着，数声鸣镝响过，又有数千伏兵从四面八方杀出来，这支蜀国特遣队瞬间失去了战斗下去的勇气。

当败兵逃回五丈原的时候，诸葛亮感觉到一阵头晕目眩。

是因为最近的失败打击太频繁了，还是因为身体越来越不行了？诸葛亮说不清楚，他不敢相信自己居然三番两次被司马懿抢占先机。短短三年时间，想不到司马懿的成长如此迅速。这次北伐，我付出了无穷的心力，动员了全国之力，难道又要失败了吗？

想到这里，诸葛亮咳了起来，越咳越厉害，几乎要咳出血来。

而此时此刻，司马懿终于可以真正松口气了，诸葛亮再也玩不出什么花样了吧？接下来，恐怕又会是无聊的消耗战了。

找皇帝借势：万不得已才用的最后杀招

阳遂之战后，诸葛亮确实消停了，再也没有什么大动作，但是诸葛亮筹备了三年，粮草充足，所以也没有要走的打算。

那就这么耗着呗。司马懿是主场作战，无论如何都比诸葛亮耗得起，所以一点都不着急。

唯一让司马懿有点头疼的，是手下军官的头脑太简单、脾气太暴躁，而诸葛亮……真的太损了。

自从转入两军对峙后，蜀军继续发挥优良的骂阵传统，有事儿没事儿就跑到魏军大营前骂一嗓子，一口流利的川骂翻来覆去不重样，要多难听有多难听。

魏军将士都是大老粗，不能忍了，纷纷请战，说什么都要出去跟诸葛亮拼个你死我活，司马懿却始终是一张阴沉的脸，死活不同意出战。

经过三年的经营，司马懿多少积累了一些威信，帐下诸将虽然诸多不满，却没人敢当面顶撞，只是私下里堵起耳朵骂骂咧咧。

不过老这样下去也不是个办法。孔子曾说过：“君子喻于义，小人喻于利。”这话是不错，可是司马懿手下有将近八万人，而一个八万人的大兵团是个极度复杂的团队，团队中有君子也有小人（孔子所谓的君子和小人是指有文化的贵族和没文化庶民），君子之间有不同的“义”，小人之间也有不同的“利”。换句话说，有些人是真的被蜀军的辱骂激怒了，有些人是觉得龟缩政策太怯懦，有些人是想在战场上立功加官晋爵，甚至不排除有些人是想快点打完仗回家。

总之，魏军当中有无数人怀着无数理由想要跟诸葛亮决一死战，而蜀军的辱骂正好给了他们发泄的理由。

所以尽管司马懿知道龟缩政策是最有效的战略，但他绝不可能说服每一个人跟他齐心协力做乌龟，所以他只能依靠严酷的军令和军纪来维持自己的战略。

这个时候，司马懿才真正地佩服带兵多多益善的韩信。

当年汉高祖刘邦问韩信，韩信回答说：“我觉得最多十万吧。”刘邦听了很不爽，又问，那你觉得你能带多少？韩信回答说：“我嘛，多多益善。”于是刘邦听了更不爽。

其实韩信并不是在吹牛，手下的军团越庞大，指挥、沟通、协调难度就越大，因为你面对的不是十万二十万台机器，而是一个个独立的人。带的兵越多，对指挥官的个人素质要求就越高越全面，这就是为什么历史上有那么多以少胜多的战例：对很多人来说，手下的士兵太多未必是件好事。

这就是司马懿最大的难处，八万大军来自不同的防区，有雍凉兵团的主力部队，有来自长安的援兵，还有协防地方的郡兵……如果说诸葛亮最大的敌人是粮食，那么司马懿最大的敌人就是战况拖得越久，这支军队的指挥难度就越大。

最好的方法是偶尔把军队拉出去打个无伤大雅的遭遇战，赢了能激励士气，输了也不至于损失惨重，所以，司马懿时刻关注着诸葛亮，只要诸葛亮露出破绽，他不介意小小地打上一仗。

可是诸葛亮如此谨慎的人，怎么可能露出破绽？仿佛猜透了司马懿的心思，诸葛亮进一步加强了蜀军阵地的戒备，那架势就是在告诫司马懿：“想等我露出破绽？别做梦了，有本事出来跟我大大方方打一仗。”

就这样，两军继续大眼瞪小眼地对垒着，一晃几个月过去，转眼又到了秦岭的雨季。一场突如其来的暴雨给了司马懿绝佳的机会。

这场暴雨让渭河水位陡然升高，这时，前方斥候发回一个消息：蜀军有一支部队被暴涨的渭水分割在武功水东岸，成了孤军！

机会来了！司马懿心中一阵惊喜。一场完美的歼灭战，毫无风险，稳赚不赔！

“快！下令骑兵出击！”

天刚一放晴，魏国精锐骑兵就嗷嗷叫着冲向这支被洪水阻隔的蜀军。

当两军遭遇的时候，魏国骑兵突然发现，这个便宜貌似没那么好捡。因为蜀军的战斗力强悍得超乎想象。

原来，魏军这次遇上了蜀国的王牌军——虎步军。

虎步军和无当飞军一样，也是一支南方少数民族雇佣兵，名气没有无当军那么大，但是打起仗来的不要命程度丝毫不逊色于无当军。即使陷入绝境，这支军队依然和曹魏精锐骑兵打成了平手。

司马懿全程关注着这场战斗，心急如焚：如此完美战机转瞬即逝，一旦战斗陷入胶着，很有可能会无功而返甚至败绩。

与此同时，诸葛亮在虎步军与魏军接触的第一时间就得到消息，立刻下令最近的部队前往增员。渭河涨水怎么办？修桥！蜀国有三国时期最优秀的工程兵部队，还怕造不出一座桥？一边造桥，一边还不停地用连弩射击魏国骑兵。

连弩本来就是骑兵的克星，现在隔着一条河不用担心被冲击，蜀国连弩兵射得更欢实了。

当蜀国援兵出现的时候，司马懿就知道求胜无望了，眼看着桥一截一截被修起来，司马懿的心拔凉拔凉的，终于，等到桥差不多被修通的时候，司马懿无奈地下令，全军撤退。

这场遭遇战打了个平手，一个绝佳的战机就这样溜走了。

不过对司马懿来说，这种遭遇战至少暂时缓解了全军的压力，给了将士们一个宣泄的机会。

这场小波折后，涛声依旧，诸葛亮继续派人来骂阵，司马懿继续坚守不出，战争继续以这种无聊的方式打下去，偶尔发生几场小小的遭遇战为沉闷的战场添加几缕杀气。

直到八月份的某一天，魏国士兵从不安的睡梦中醒来，突然发现一个神奇的场景：蜀军居然扔下了刀剑，拾起了锄头，他们居然……在准备种地！

魏军顿时议论纷纷：“什么意思？蜀军打算在这里扎根了？这仗要打到什么时候是个头啊！”一时间军心浮动。

看到这个场景，司马懿嘴角闪过一丝冷笑：诸葛亮啊诸葛亮，你又在搞这种无聊的把戏，有用吗？

“传令下去，别管他们，诸葛亮绝不可能在此地屯田。”说完，司马懿转身就回大帐了。

这的确是诸葛亮的一个计策，他看着司马懿铁了心要当老乌龟，心急如焚，于是想出了让蜀军在此屯田的主意。

当然，诸葛亮的本意根本不是屯田，因为屯田一般是在自己的后方，或者在敌我之间的无人区，很少有像诸葛亮这样千里迢迢跑到敌方战场上屯田的。而且诸葛亮三面受敌，中间的地盘并不大，屯田所收的粮食对近十万大军来说杯水车薪——更何况，诸葛亮近三年来在斜谷已经囤积了很多粮草，根本不用依靠这一点粮食。

诸葛亮怎么可能不知道这点，他之所以做出屯田的姿态，其实是希望给魏军施加点压力。想耗走我？没门儿！

可惜的是，司马懿本人就是屯田的专家，早年就给曹操提出过一套屯田方案，所以对诸葛亮的小把戏司马懿简直心知肚明。

“孔明急了。”司马懿愉快地做出判断——比起战役初期的高智商对抗，诸葛亮这招“树上开花”技术含量明显太低了。

诸葛亮确实急了，一方面，大军在外，耗费的粮草数量是惊人的，那可都是蜀国人民辛辛苦苦耕种出来的粮食啊！而另一方面，一个更重要的原因是：诸葛亮感觉自己的身体越来越糟糕了，他突然感觉到了一丝恐惧，觉得自己这次北伐，可能是自己一生中最后的战役了。

无论如何，都要把司马懿从乌龟壳里拔出来。

没过多久，诸葛亮派来一位使者，送给司马懿一件礼物——女装。

三国时期跟现在不一样，男尊女卑观念根深蒂固，说一个人“像女人一样”会被视为极大的侮辱。

而现在诸葛亮给司马懿送来一件女装！

怒火瞬间传遍了整个魏军大营，是可忍，孰不可忍！愤怒的魏国将士眼里喷着火焰，纷纷要求出战，马踏诸葛大营，报此羞辱之仇！

群情激愤之中，唯独司马懿保持着微笑，心情无比愉悦：

“诸葛亮啊诸葛亮，这么下三烂的手段你都使出来了，看来你是真的技穷了。”

司马懿好声好气地安抚了使者一通，然后转过头来，斩钉截铁地下令：“坚守不出，违令者斩！”

但这一次，司马懿突然发现自己有点太乐观了，因为诸葛亮这招实在太狠，魏军将士的情绪已经稳定不下来了。

原来，诸葛亮真正要激怒的人不是司马懿，而是魏军将士。

当所有人都被激怒的时候，光靠司马懿一个人的理性和权威已经很难安抚军心，而一旦开了这个口子，司马懿就再也指挥不动这支军队了。

没办法，看来只有出绝招了！无奈之下，司马懿决定祭出最后的法宝：“出兵之前，陛下特意叮嘱我坚守营寨，不可与蜀兵交锋，但是诸葛亮实在欺人太甚，这样吧，我先请示一下天子，然后出兵！”司马懿一边说一边做怒火中烧状，一副要活吞诸葛亮的样子。

司马懿的提议合情合理，他的态度也让诸位大老粗十分满意，既然如此，那就还愣着干吗？赶紧写奏折啊。

司马懿当即笔走龙蛇，写下一封慷慨激昂的请战奏折，写完还展示给诸将看，大老粗们甭管认字不认字都拿来看了看，感觉很满意。

玩手腕，武人永远玩不过政客，大老粗们满心期待着洛阳的诏令，完全没有想到，这是司马懿的一个小花招。

当奏折送到洛阳的时候，同是那个时代顶级政客的曹叡瞬间就明白了司马懿的意思：“将在外君命有所不受，司马懿身为雍凉战区前敌总指挥，哪有千里请战的道理。仲达啊，看来你已经管不住手下这帮人了，想借我的权威来维持军纪啊。”

借就借呗，曹叡一点都不吝啬，立刻下了一道措辞严厉的诏书：“只需要坚守，不要想别的。跟诸葛亮耗着，等他粮食耗完了，自然就滚蛋了，那时候再去追击，这才是打胜仗的方法！”

为了让诏书显得更有分量，曹叡又任命卫尉辛毗为大将军军师，让他亲自将诏书送到魏军大营，跟诏书一起带来的还有皇帝亲赐的旄节，意味着谁敢抗诏，辛毗可以当场灭了他。

大老粗们傻眼了，怎么会是这个结果……司马懿假装无奈地耸耸肩：“天子不许咱们出兵，得，咱们继续蹲着吧。”

天子的权威绝对管用，再也没人敢提出战的事情了，这场“女装危机”算是化解过去了。

但司马懿却没有丝毫欣慰，反而咬牙切齿：“诸葛亮你太狠了，逼我放这种杀敌一千自损八百的大招。”原因很简单，司马懿这一招，说得好听点叫“借势”，说得难听点就叫狐假虎威，虽然无比管用，但是无疑向领导传递了一个不好的讯息，那就是“我的能力不足以服众，快来救我”。

对司马懿来说，这是很难忍受的失败。督战雍凉快五年了，他的履历表上没有街亭之战、陈仓保卫战这样辉煌的战绩，只有数场大败，还断送了老将张郃的性命。如今，他连对部署的控制权都没有了，居然要靠找皇帝借势才能保持令行禁止，无论如何，这都不是一件光荣的事情。

想到这里，司马懿紧紧闭上双眼，握紧拳头，咬紧牙关，如此过了许久，才睁开眼，缓缓出了一口气：“我可以忍，我可以等。胜利终将属于我。”

不管过程如何，只要能取得最后的胜利，司马懿愿意忍受将士的鄙夷、皇帝的怀疑。如果连这点小事都忍不了，司马懿就不是司马懿了。

秋风叶落五丈原，世间再无诸葛亮

辛毗的到来给蜀军传达了一个明确的信息：“打死我都不会出来。”蜀军大将姜维很失望地对诸葛亮说：“辛佐治（辛毗字佐治）带着符节过来，恐怕魏军再也不会出战了。”

诸葛亮冷哼一声：“‘将在外君命有所不受’这么简单的道理司马懿怎么可能不懂？司马懿本来就不想出战，他要是真想打仗，哪里用得着玩这种千里请战的把戏？”

这几年的较量中，诸葛亮早就把司马懿看透了，知道司马懿是王八吃秤砣——铁了心要跟自己往死里耗了。

可是前线的士兵能耗，后方的经济撑不住啊，庞大的后勤开销每天送到诸葛亮案头，诸葛亮已经心力交瘁。祸不单行，没过多久，一个更加糟糕的消息传来：

孙权三路伐魏，无功而返！

孙权再一次秉承了东吴用兵雷声大雨点小的传统，十万大军浩浩荡荡开向前线，一听说魏主曹叡御驾亲征，孙权亲自率领的吴军主力二话没说扭头就走。本来是跟着诸葛亮搂草打兔子的，结果兔子没打到，迎来一头老虎，孙权当然不干了。

一听说孙权撤了，东路的孙韶还凑什么热闹，拍拍屁股瞬间也走了，只有陆逊、诸葛瑾率领的西路好歹搞了一番大阅兵，耀武扬威了一下，当然，最后也跑了。

曹叡尽起魏国精锐，紧张兮兮地御驾亲征，结果遇上那么一群莫名其妙的敌人，简直哭笑不得。

对魏军来说是喜剧，对蜀军来说就是悲剧了。这场胜仗带来的政治意义远远大于军事意义（军事意义几乎等于零），没过多久，东线大胜的消息就传遍了整个魏国，传到了苦苦对峙的司马懿大营。

这种机会不利用一下就太对不起东吴人民的无私奉献了，司马懿收到消息后立刻下令全军狂欢，一时之间魏军大营化成一片欢乐的海洋——为了确保诸葛亮知道自己在狂欢什么，司马懿还特地派了两千个嗓门最大的士卒跑到大营外，添油加醋地高声欢呼："胜利了！胜利了！大魏国胜利了！吴主孙权派来使者投降了！"

这么拙劣的把戏当然骗不过诸葛亮，诸葛亮摇摇鹅毛扇，不屑道："吴国顶多退兵，绝不可能投降的，就算他真要投降，怎么可能把使者派到这里来？"说罢，诸葛亮还嘲笑了司马懿一番，"司马懿也都老大不小了，何必玩这种小孩子把戏。"

诸葛亮对此置之一笑，司马懿也没当回事儿，两个绝顶智者之间玩这种小诡计是毫无意义的。司马懿本来就没想过诸葛亮会上当，也就是随便找个乐子，给无聊的对峙添加一点活跃的气息。

转眼又是几十天过去了，诸葛亮依然隔三岔五送来战书，司马懿回一封不痛不痒地信给诸葛亮，然后依然龟缩不出。

往来于魏蜀大营间的蜀国使者都已经习惯了这项毫无意义的工作。

所以当他带着诸葛亮的战书再次来到魏军大营的时候，已经没有了往日的拘束。

收到战书，司马懿照例瞄了一眼，除了文字越来越刻薄也没什么新鲜东西，司马懿提笔写下一封同样没什么新鲜东西的回信，交给使者，正当使者转身要离去的时候，司马懿突然问了一句：

“孔明最近挺忙吧？”

使者愣了好一会儿才发现原来是在问自己。这种无伤大雅的事情也没什么好隐瞒的，于是使者老老实实相告：“我家丞相夙兴夜寐，真正做到了事必躬亲，因为害怕属下刑赏有所偏颇，只要是二十军棍以上的刑罚都是亲自过问的。”

说这些话的时候使者挺直了腰板，连声音都洪亮了几分——有这样一位兢兢业业的丞相是每个蜀汉人的自豪。

司马懿若有所思地点点头，继续问：“孔明吃得还好吧？”

使者脸上立刻露出了关切的深情：“丞相太忙了，每天也就吃三四升米吧。”

在当时，魏国政府每天会周济给孤寡老人五升米，还有人批评说吃不饱，而诸葛亮每天公务劳顿，却只吃三四升，确实有些太少了。

诸葛亮的食量在蜀军中根本不算秘密，相反，使者非常乐于把这件事情告诉司马懿：看吧，这就是我们的诸葛丞相，他就是这样的人，一心为公，忘我奉献，吃的是草，挤出来的是奶……

但使者绝对不会想到，从他这番话中，司马懿却得出了一个非常有用的结论。

等使者走后，司马懿呵呵一笑：“诸葛亮食少事烦，恐怕活不了多久吧。”诸将吓了一跳，司马将军比智谋比用兵都比不过诸葛亮，不会是打算跟他比谁的命长吧？

司马懿确实有这个想法。

依仗先进的后勤保障体系，诸葛亮打算在魏国的土地上把主场作战的魏国大军耗到崩溃，这种魄力和能力也确实令人叹为观止，但他还是低估了司马懿的耐心。因为司马懿已经决定，非但要跟诸葛亮死耗，还要把诸葛亮耗死！

跟敌军拼兵力，拼民心，拼后勤，拼经济，拼武器……这些都是比较常见的战术，但是司马懿居然打算跟诸葛亮比命长，拼谁活得更久，这种战术恐怕只有司马懿能够想得出来。

得知诸葛亮的生活习惯后，司马懿隔三岔五派细作前往蜀军大营刺探，刺探内容只有一项：诸葛亮还要多久才死。

蜀军将领对此哭笑不得，只有诸葛亮心越来越凉。

自己的身体自己最知道，诸葛亮明白，自己的确活不了多久了，连续的高强度劳动，常年出兵在外得不到良好的休息，还有巨大的精神压力——都已经彻底摧毁了这位五十四岁老人的身体。

这场旷日持久的对峙依然没有要结束的迹象，希望越来越渺茫，诸葛亮的精神状态越来越差，咯血次数越来越多。不过诸葛亮不想让司马懿得逞，依然强打起精神，每天操练军队的时候，诸葛亮都会坐着小车，头戴葛巾，手执白羽扇准时出现在校场之上，亲自指挥大军演练阵形，苍老的身体挺得笔直，像一杆长枪立在秋风中。

当细作向司马懿描述这个场面的时候，司马懿感慨了一句："诸葛君可谓名士矣。"心里却暗暗打鼓：难道诸葛亮的身子是铁打的？

诸葛亮的身子当然不是铁打的，每一次强打精神之后，诸葛亮都感觉到自己的生命力在无可挽回地流失。一直熬到八月底，诸葛亮清晰地预料：自己见不到九月的阳光了。

八月二十日，在一次次咯血和昏迷之后，诸葛亮把军中主要将领叫到身边，交代了自己死后大军撤退的种种细节。等诸将散去后，诸葛亮强撑起病体，最后一次巡查蜀军大营。

秋风吹面，彻骨生寒，诸葛亮心中无限苍凉。"出师未捷身先死，长使英雄泪满襟"，数百年后的唐代诗人杜甫一语写出了诸葛亮此时的心境：光复中原，兴复汉室，这些梦想都将和自己的生命一样，消散在历史尘埃中；当年隆中决策的意气风发，南征北战时的豪情壮志，如今都将烟消云散。

诸葛亮的目光越过蜀军大营，向着渭水南岸遥望，在那里飘扬着司马懿的大纛——那个深不可测的人，那个老谋深算的人，那个让我在这里折戟沉沙的人。

"悠悠苍天，曷此其极！亮再不能临阵讨贼矣！"诸葛亮仰天长叹，早已老泪纵横。

当回到中军帐的时候，诸葛亮已经气若游丝，忽然听到一阵急促的脚步声，睁开眼睛一看，是来自成都的使者——尚书仆射李福。

李福之前奉后主之命前来慰问诸葛亮并且询问后事，离开蜀军大营后突然想起还有一件重要的事情没问，于是连忙折回，再次见到诸葛亮的时候，却发现诸葛丞相已经气息奄奄。

李福一时之间手足无措。

反倒是诸葛亮先开口了，声音苍老、无力，却依然透着诸葛式的沉稳："是李福吧，我知道你回来问什么，你是想问我过世之后谁可继任吧？"

李福大吃一惊，想不到油尽灯枯的诸葛亮依然保持着如此透彻的洞察力。

"蒋琬可以继任我的衣钵。"诸葛亮缓缓说道。

"那么，蒋琬之后呢？"李福轻声再问。

"费祎可以继任。"

"那么，费祎之后呢？"

李福静静地等待回答，却发现诸葛亮再也没有说话，仔细一看，诸葛亮双目紧闭，已经陷入了沉沉的昏迷中。

李福眼含热泪离开中军帐，回成都复命了。

当天夜里，诸葛亮病逝，享年五十四岁。

鞠躬尽瘁，死而后已。诸葛亮用自己的实际行动践行了《出师表》中的这句誓言。

与此同时，司马懿也感觉到了蜀军大营的异常，他隐隐感觉到，期盼已久的事情发生了：诸葛亮死了！

很快，司马懿的想法被印证了，在没有任何先兆的情况下，蜀军居然拔营撤退了！尽管蜀军依然沿袭着以往的有条不紊，但是明显感觉缺少了主心骨。

当然，司马懿决定再观望观望，司马懿绝不会错失任何机遇，也决不允许自己因为任何错误的判断贸然行事。

两天之后，来自当地百姓和魏军斥候的报告同时证明了一件事：蜀军正在以极快的速度退往汉中。

"诸葛亮确实死了！"司马懿花了很大的力气才抑制住内心的激动，"结束了，终于结束了！我打败了这个时代最强大的敌人，最伟大的智者——以我自己的方式！"

"传令，全军追击！"司马懿强忍住兴奋，用力所能及的平稳语调下令。

营门大开，魏军主力尽出，嗷嗷叫着杀向汉中方向。这些大老粗被压抑得太久了，终于等来这个命令，他们已经迫不及待地要和蜀军大杀一场，报这大半年来天天挨骂之仇。

司马懿尽管也很迫不及待，但依然保持着谨慎。“追击诸葛亮没有好下场”这一铁律依然萦绕在司马懿心头。他下令行军速度不要太快，要做好准备，以应对一切意外情况。

然而没有发生任何意外情况，司马懿居然在大平原上遇见了正在退却中的蜀军主力兵团！

没有意外就是最大的意外，就算诸葛亮死了，他留下的光荣传统怎么可能在几天内就被丢得干干净净？司马懿有种不祥的预感，就在这时，正在退却中的蜀国军团突然军鼓大作，紧接着后队变成前队，长矛手突然上前，弩手上弦，瞬间变成了一个攻击阵形。

“糟糕！诸葛亮没死，咱们上当了！”司马懿差点从马上掉下来——诸葛亮之所以没留下伏兵，是因为整个军团都是伏兵！

“全军火速撤退！”司马懿忙不迭地高声下令。

阵形严密的蜀国军团没能追上司马懿的速度，耀武扬威了一番后再次缓缓后撤。

这一次，司马懿没有再追击。

直到几天之后，当地的老百姓来向司马懿报告，蜀军一路撤退，直到进入斜谷，全军齐刷刷地升起了白幡，一时间，整个斜谷道哭声震天。

诸葛亮真的死了。那一天蜀军的突然反击只不过是姜维的计策。

姜维的计策并没有多高明，但是诸葛亮的威慑力实在太过强大，即使死后都还在庇佑着蜀国军团安全地退回汉中。

确认诸葛亮死亡的消息后，司马懿再次出兵追击，但这一次却再也没有追上。

诸葛亮死了都还能对司马懿产生如此震慑，连魏国的老百姓自己都觉得丢人，还专门编了一句谚语来调侃司马懿：“死诸葛弄走生仲达。”而司马懿自己都流露出了难得的幽默感，自我解嘲道：“我能搞定活着的诸葛亮，却被死后的诸葛亮摆了一道啊。”

无论如何，他战胜了诸葛亮，这是胜利者才有的幽默感。

与诸葛亮的巅峰对决就这样以一种稍显尴尬的方式画上句号。收拾战场的时候，司马懿站在蜀军废弃的营垒中，仔细观摩诸葛亮安营扎寨的方式，阅读蜀军来不及销毁的每一份文件，终于长叹一声，感慨道：“诸葛亮真是天下奇才啊！”

如此奇才，最后还是败给了司马懿。

平心而论，司马懿赢得并不漂亮，但赢得绝对让人无话可说。

从一开始，司马懿就摸清了诸葛亮的所有长处和短板，他发现诸葛亮优势很多，但短处只有一个：耗不起。与之相反，司马懿最大的长处就是等得起，忍得住！

敌人有多少长处，自己有多少短处——这些并不重要，重要的是能不能用自己的长处去猛击对手的短处。

明知道你打仗在行，我就偏偏不跟你打仗；明知道你耗不起，我就偏偏要拼消耗！我忍受着将士们的质疑，甚至不惜向天子借权威，都是为了今天啊——从今天起，天下再也没有能与我匹敌的人物了吧。

司马懿带着胜利者的微笑回到中军帐，迎接他的是无尽的荣誉和崇敬，仿佛之前一切憋屈的事情都从来没有发生过。

蜀国内讧，西线从此高枕无忧

诸葛亮死了，蜀军撤退了，不过司马懿还有一些善后工作需要处理，最令他头疼的是蜀国大将魏延。

魏延是蜀汉仅存的名将，在名将凋零的三国时期中后期一颗最闪亮的将星。

早在诸葛亮执掌大权之前魏延就已经活跃在魏蜀边境战场上了。建安二十四年，刘备自封为汉中王，将全国的政治军事中心定在成都。这时候，汉中就成了整个蜀汉王国的北大门，亟须一位独当一面的大将镇守军事重镇。

当时几乎所有人都认为这个大任非张飞莫属，张飞也觉得这事儿除了自己没人能干。出人意料的是，刘备居然选择了魏延，直接提拔他总督汉中军事，封镇远将军，领汉中太守。

这种破格提升让全军震惊，唯独魏延本人却无比自信。在授衔仪式上，刘备问魏延："我把重任交给你，你打算如何镇守汉中这座北大门？"魏延没有丝毫沉吟，朗声回答道："如果曹操率领举国之兵前来攻打，请让我为大王您抵抗他；如果曹操派遣偏将率领十万大军前来攻打，请让我为大王您消灭他！"（若曹操举天下而来，请为大王拒之；偏将十万之众至，请为大王吞之。）

魏延的自信与气势让他赢得了在场所有人的尊敬。而他接下来的表现也确实没让刘备失望。

魏延镇守汉中的时期正是蜀汉政权最危难的时刻。建安二十四年下半年，关羽被杀，荆州三郡沦陷。紧接着，怒不可遏的刘备倾全国之兵东征孙权，结果在夷陵之战中被东吴陆逊击败。

刚刚建立的蜀汉政权立刻元气大伤，陷入了骚动和叛乱中，曹魏随时有可能趁火打劫，但是由于魏延治军有方、守卫得当，使得曹魏始终不敢窥伺汉中。

可以说，当时的蜀国内忧外困，全靠诸葛亮力挽狂澜和魏延坐镇边庭，才将蜀汉从夷陵之败的深渊中挽救出来。

到诸葛亮屯驻汉中的时候，魏延便成为诸葛亮的直接下级，但依然是独当一面的大将。蜀汉建兴八年（曹魏太和四年），魏延曾经亲自领兵北伐西入羌中、攻击曹魏凉州地区，并且在敌强我弱的情况下大破曹魏名将郭淮、费瑶。于是魏延升迁为前军师、征西大将军，进封南郑侯。

可以这么说，魏延是诸葛亮的头马，而郭淮是司马懿的头马。很不幸，郭淮在魏延面前居然不堪一击，魏延之强悍可见一斑。

在第五次北伐中，魏延担任前锋，所部人马是最出色的（换句话说，每次跑到司马懿大营前骂得最凶的人，大部分来自魏延的部队）。

如今，诸葛亮已经死了，蜀国失去了一位国士级别的人物，但是有魏延这样的顶级名将坐镇汉中，依然让司马懿耿耿于怀。尤其是听说了魏延的子午谷奇谋后，司马懿感觉更加不安："这不会是个亡命的赌棍吧……"

庆功宴结束后，司马懿静下心来思考下一步战略——主要是怎么对付这个喜欢兵行险招的家伙。魏延没有诸葛亮那么难缠，但是一不小心就可能比诸葛亮更加致命。

然而，一个爆炸性的消息打断了司马懿的思考：魏延被杀，连同三族都被夷灭！

司马懿震惊得说不出话，简直难以置信。刘禅疯了吗？蜀汉为什么要自毁长城！司马懿立刻派人去打探，而来自五丈原前线、汉中和成都的消息也逐渐传来，拼凑出了整个事件的真相。

这一切都是诸葛丞相府长史杨仪的阴谋。

诸葛亮生前，在军务方面最倚重的人莫过于魏延和杨仪这一文一武两大要员。受《三国演义》的影响，大家似乎都觉得魏延天生反骨仔，所以诸葛亮很不喜欢他，事实上，诸葛亮对魏延的倚重程度丝毫不比对杨仪的少。

可惜魏延和杨仪就是尿不到一个壶里，两人势同水火，一见面就吵架。究其原因，恐怕还是因为两人性格方面都有缺陷：魏延既善养士卒，又勇猛过人，还是个“直升机干部”，在短短几年内升到蜀汉军界的顶峰，所以性格有些孤傲；而杨仪也是个极为聪明的人，他的聪明体现在心思机灵和能说会道上，也很受刘备的赏识，升迁速度丝毫不比魏延慢。偏偏和所有小聪明的人一样，杨仪气量狭小，脾气还狂傲，看不起魏延这种大老粗。

这一文一武，一个骄傲一个狂傲，偏偏又是同级，所以矛盾越积越深。深到什么程度？根据《三国志·费祎传》记载，魏延和杨仪每次开会都会吵起来，魏延当然吵不过杨仪，被杨仪骂得灰头土脸。当然，魏延不是好惹的，每次都会拔出刀来扬言要砍死杨仪。这个时候杨仪立刻尿了，当场哇哇大哭，鼻涕流一地（延或举刀拟仪，仪涕泣横集）。

连诸葛亮都对这种局面一筹莫展。他非常器重这两人的才华，可是文武不和，只能尽力调和矛盾，小心翼翼地施展平衡术。

诸葛亮没想到的是，他还是犯了一个小小的错误，一个甚至不是错误的错误，让两人之间的矛盾就立刻爆发，并且断送了魏延的性命。

临死之前，诸葛亮特地招来了包括魏延在内的军中要员，当着所有人的面把北伐大军的指挥权交给了魏延（令延摄行己事），同时叮咛道：“我死之后，千万不要发丧，大军要如同我生前一样，缓缓退入汉中。”

也就是说，在大军退入汉中之前，对外依然宣称诸葛亮统率全军，魏延的继承人身份不能公开。

正是这个安排送掉了魏延的命。

接到命令后魏延立刻接管了整个北伐军团，并且严格遵循诸葛亮的遗嘱，名义上所有军令依然来自诸葛丞相，而魏延则成了“影子统帅”，只有杨仪、姜维、王平、费祎等少数高级将领知道他的真实身份，即使在司马懿追来后魏延也没有露面，而是像往常一样由姜维和杨仪二人出面指挥大军。

杨仪对此恨得牙痒痒，再也没有什么事情比眼睁睁看着仇人踩到自己头上更加让人难以忍受了。最可恨的是，杨仪一直相信自己将是诸葛亮的接班人，没想到搞了半天诸葛亮居然钦定了魏延这个老匹夫！

当然，诸葛亮其实并没有打算把所有衣钵都传给魏延，他只是把军权交给了魏延，而行政权的继承人诸葛亮另有人选——很遗憾，那个人依然不是杨仪。

失望与愤怒交织在一起，杨仪的眼中已经能喷出火来，如果有机会，杨仪恨不得亲手摘下魏延的脑袋。

像杨仪这么聪明的人，如果想做一件事永远不愁找不到机会——机会很快就来了。

当北伐大军走出秦岭栈道，退入斜谷道口的时候，魏军的威胁已经彻底解除，魏延决定立即就地发丧，并且在发丧期间向三军公开宣布诸葛亮生前对自己的任命。

这是魏延犯下的一个小小错误。

事实上，这也只能说是一个不是错误的错误，魏延的安排从军事上讲没有任何问题，只是他完全没有想到，自己已经和杨仪陷入了一场你死我活的政治斗争中。

这个安排正好给了杨仪千载难逢的机会。

杨仪立刻纠集了自己的党羽：王平和马岱，三人经过连夜的密商，决定使用最野蛮最粗暴的方式夺权：突袭魏延本部军马，诛杀魏延。

杨仪在军中威望很高，是顶级智囊，王平统率的无当飞军和马岱统率的西凉骑兵都是蜀国最精锐的部队，不管从人数还是战斗力上都比魏延本部兵马高出许多。

其次，全军在开阔的褒口为诸葛亮发丧时，必然聚集一处，各营驻地相距不会远，地形条件极易实施军事突袭，就算魏延用兵如神也来不及应对。

最妙不可言的地方在于：根据诸葛亮的遗命，魏延一直担任大军的“影子统帅”，大多数人都还不知道魏延已经被诸葛亮钦定为军事接班人了！

杨仪对时机的把握真是精准到令人不得不佩服的境界。

当魏延还在为诸葛亮的丧事忙碌，打算忙完这些就公开自己的统帅身份时，他不知道死神已经偷偷降临。在一个毫无预兆的午后，王平的无当飞军暴起发难，向魏延大营发起了突然进攻，同时还齐声高喊：“魏延要领军叛国投敌。奉丞相遗命可得而诛之！”

魏延的兵将们果然措手不及，立刻发生了大溃败——没有谁愿意自己人打自己人，尤其是对方还宣称魏延是叛国贼，军心瞬间就散了。

魏延带着还忠于自己的士兵且战且退，由于他是前锋部队，在部署上更接近北方，所以魏延的撤退方向也是朝向北方魏国本土的。

这是魏延犯的第二个不是错误的错误。杨仪迅速抓住这一点大做文章：看吧，魏延打算投敌！

但魏延已经顾不得这些了，他用最快的速度拟好一封奏折，派最可靠的亲兵快马发往成都，将今日之事上奏给后主刘禅，与此同时，杨仪的奏折也已经上路，内容恰好跟魏延的奏折相反。

在无当飞军的迅猛攻势面前，魏延很快就撑不住了，部队彻底被打散，于是，他选择了抛下部属，跟几个儿子骑上快马向汉中方向逃亡。

这时候就该马岱出场了，马岱精锐的西凉骑兵撒开大网，展开地毯式搜捕，终于在汉中的虎头桥旁追到了魏延。

此时的魏延，迷惑、愤怒而绝望。他始终不明白这一切究竟是怎么回事，为什么自己会遭到突然袭击？为什么王平、马岱会对自己反戈相向？为什么他们宣称自己要投敌叛国？

马岱没有工夫跟魏延解释，他指挥着骑术精湛的骑兵将魏延紧紧包围，然后将弓拉满，瞄准了魏延……

魏延到死都没有弄明白，自己究竟犯了什么错。

当马岱把魏延的头颅送到杨仪面前时，杨仪居然神经质一般地爆发了，他一把抢过头颅狠狠摔在地上，又在上面使劲踩踏了一番，一边踩一边骂：“庸奴，你还敢跟我过不去吗！”发泄完之后，杨仪依然觉得不解恨，又派人到汉中，将魏延三族全部夷灭，斩草除根。

可怜魏延一代名将，征战一生，却死得如此不明不白！而杨仪此举，也打破了蜀汉权力场上只斗争不杀戮的先例。

几天之后，杨仪和魏延的奏折同时送到了成都，面对两位重臣两封截然相反的奏折，刘禅陷入了罗生门式的震惊中，立刻派蒋琬去前线调查情况。可是蒋琬还没走多远，前线再一次传来消息：魏延已经死了，杨仪正率领军队向汉中方向撤退。

魏延死了，所有话语权都在杨仪的手中了，更何况杨仪也的确把大军安然无恙地带回来了，所以成都方面再也没有追究这件事情，等于坐实了魏延谋反的大罪。

所谓成王败寇，便是如此。

直到几年之后，随着杨仪失势，事情的真相逐步被揭露出来，但这时候，已经不可能替魏延平反了，因为这个冤案涉及太多蜀国高层，一旦推翻之前的定论，抽的不是杨仪的耳光，而是整个朝廷的耳光。

于是，在蜀国的史书上，故事变成了这样：诸葛亮临死前与杨仪、费祎、姜维等人密谋让魏延断后，并且下令如果魏延不从命，大军便不管他自己走。而魏延听说自己被诸葛亮排除在核心团队之外后怒不可遏，竟然甩下大军自己南归了，还烧毁了栈道。杨仪率领大军走小路，夜以继日行军，终于在斜谷道口追上了魏延。想不到魏延竟然发难攻打杨仪，幸亏王平大喊了一声："诸葛丞相尸骨未寒，你们难道想造反吗！"于是魏延大军鸟兽散，而魏延本人也在逃跑过程中被诛杀。

在这个记载中已经放弃了杨仪对魏延投敌叛国的指控，但依然保留了魏延的罪人身份。更不幸的是，这个故事经过加工后又被罗贯中写入《三国演义》。

从此，蜀汉最后的名将被死死钉在了耻辱柱上。

幸好，在裴松之引注的魏国史书《魏略》中，记载了另一个故事——也就是那个更接近真相的故事，毫无疑问，司马懿所知道的，必定是这个版本的故事。

听完这个故事，司马懿轻松地出了一口气。

结束了，一切都结束了。诸葛亮之死，带走的不光是蜀军的战斗力，还有整个蜀汉朝廷的凝聚力，更是整个蜀国的气运。蒋琬、费祎、杨仪、姜维、王平、马岱……他们都是人才，但再也不可能有人挑起蜀汉的大梁了，从此之后，西线战场再无劲敌！

第七章　权随事走，没有实力就没有权力

风头出够了，麻烦也来了

诸葛亮身死，西线最大的威胁被解除，司马懿成了大英雄。洛阳的表彰雪片一样飞到长安，雍凉战区的主要将领加官晋爵，连普通小兵都多多少少得到了封赏。大家完全忘了当初对司马懿的轻视、怨言，无不赞颂司马大将军的深谋远虑，纷纷表示这大半年的缩头乌龟当得太值得了。

司马懿的威望达到了前所未有的高度，他在雍凉战区培养了一大批对自己忠心耿耿的嫡系人马。

与此同时，这些年来为了囤积兵粮，司马懿不断开垦土地，修建水利工程，雍州、凉州的粮食产量直线上升，非但能够实现军粮的自给自足，当关东地区爆发大饥荒的时候，司马懿还能轻松地拨出五百万斛粮食支援受灾地区。

坐拥十万大军，万石粮秣，遍观天下再无可与匹敌之人，司马懿踌躇满志。

青龙三年，蜀国大将马岱再次出兵北伐。

诸葛亮临死之前再三叮咛，要求蜀国将领镇守汉中，千万不要学他北伐中原。但是没人把他这句话当回事儿，姜维等人无不跃跃欲试，希望自己能够一统华夏，开创诸葛武侯所谓能开创的勋业。

想不到连马岱也来凑热闹。

司马懿接到报告后只是轻蔑地一笑，同时下令牛金率领一支骑兵前去迎战。除了诸葛亮，谁都没有资格当我的对手。马岱？你根本不配让我亲自出手。

司马懿简单地布置完任务后，牛金就出击了。整场战斗乏善可陈，马岱的大军一触即溃，牛金轻而易举地斩杀蜀军千余人。

这场战斗虽然短暂，却引发了整个西北地区的震荡，失去诸葛亮的蜀军已经没有了主心骨，连弩还是那个连弩，八阵还是那个八阵，甚至连士兵都还是那些士兵，但那支跟随诸葛亮南征北战的无敌军团已经烟消云散了。

这场战役引发了西北地区各大势力的大变局，司马懿和他的军队展现出来的武力威慑令人震惊，让当地摇摆不定的第三方武装力量下定决心投降魏国。同年，常年盘踞在武都的氐王苻双、强端率领部属六千余人投降司马懿，将这动荡带向了顶峰。

都说福无双至，祸不单行，接下来发生的事情让人不得不感慨司马懿这两年真的是运气爆表。人逢喜事精神爽的司马懿外出打猎，居然猎到一头白鹿！

在中国古代，白鹿是一种祥瑞，一旦出现就意味着老天爷对当今天子最近办的某些事情很满意。这种机会怎么能错过？司马懿二话没说就把这头白鹿献给了曹叡。

曹叡收到白鹿喜出望外，开心地下发诏书，把司马懿狠狠夸了一顿："当年周公辅佐成王的时候，就曾给成王送过一只祥瑞白鸡。如今你辅佐我，竟然也抓到了一只祥瑞白鹿，这不正是天意要你当我的周公旦吗？"

司马懿清楚地记得，十年前曹丕曾把他比作汉丞相萧何，想不到如今的天子居然说他是周公！司马懿遥望东方洛阳山呼万岁，感动得不能自已。

总之，司马懿低调了大半辈子，终于混到了扬眉吐气、风光无限的那一天。

然而，这几年来司马懿的风头出够了，麻烦也就跟着来了。

一个手握重兵、立下不世功勋的外姓大臣，不可能不遭到猜忌，更何况这个人还是有着"狼顾之相"的司马懿。

早在太和四年，司马懿还在都督荆豫战区的时候，司马懿的老朋友、太子四友之一的吴质就曾在曹叡面前大力推荐司马懿，甚至不惜贬损陈群，说司马懿是忠智兼备的社稷之臣，而陈群虽然文雅，却没有当顶梁柱的才华和气度，意思是把司马懿召回来当国之栋梁并加以重用。

吴质此人，一直以心思灵敏、智计过人闻名，说话自然口吐莲花，天花乱坠，把曹叡说得十分心动，几乎决定立刻下诏召司马懿入京。

当然，为了保险起见曹叡还是私下咨询了尚书令陈矫，这一咨询就坏事儿了。

面对曹叡，陈矫只说了一句话：“司马懿确实是本朝最有威望的大臣，至于是不是社稷之臣……呵呵，那可不好说。”

这话一出口，司马懿没救了，曹操当年那句“司马懿非人臣也，必预汝家事”的断语，真是坑了司马懿一辈子。陈矫的潜台词就是司马懿有反骨，是个能臣却不见得是个忠臣，再联系曹操的那句话，曹叡当即决定：这事儿还是先放放吧。

其实这时候曹叡并没有猜忌司马懿，因为司马懿没有露出任何不臣之心（平心而论，这个时候的司马懿也不可能有不臣之心，还是那句话，权臣都是时势造就的，没有人是天生反骨仔），但有一点是肯定的，司马懿并没有得到曹叡绝对的信任。

从另一件事情上更能看出曹叡对司马懿的态度。

曹魏青龙三年，也就是诸葛亮死后的第二年，曹叡撸掉了司马懿大将军一职，升他为太尉，还增加了他的封邑。

收到这个任命，司马懿顿时一愣神，显出一丝失落。当然，司马懿瞬间就收起了这份失落，面无表情地接旨谢恩。

要明白司马懿究竟为什么而失落，首先要明白太尉是个什么样的官以及两汉魏晋时期的内廷、外廷制度。

所谓外廷指的是正式的国家政府机构，最高领导人是以丞相为首的三公九卿。而内廷则相当于皇家智囊团，由皇帝的私人随从组成的机构。汉朝初年，国家大事还是由外廷负责，但是到汉武帝时期，这位雄才大略的君主不想跟三公分权，于是内廷开始占据国家权力的主导，到后来内廷的地位越来越高。到汉武帝驾崩，大将军霍光掌握了最高权力，外廷地位急剧下滑，由霍光执掌的内廷完全成为中央的权力中心。

司马懿之前担任的大将军一职便是内廷的最高军事领导人之一，而太尉所属的“三公”却属外廷官员，职称比大将军要高，实际地位却要低很多。

很明显，曹叡担心司马懿功高震主，不敢再把他放到那么重要的位置上，而是打算把大将军这个位置留给自己信得过的人——最好是曹姓的将领。

这个小插曲让司马懿从迷醉中清醒过来，功高震主，人臣之大忌，恐怕我在西北的功劳已经触及某些人敏感的神经了！

官场上最危险的莫过于功高震主，如果功高震主还嚣张跋扈那就必死无疑了。幸好，司马懿从来不是个张扬的人，他所要做的，是要比之前更加低调、更加谨慎，以前装孙子，现在就要装玄孙、太孙。

在一次进京述职的时候，司马懿路遇高阳乡侯常林，于是恭恭敬敬向常林执晚辈礼，将道路让在一旁，而常林居然也毫不客气地接受了司马懿的大礼（这个常林是司马懿的温县老乡，跟他父亲司马防平辈论交，算是司马懿的长辈，但官爵比司马懿低）。有人就责备常林，说司马公现在身份尊贵，你可别再让他对你行大礼了。常林却毫不以为意，说道："司马懿自己想要分清长幼的顺序，为后辈做楷模，况且他的尊贵又不是我所敬畏的，他向我行礼也不是我给他定的规矩，我何必去阻止？"

这件事情很快便传开了，同时也传到了曹叡的耳朵里。司马懿在立下如此奇功、身居如此高位的情况下还对长辈如此恭敬有礼的态度给很多人留下了好印象，再加上他平时低调谦和的表现，包括曹叡在内的很多人都相信，司马懿是一个勤勤恳恳的忠臣——过去是，现在是，将来也是。

司马懿长长地松了一口气，觉得亡羊补牢为时未晚，这事儿应该算是揭过去了，不遭人嫉是庸才，以他的地位和功勋，被嫉恨和猜忌是正常的，以后做人更加低调一些就是了。

让他没想到的是，还有一个天大的考验在等着他。

青龙四年，光禄勋高堂隆病逝，在病逝之前此人居然给曹叡留下了一封遗书，遗书的锋芒直指司马懿！

这封遗书的内容是这样的：

"我听说，黄初年间宫里燕子巢穴中发现有一双全身血红的怪鸟，这是上天在警告我大魏朝，应该严防'鹰扬之臣'，以免祸起萧墙。所以我个人建议，最好让诸王在封地内建立军队，像棋子一样在全国星罗棋布，分布在全国重镇，拱卫皇室保护中央，维护首都所在的京畿。"

既然要同姓诸王建立军队拱卫王室，高堂隆要针对的正是那些拥兵一方的外姓将领，而坐拥十万大军、总督雍州、凉州两大战略重镇的司马懿正是首当其冲！

曹叡收到这封遗书后，心中深受震动，他想到数年前叔叔曹植写给他的《陈审举表》，里面提到的观点居然跟高堂隆如出一辙！

那是太和五年，沉寂多年的曹植终于耐不住寂寞，小心翼翼地向侄子曹叡毛遂自荐，希望能够再给他一个报效国家的机会，就在这篇《陈审举表》中，曹植给曹叡讲了这样一个故事：

“西汉吕后之乱被平息后，众臣迎接汉文帝刘恒即位，刘恒有些犹豫，担心朝廷局势不稳。宋昌对他说：‘朝中有朱虚侯、东牟侯这样的亲族，外面有齐王、楚王、淮南王、琅琊王这些如磐石一样可靠的兄弟宗族，请大王安心即位，不要担心。’”

曹植想用这个故事告诉曹叡，无论什么时候，宗室才是最可靠的后盾，相反，外姓臣子一旦握有重权，很有可能成为社稷的隐患：

“夺取齐国政权的，姓田，并不姓姜；瓜分晋国的，姓赵、姓魏，并不姓姬。所以唯请陛下明察，那些有利的时候霸住官位不放，危险的时候就赶快逃开的都是异姓臣属；那些祈求国家平安，有福同享，有祸同当的，都是皇族子弟。”

说完这些，曹植又小小地抱怨了一句：“而今恰恰相反，皇族疏远，异姓亲近，使我十分困惑。”

曹植这番话，本意是希望曹叡能够重用像他这样的亲族，但是如今回想起来的时候，曹叡心中却隐隐有了一丝不安：随着曹仁、夏侯尚、曹休、曹真等宗族将领的相继凋零，屡建奇功的司马懿已经成了整个魏国最有权势的大臣了。

曹植和高堂隆的奏疏都是秘密提交给曹叡的，司马懿对此一无所知，但出于对危险的本能直觉，从被曹叡撸掉大将军一职开始司马懿就保持着战战兢兢、如履薄冰的架势，甚至于比曹操时代还有过之无不及。因为司马懿明白，在曹操时代，还可以通过“不出风头，不出岔子”的“两不出原则”自保，但如今，他已经是手握重兵的朝廷重臣，不可能用不做事不立功的方式来明哲保身，他唯一能做的就是在态度上尽量做到低调和谦和。

换句话说，现在的司马懿，做事已经没法不高调了，他唯一能做的就是做人低调些、再低调些。

“东北亚”头号军事强国

正当司马懿坐镇雍凉韬光养晦的时候，辽东地区突然传来紧急军报：辽东太守公孙渊宣布独立，三国突然变成了“四国”。

辽东公孙家族一直保持着实际上的独立，但是在名义上他们是依附于曹魏帝国的。然而几十年过去了，眼看着曹操、刘备、诸葛亮这些当年叱咤风云的人物相继去世，公孙家族的掌门人公孙渊觉得，是不是又到该洗牌的时候了？

公孙渊之所以敢动这种心思，一个重要原因是他的爷爷和父亲留给他的家底非常殷实，让他很自信能在军事上死磕一番。

公孙渊的爷爷叫公孙度，辽东本地人，从玄菟郡（今辽宁东部及朝鲜咸镜道）的一个小吏一步步往上爬，最后当上了冀州刺史。结果没当多久，就因为被谣言免了官，回家待业去了。

幸好公孙度认识一个叫徐荣的朋友，而徐荣恰好是董卓手下的中郎将，董卓执政后，公孙度被举荐为辽东太守，在这个岗位上一待就是一辈子。

公孙度发迹的时候正好遇上中原群雄逐鹿，能从那个时代活下来的个个都是牛人，公孙度自然也不是吃素的。

公孙度上任的时候，发现辽东郡里的豪族很看不起自己。小吏出身的家伙，居然来给我们当太守？在东汉末年，如果一个地方官被当地大家族排斥，那他也就离滚蛋不远了（曹操就因为得罪了兖州豪强差点被撵出去），所以公孙度必须尽快收服这些当地豪强。

公孙度的方法简单、粗暴而有效：杀。

第一个被开刀的倒霉蛋是襄平县令公孙昭。此人之前为了羞辱公孙度，居然想出征召公孙度的儿子公孙康到他的军队里当个“伍长”这种低级的伎俩，把公孙度气得够呛。哪里想到风水轮流转，现在公孙度居然成了这公孙昭的顶头上司，那还客气什么？公孙度随便找了个理由把公孙昭抓了起来，然后活活打死在闹市区的大马路上。

还没等大家反应过来，公孙度又一声令下，将整个辽东郡对自己不够友善的大家族首领统统抓了起来，全部斩首，一个不留。

上百个家族被公孙度一锅端，整个辽东郡震惊了。世家大族虽然有自己的私兵部曲，但是仓促之间根本无法与公孙度的正规军相比。公孙度这一招的关键就在于果决，杀人的时候如果有丝毫犹豫，让这些世家大族有时间联合起来那麻烦就大了。

事实证明，公孙度这一招彻底降伏了辽东郡的所有世家大族，大家都是有家有业的人，没人愿意跟这种杀人魔王硬碰硬——从此以后，再也没人敢对公孙度指指点点。

解决了这些麻烦事之后，公孙度开始走上了霸权主义道路。

辽东郡远离中原，公孙度没法在群雄逐鹿的舞台上一显身手，怎么办？打能打到的人呗。

这样一来，朝鲜半岛上的高句丽就倒霉了。

当时的高句丽正处于新大王伯固的统治之下，这家伙也是个军国主义分子，跟东汉帝国断断续续打了好几年的仗，胜多败少，最狠的一次是袭击了大汉乐浪郡（今朝鲜半岛北部），把乐浪太守的妻子儿子都给绑架了。

到了公孙度手里，可就没这么好说话了，正当中原军阀在内战中不可开交的时候，公孙度集合大军发动迅猛攻势，把高句丽人打得抱头鼠窜。最后非但彻底臣服，还成了公孙渊的小弟，经常派军队来帮助公孙度打仗。

解决了高句丽人之后，公孙度又腾出手来。而后派兵击败乌桓，跨过渤海打下了东莱（今烟台市），一举荡平了辽东。一时之间，连倭国（也就是现在的日本）都听到了公孙度的威名，派人前来进贡，并且表达了日本人民对其“和平友好”的向往之情。

此时此刻，辽东郡俨然一副“东北亚”头号军事强国的架势，公孙度的野心也跟着膨胀，常常对下属说：“汉朝的社稷快完了，到时候，咱们一块儿弄个王侯卿相来当当！”（汉祚将绝，当与诸卿图王耳。）为了实现这一目标，公孙度擅自将辽东分为辽西、中辽两郡，连同东莱诸县，公孙度顿时从一个郡长上升成了州长，然后，他又自说自话地封自己为辽东侯、平州牧。

公孙度这些行为完全没有得到汉帝国的授权，此刻的汉帝国已经名存实亡，也没人有闲工夫去管他，而汉帝国名义上的代言人曹操也腾不出精力去跟他死磕，于是顺水推舟，表奏公孙度为武威将军，封永宁乡侯。

想不到公孙度还不领情，傲慢地说道：“我在辽东称王称霸，会稀罕你的永宁乡侯？”（我王辽东，何永宁也。）

这一年是建安九年，正是公孙度最意气风发的一年，可惜，就在同一年，五十五岁的公孙度突发恶疾，意外逝世。

公孙度之死让刚刚建立起来的“东北亚”霸权受到严峻考验，几乎所有人都把目光转向了公孙度的长子、辽东帝国的继承人、公孙渊的父亲公孙康。

比起白手创业的公孙度，富二代公孙康少了点进取心，但是他更加懂得老成持国之道。

他上台的时候正好遇上曹操消灭袁绍，一扫北方，辽东成了曹操势力范围边缘的孤岛，如何面对曹操成了公孙康的第一个考验。

公孙康没有太多时间来考虑这个问题，建安十二年，一个烫手的山芋来到了辽东，逼得公孙康必须立刻做出抉择。

这个山芋是袁绍的儿子袁熙、袁尚两兄弟。

袁氏家族在河北的势力被曹操连根拔起，这两兄弟跑到了乌桓，想借草原民族的力量抗衡曹操，可惜曹操的强悍超出了想象。建安二十年，曹操亲自远征，大破乌桓联军，斩杀单于蹋顿，屯兵易州，兵锋直指辽东。而袁氏兄弟则不得不继续逃亡，辽东成了他们最后的希望。

两兄弟的到来让公孙康陷入两难之中，一方面，他害怕得罪曹操，不敢收容袁氏兄弟。另一方面，他又觉得万一曹操想趁机灭掉辽东，袁氏兄弟也是不错的外援。

公孙康纠结得不行了，于是找来弟弟公孙恭商量，公孙恭想了想，对公孙康说：“当年袁绍活着的时候就对咱们没安好心，现在袁氏兄弟败亡来投奔咱们，恐怕心里是存着鸠占鹊巢之心的。如果留下他们，岂止是得罪曹公，还会凭空给自己留下祸患啊。”

公孙康紧紧皱着眉头：“老弟，你说的我当然知道，可是我担心曹操马上就要来攻打辽东了，如果留下二袁，到时候还能助我一臂之力……”

公孙恭摆摆手，打断了公孙康：“老哥，我看你是急火攻心，关心则乱啊。与其在这里担心，为什么不干脆派人去易州探听一下曹操大军的动向？”

公孙康听后一拍大腿：“我咋没想到呢！立刻派出细作，沿途探听曹操的用兵计划。至于袁氏兄弟……嗯，就说我卧病在床，暂时不能相见。”

几天之后，细作发来情报：曹操按兵不动，没有丝毫打算进兵的迹象。公孙康如释重负：“啥也别说了，把袁氏兄弟脑袋给我摘来吧！”

当公孙康的使者来请袁氏兄弟赴宴的时候，两人已经在驿馆等了好多天，一直没有受到接见让二人非常心急，好不容易等到消息，便迫不及待地跟随使者赴宴去了。

来到宴会厅门前，两兄弟没有见到公孙康，也没见到传说中的宴席，只听到一声号角，从厅外马棚中杀出一对甲士，二话不说一通乱砍，可怜袁氏兄弟还饿着肚子，脑袋就已经被砍下来了。

请人来赴宴，却连饭都不让人吃就把人砍了，公孙康也真够缺德的。古往今来死在鸿门宴上的人不少，像袁氏兄弟那么憋屈的饿死鬼还真不多。

公孙康迅速打包好两颗脑袋送给曹操，与此同时，他还送上了降表，正式宣布辽东易帜，从此向曹操俯首称臣。

当然，俯首称臣只是名义上的，公孙康依然保持了辽东独立王国的本质，对他来说，名义上是谁的臣子一点都不重要。对此曹操也并不介意，他不想在这种苦寒之地损兵折将，有公孙康名义上的效忠就足够了。

曹操满意地撤兵了，公孙康又可以自由自在地称霸东北亚了。他的实力跟曹操玩命有点悬，跟乌桓、鲜卑、朝鲜、日本这种小势力打架简直跟玩一样。于是，他决定继承父亲的遗志，继续扩大辽东帝国在整个“东北亚”的霸权。

首先倒霉的还是高句丽。

自从新大王伯固被打败后，高句丽着实消停了好一会儿，但是公孙度死后，这些家伙又开始不安分起来了，没多久，新大王伯固死了，伯固的次子伊夷模继位。

年轻人很有血性，伊夷模初生牛犊不怕虎，公然挑衅辽东，多次出兵过来抢劫，还擅自接管了从汉帝国管辖地区逃亡出去的五千名胡人雇佣兵，一时间耀武扬威，得意得不行。

公孙康火了，曹操都不敢跟我嚣张，高句丽算个什么东西，敢来我面前嘚瑟？公孙康立刻调兵遣将，打算给高句丽一个教训。

伊夷模大概听说了公孙康在曹操面前灰头土脸的故事，自信心爆棚，居然想跟公孙康玩一把硬碰硬，结果两军一接触，高句丽兵团被打得连北都找不着，几乎被辽东大军踩死。

大胜之后，公孙康再接再厉，一路打进了高句丽的国都国内城（今吉林省集安市），一把火烧了这个放在中原也就县城那么大的所谓都城，算是把高句丽国给灭了。

伊夷模失败后，他的大哥拔奇十分干脆，带着自己手下的军队和百姓就投降了公孙康，连之前投奔过去的五千胡人雇佣兵也趁机反水。伊夷模众叛亲离，像被打瘸腿的狗一样灰溜溜地跑了，等公孙康退兵后才敢回来，又在国内城的卫城尉那岩城（位于今吉林省集安市西面的丸都山上）重新定都，并且改名为丸都城，号称“复国成功”也算是勉强找回了场地。

几年后，伊夷模好了伤疤忘了疼，居然又跑去辽东隔壁的玄菟打秋风。这时候的公孙康已经是幽州北部地区的“世界警察”了，管得挺宽，一听说高句丽人又来了二话不说联合玄菟郡，再一次把高句丽人赶回了老家。

从此之后，不管是高句丽还是鲜卑、乌桓，还是远在日本海对面的倭国，没有人敢在辽东公孙家族面前耀武扬威。在公孙度、公孙康父子的经营之下，此时此刻的辽东，已经是名副其实的东北亚第一军事强国，势力范围覆盖整个中国东北、朝鲜半岛和日本列岛。

这就是公孙渊所接收到的遗产，是他一切自信、自傲和自负的资本。

一个白痴的光荣与梦想

公孙康死后，嫡子公孙晃和公孙渊都还年幼，辽东掌门人之位传到了公孙恭手中。

很可惜，公孙恭还没来得及一展宏图就得了一场大病，病是治好了，却带来了严重的后遗症：他的雄性激素停止分泌，变成了一个……太监。

公孙恭成了一个名副其实的“没种的人”，对征战一生的战将来说，还有什么事情能比这个更羞耻？于是公孙恭郁郁寡欢、日日消沉，就像练完《葵花宝典》的东方不败一样，退居后宫再也不愿意管事儿了。

太和二年，已经长大的公孙渊趁机发难，囚禁了公孙恭，自立为辽东之主。

此时，长兄公孙晃正在洛阳做官兼做人质，听到这个消息立刻向曹叡上表，说公孙渊当权则辽东必反，请朝廷早日出兵征伐。然而当时的曹魏正在忙于应付诸葛亮的北伐，腾不出精力，于是本着息事宁人的态度册封公孙渊为扬烈将军、辽东太守，正式承认了公孙渊辽东统治者的身份。

朝廷的绥靖政策给公孙渊打了一剂强心针，一个更加宏大的计划在公孙渊胸中展开：他要联络东吴南北夹击曹魏，重新书写三国的政治格局！

从辽东到江东一般都是走海路，校尉宿舒、郎中令孙综带着公孙渊蓬勃的野心和一封语气恭谨的降表坐上了南下江东的大船。临行前，公孙渊突然对孙权的实力有点不太放心，仔细叮咛二人要趁机偷偷查探东吴的综合国力，看看这个盟友靠不靠谱。

宿舒、孙综受到了孙权的亲切接见，曹魏重臣居然来投降自己，这可是一件值得大肆宣传的政治喜讯。最重要的是，江东地区不产战马，骑兵实力弱小，如果真的能够收降辽东的话就等于拥有了稳定的战马供给。

兴高采烈的孙权立刻决定封公孙渊为燕王，并派张弥、许晏等人带上大批金银珠宝出使辽东。

对此，东吴重臣张昭表示了明确的反对："陛下，您不会以为公孙渊真的是仰慕我大吴帝国的威名才来归附的吧？公孙渊是自己想造反，又怕曹叡讨伐，打算拉我们这张虎皮做大旗啊。万一公孙渊突然改变了主意，又想跟曹魏表忠，那咱们的使团和礼物可就肉包子打狗——有去无回，岂不是要多丢脸有多丢脸？"

泼冷水的人最扫兴！孙权听了很不高兴，看在张昭是老臣的分儿上没有发作，彬彬有礼地驳回了他的进谏。谁知道张昭不识趣，坚决反对遣使辽东，怎么都不肯松口。孙权怒了，一手握住了腰间的佩剑，咬牙切齿地说："吴国的士大夫哪个不是在皇宫里就拜见我，在皇宫外就拜见你？我对你的恭敬也算极致了吧？但是你为什么总在众人面前折我的面子？你不知道这样会让我很没面子吗！"

张昭听了这番话愣住了，久久凝视着孙权，好不容易才张口说道："老臣我也知道有些时候陛下不愿听我，只是当初太后驾崩的时候对我的托孤之言常在耳边，不敢不竭忠尽智啊！"

张昭说得恳切，孙权也觉得自己太过于失态，狠狠把佩剑扔到了地上，抱着张昭哇哇哭起来（与昭对泣）。

这一幕实在感人，张昭回到家还在唏嘘不已，觉得当今陛下真是太尊重自己了，然后一个消息彻底打蒙了他：哭完之后，孙权抹去眼泪捡起佩剑，然后下令张弥、许晏的使团立刻出发。

“这……”张昭被气疯了，这就是传说中的“虚心接受，坚决不改”！张昭脾气也很大，居然罢工抗议，从此不上朝了。

张昭有脾气，孙权更有脾气，居然派人把张昭的大门用土堵了起来。你不想出门是吧？那就别出门了。

张昭一看，跟我比脾气？谁怕谁！于是又在大门里面造了一堵墙，表明自己绝不上朝的态度。

都是一帮有脾气的人啊。

正当东吴君臣闹得不可开交的时候，使团已经登上了开往辽东的大船。

这段时间公孙渊一直在琢磨，越琢磨越觉得吴国不靠谱，诸葛亮两次北伐失败的消息传来更让公孙渊心中不安，当宿舒、孙综带着吴国使团回到辽东的时候，公孙渊第一件事就是向二人询问吴国的状况。

这二人带回来的评估报告不太乐观：吴国上下弥漫着偏安主义思潮，军队自保有余，进攻不足，很难作为真正的依靠。

公孙渊的心立刻凉了，决定跟吴国的合作先放放，可是紧接着张弥、许晏送来的礼物又让他动了心：好多金银财宝啊！辽东贫瘠，公孙渊哪见过这么多金光灿灿的宝贝？舍不得退回去怎么办？于是，公孙渊做了一个极为愚蠢的决定：把使者杀了，把礼物吞了。

说干就干。

张弥、许晏刚上岸，还没吃几顿饱饭，脑袋就被一群凶神恶煞的甲士砍了下来，一路颠簸着送去洛阳了，然后公孙渊心安理得地收下了孙权的礼物，还把跟随使团前来的一万士兵也收进了自己的军队。

公孙渊有无数种方法在魏国和吴国之间周旋，毫无疑问，他采用了最愚蠢的方法。

收到张弥、许晏的人头后，曹叡脸上阴晴不定。理论上这是公孙渊在向自己表明态度，可是此人先是背着曹魏勾搭孙吴，然后又砍下使者的脑袋来讨好曹叡，翻脸的速度当真比翻书还快。

辽东公孙家族的人向来野心勃勃，这个事曹叡一直都知道，但没有一个人是像公孙渊这么不按常理出牌——这个家伙，实在是颗危险的不定时炸弹啊。

想是这么想的，但安抚也是必需的，所以曹叡强忍住对公孙渊的厌恶，加封公孙渊为大司马，封乐浪公。

大司马这个职位本身比大将军的品秩还要高，但是自从曹仁、曹休、曹真相继死在大司马任上（都是刚当上大司马没多久就挂了），这个职务变得不太吉利，所以一直空着，正好拿来给公孙渊用，也算寄托了曹叡希望公孙渊早日完蛋的美好愿望。

就在曹叡不爽公孙渊反复无常的同时，孙权确实彻底愤怒了。公孙渊把他当猴耍，非但抢了他的礼物杀了他的人，还害得他在张昭面前大大丢了脸，是可忍，孰不可忍！

孙权暴跳如雷，下令全军动员，发兵："朕年已六十了，人世间的艰难困苦，还有什么没经历过，近来却被这鼠辈所戏弄，令人气涌如山。如不亲手砍掉鼠辈的脑袋扔进大海，就再也无颜君临天下，即令为此亡国颠沛，也决不怨恨！"这话说得实在是太意气用事了，大臣薛综等人玩命劝谏，怎么也不让孙权的手令发出大殿，闹腾了好半天，等盛怒终于过去了，孙权也想明白了。算了，就当缴学费了。终于没再提远征辽东的事儿。

然后，孙权很没面子地跑到张昭大门前，拆了土堆向张昭道歉。

从这件事情上可见孙权这人确实了不起，如果换了袁绍，恐怕早就像杀田丰一样把张昭给杀了（田丰预言袁绍南征必败，结果袁绍大败于官渡。当时有人跟田丰说："你之前的预测如此准确，恐怕主公会奖励你吧。"田丰却长叹一口气说："以主公的性格，打赢了我还有条活路，打输了我却必死无疑啊。"果然，袁绍兵败逃回后，第一件事就是把田丰给杀了）。

可是孙权那么大的气量，张昭却不领情，打死不肯出门。孙权急了，居然想出了放火烧门的主意，想把张昭烧出来。结果张昭倔得跟头牛一样，宁可学介子推也不肯出门。孙权无奈之下灭了火，又好声好气地劝了张昭半天。最后，张昭的两个儿子都看不过去了，拆了门内的墙，把老爹架了出来，这事儿才算告一段落。

丢脸丢到这种地步，孙权自然都会把账记到公孙渊头上。

这件事情过后，公孙渊丝毫没有收敛，反而觉得自己太了不起了，居然能把当今两个大国玩得团团转，苏秦、张仪复生也不过如此吧？每到夜深人静的时候，公孙渊就会倚着窗户唉声叹气，他痛恨自己为什么没有早生几年，如果能生于群雄逐鹿时代，早把刘备、曹操这些竖子踩在脚下了。

在这种心态之下，公孙渊的野心跟愚蠢一起再度膨胀。对曹魏的态度更加倨傲，变本加厉地跟曹叡对着干，仿佛害怕全天下不知道自己要造反一样。

而之后发生的事情更让曹叡气得够呛。

为了册封公孙渊，中央政府派出了一个使团。公孙渊不知道从哪里听来一个小道消息，说使团中有个叫左俊伯的人，是个武林高手，武功高深莫测。听到这个消息后公孙渊有点担心：这家伙不会来刺杀我吧？

对一个决心造反的人来说，这种担心很常见，一个聪明人有无数种方法来化解这种担忧，而公孙渊居然又选择了最愚蠢的那个方法。

使团到达辽东后住在学馆中，公孙渊居然出动武装部队包围了学馆，一副如临大敌的样子，连骑兵都出动了！做完这些部署后，公孙渊才扬扬得意地走进学馆，一脸自得地接受了册封。

魏国使节哪里见过这阵仗？当场吓尿了，好不容易主持完册封仪式，饭都来不及吃一口就屁滚尿流地跑回洛阳去了，然后又添油加醋地跟曹叡渲染了一番。

曹叡火冒三丈，果断决定：不能忍了！

景初元年，曹叡下令幽州刺史毌丘俭率领军队出使辽东，召公孙渊去洛阳上朝。

毌丘俭也是个牛人，他是曹魏后期一流的名将。不过此人真正声名大噪还是在公孙渊死后。

辽东公孙氏败亡后，高句丽沉渣泛起，当时的高句丽君主东川王试图重新抢回“东北亚”地区的霸权，曹魏帝国当然不能答应。正始五年，毌丘俭带步骑兵万人出玄菟讨伐高句丽，先后在沸流水、梁口两度大败当时的高句丽君主东川王，将号称有二万人的高句丽军诛灭一万八千余人，然后毌丘俭攻入都城丸都（旧都国内城被公孙康一把火烧了，再也不能用了），屠杀高句丽官员数千人后才退兵。

在之后的数年内，毌丘俭多次发动进攻，逼得高句丽人把百年来鲸吞蚕食的东汉领土一一吐出来，直到正始六年把东汉弃置的临屯郡故地全部收回版图，然后勒石记功，这才算了事。

公孙渊要面临的就是这么一位名将。不过景初元年，毌丘俭还没有出名，带来的又是地方军而不是精锐的中军，所以公孙渊没把他放在眼里。

既然你带着兵来，那就别怪我兵来将挡、水来土掩了。公孙渊谈笑风生地调兵遣将，做出一副胸有成竹的名士状，在辽阳迎战毌丘俭。

两军对圆，公孙渊踌躇满志地挥下令旗，战鼓大作，三军齐进，然后……

毌丘一看势头不对，立刻退兵了。

曹叡的本意只是要吓唬一下公孙渊，所以毌丘俭带来的都是地方上的守备部队，战斗力极弱，再加上毌丘俭也没想到公孙渊会悍然起兵对抗中央，于是准备不足，战败在所难免。

这些客观因素全部被公孙渊有意识地忽略了，在他的心目中，他已经战胜了名将毌丘俭和来自曹魏的精锐大军，试问天下还有谁能与他争锋？

志在必得的公孙渊迫不及待地宣布脱离曹魏，自立为燕王，改元绍汉元年，像模像样地设置起了政府机构，任命了一大群“中央政府官员”。又遣使招降鲜卑，居然还派兵出没于曹魏的北方进行骚扰。

他不知道，他这次玩大发了，惹了不该惹的人。

就在同一时刻，远在长安的司马懿收到曹叡诏书，命他立刻回洛阳。稍作休整后司马懿立刻率领中央军出征辽东，那里有个狂妄的家伙等着他去解决。

“公孙渊？”司马懿缓缓抬起头，遥望着东北，“一个跳梁小丑而已。”

实力让一切权术都靠边站

公孙渊是个大白痴。

这是曹叡对公孙渊的盖棺论定，此人从取代公孙恭之后的所有行为都毫不掩饰地证明了这一点。

可问题是，公孙渊是个有实力的大白痴，且不说公孙度、公孙康两代人留下来了强大家底，光是辽东遥远的地理位置和险要的地形就足够让魏军喝一壶了。

所以，远征辽东这个艰巨的任务只能交给司马懿这样的名将。

曹叡是个懂得权力制衡的人，他知道如今最好的选择应该是先放一放司马懿，同时再培养一个能与之分庭抗礼的功臣——最好是宗室的功臣。可是让曹叡尴尬的是，如今的魏国人才凋零，他居然找不出一个这样的能人。

曹叡很头疼。

而收到诏书的时候司马懿却会心一笑。

曹叡的那点帝王心术他还能不明白？但他同样明白，他现在已经是魏国唯一的栋梁，曹叡对他是不敢倚重又不能不倚重——离开了司马懿，还有谁能给他办事，给他打仗？

司马懿深信，实力是一切权术的根基与后盾，只要他依然有能力替魏国取得军事胜利，任何人都夺不走他的权力。

当司马懿进宫朝见的时候，依然保持着低调与谦恭，上殿的时候解下佩剑、脱下双履，小步快走到曹叡跟前，叩拜行礼，整个过程一丝不苟，甚至比之前更加恭谨。

曹叡顿时感觉放心了不少。

让司马懿平身后，曹叡仔细打量着这个如今权势滔天的大臣。比起十年前首次执掌兵权，今天的司马懿变得更加深不可测，在与诸葛亮的对抗中，司马懿已经从一名相对优秀的将领成长为了顶级的军事统帅。

良久，曹叡终于开口了："这种小事本来不应该劳烦你的，但是远征辽东之战只能成功不能失败，所以只有依靠你了，你认为公孙渊会做什么？"

曹叡说得诚恳，司马懿听得明白。略一沉吟，司马懿再次行礼，然后用恭敬地口气回答道："对公孙渊来说，放弃襄平（辽东郡的治所）预先撤离是上策。"

曹叡并没有表示疑问，而是示意司马懿说下去。于是司马懿再次行礼，然后说道："占据辽水抗拒我军，这是中策；如果公孙渊坐守襄平企图倚仗高城顽抗到底，那就是下策了，一定会被我军击破擒获。"

曹叡自己也是知兵之人，对司马懿的分析深以为然："那么，你觉得公孙渊会采用哪种策略呢？"

"只有真正明智的人才能理性分析敌我势态，审时度势做出最合理的判断，能够预先做准备，放弃重镇襄平，但这绝不是公孙渊所能做到的事情。"司马懿继续以平稳的声调回答道，"公孙渊肯定会认为我军孤悬辽东，没法持久作战，所以他会先占据辽河，然后死守襄平，也就是说，他会采取中下策。"

"那么，算上来回的时间，这场仗要打多久？"

“出兵需要百日，撤兵需要百日，在辽东作战需要百日，另外再休息六十日，臣下需要一年时间。”

“好，就给你一年时间，给大军筹备一年粮草。”

君臣二人一问一答，没有一句废话，曹叡问得仔细，司马懿答得详细，立刻把远征辽东的所有问题都商定下来。

谈话即将结束时，司马懿突然又小心翼翼地说了一句:“陛下，洛阳的宫殿从周公、萧何开始就已经营造，到现在陛下还觉得不够住那就是臣下的失职。但是今年河北大灾，老百姓连饭都吃不上了，可国家还是要拉他们服徭役，这样恐怕不太好……臣觉得，陛下应该暂时把‘内务工程’停一停，给百姓点喘息的空间啊。”

“知道了，知道了。”曹叡听完不耐烦地挥挥手，司马懿立刻识趣地闭嘴，诚惶诚恐地退下了。

曹叡知道，司马懿是在说自己太过热衷于营造宫殿，耗费的国力巨大。这种话其他大臣都说了无数遍，曹叡早就听烦了，所以气鼓鼓地把司马懿轰走了。

不过曹叡其实并没有真的生气，反而觉得更加放心。一个有野心的人是绝不会冒着触怒皇帝的危险来进谏这种事情的，直言犯上并不是一个有二心的臣子会做的事情。

离开皇宫后，司马懿又把整个过程细细回忆了一遍，每一个动作、每一句话以及曹叡的每一个反应，直到确认没有丝毫问题，他才松了一口气，放心地整理军务去了。

景初二年正月，司马懿率领四万大军踏上了北伐的道路。为了确保魏军不在兵力上捉襟见肘，曹叡还特意下令幽州刺史毌丘俭所部兵马统一调归司马懿统辖。

曹叡一直把司马懿送出西明门，自己就送不了更远了，于是令司马懿的弟弟司马孚和长子司马师代替自己继续送行，一直送到司马懿的家乡温县。

司马懿的到来让温县沸腾了。

司马家族本来就是温县人的骄傲，而司马懿本人更是温县的神话，人们纷纷拥上主街，争相围观这位打败了诸葛亮的大人物。

司马懿也是感慨非常，下令大军暂时停留数日，在温县大摆筵席，宴请父老乡亲。

宴会上，司马懿很少见地收起了那张一成不变的扑克脸，跟父老乡亲有说有笑，大碗喝酒，喝得憨态可掬。

家乡，让司马懿感受到了久违的温情，在这里没有冷冰冰的斗争，没有虎视眈眈的政敌，他不需要去周旋，不需要去伪装，不需要去提防。司马懿几乎都忘了自己曾经拥有过这样的生活。

感慨万千之下，司马懿居然破天荒地诗兴大发，留下了一生中唯一一首四言诗：

天地开辟，日月重光。
遭遇际会，毕力遐方。
将扫群秽，还过故乡。
肃清万里，总齐八荒。
告成归老，待罪舞阳。

当我功成名就之日，多么希望能够告老还乡，再回到这片令人备感温馨的乐土。

不过在此之前，我还是需要肃清万里，总齐八荒。男儿生于天地间，这才是真正应该做的事情。

跟父老乡亲宴饮欢聚数日后，司马懿再一次起程，宴会上那个饮酒赋诗、高声谈笑的司马懿不见了，又变回了那个沉稳、阴鸷的司马懿。

得知曹魏大军征讨的消息后，公孙渊立刻决定：向东吴称臣，祈求孙权发兵援助！

也不知公孙渊是怎么想的，杀了东吴的使者，吞了东吴的礼物，把孙权像白痴一样耍了一圈，他居然还打算向东吴求援。

果然，收到求援信后孙权想起了上次被愚弄的不愉快经历，再一次暴跳如雷，打算把辽东来使砍了。盛怒之际，一个叫羊衜的大臣劝住了孙权：

“陛下不可！这是在因匹夫之怒而毁掉称王称霸的机会啊！”

“匹夫”两个字让孙权的眉角一挑，孙权圆睁着碧蓝大眼气哼哼地盯着羊衜。

羊骏不紧不慢继续发言："我们应该宽待公孙渊的使者，同时出动一支舰队北上辽东——两不相帮，只捡现成便宜。"

"捡便宜"三个字再次让孙权眉角一挑："说下去。"

"我们的舰队到了辽东后远远观望，如果公孙渊赢了，那我们就装模作样上岸帮忙，这人情就卖大发了。如果公孙渊输了，我们就趁机上岸抢掠一番，也算是报了仇，还能赚个路费，一点不吃亏。"

"此计大妙！"孙权转怒为喜，一边下令组织远征军北上捡便宜，一边找来辽东使者，慷慨激昂地表示，"回去告诉公孙老弟（称呼都变了），说我东吴肯定跟辽东共存亡，即便是因此跟中原彻底翻脸也在所不惜！"

使者圆满完成任务，快乐地回家了。临行前，孙权又语重心长地提醒了一句："司马懿用兵如神，所向无敌，我很为老弟担忧啊。"

公孙渊根本没把孙权的警告当回事，他研究过司马懿在雍凉的战例，发现司马懿用兵不过如此。坚守不出，耗到蜀军没粮，耗到诸葛亮病死……这算哪门子用兵如神？听说诸葛亮死后还玩了个小花招把司马懿吓得拔腿就走……这算哪门子一往无前？

公孙渊根本不懂司马懿真正的强大之处。

他从来没有想过，为什么司马懿能在蜀军强大的攻势面前岿然不动？为什么司马懿在地图上画几个点就能扼住诸葛亮的七寸？为什么司马懿能够以如此微小的损失顶住如此声势浩大的入侵？

像公孙渊这种人，永远只看到自己愿意看到的那部分情况，所以他注定要悲剧。

与此同时，魏国的间谍也把孙权出兵的消息千里加急送到了洛阳。曹叡有点小小的担心，万一辽东和东吴联手，司马懿可就啃上硬骨头了。于是他找来蒋济，想听一听这位谋臣的想法。

蒋济显得很不以为然，十分肯定地告诉曹叡："孙权不会帮公孙渊的。"

"东吴远征军不可能深入辽东腹地，但不深入的话救援就起不到作用。再说，孙权这个人，就算子侄遇上危险他都能犹然不动，更何况是往日羞辱过他的公孙渊！现在他往外声张此事，肯定是诡计，不过是想等我军万一失败了卖个现成人情给公孙渊而已。"

蒋济的判断一直很准，曹叡瞬间吃了定心丸。

“不过！”蒋济突然提高了声音，让曹叡的心又揪紧了。

“不过什么？”

“不过若是我军攻打公孙渊不能速战速决，一旦相持不下，以孙权程度不深的谋略，或许会以轻兵掩袭也说不定。”

“嗯。”曹叡若有所思地点点头，“这就得看司马懿的本事了。”

司马懿在下一盘很大的棋

不出司马懿所料，公孙渊果然选择了中下策。

当司马懿还在温县饮酒赋诗的时候，公孙渊紧急动员数万大军，由大将卑衍、杨祚统率，驻扎于辽遂等待魏国大军。

辽遂位于辽河与大梁河的交汇口，东北一百里左右便是襄平城。一般来说，守襄平必须先守辽遂，这是军事常识，所以公孙渊的安排倒也中规中矩。

可惜在司马懿面前，中规中矩是不够的。

景初二年六月，司马懿大军跋涉四千余里抵达辽遂，不禁哑然。原来，卑衍、杨祚二人抵达辽遂后又沿着辽河构筑了一道南北走向长达六七十里的防御工事。这两位老兄充分发扬二愣子精神，壕沟深得能淹死大象，土墙厚得能砌进一头骆驼，魏国大军就算开着坦克过来都无法轻易碾过去。

这道三国史上旷古绝后的“卑衍—杨祚防线”，在战略意图上充分体现了东北人民直爽的性子：我挖条沟、我造堵墙，我让你过不来。

卑衍和杨祚站在工事后面，得意扬扬地望着司马懿：怕了吧？当年你就是拿这一招耗死诸葛亮的。我这叫以其人之道还治其人之身。

司马懿很无语。“卑衍—杨祚防线”在他眼里简直破绽百出。

拳谚云：练武不练功，到老一场空。卑衍、杨祚学到了司马懿的招数，却没学到内功。“耗”字诀的精髓不是造堵墙把人围起来，而是占据一个咽喉位置让人进退不能。反观“卑衍—杨祚防线”，再怎么连绵六七十公里难道还能把整个辽东都围起来？也就是说，除了防线所在的六七十里地，其他地方全都是突破口。

简单地扫了一眼舆图后，司马懿心中已经有了一个宏大的战术计划。

第一步，司马懿先大摇大摆地开到防线南段安下营寨，做出一副打算在辽河南岸突破的架势。同时，司马懿下了一道奇怪的命令：把所有的旗帜取出来，甭管有用没有，全部插上。

魏军将士不知道司马懿想干吗，不过管他呢，反正插根旗子也不费不了多大劲儿。一时间魏军大营锦旗飘扬，遮天蔽日。

卑衍、杨祚二人看得真真切切，十分得意地把主力大军调往防线南部，打算依托防御工事给魏军来个“半渡而击”。

就在辽东军调动时，魏军也在紧锣密鼓地安排下一步行动，在一个月黑风高的夜晚，司马懿突然下令：全军紧急出动，向北绕过防线！

大军立刻有条不紊地撤出营寨，一直绕到“卑衍—杨祚防线”的尽头，在那里渡过了辽河。

“卑衍—杨祚防线”柔软的背部立刻暴露在司马懿的兵锋之下。

由于辽东军的主力已经被骗到防线南段，没人发现魏军的行动。直到几天后，卑衍、杨祚才突然发现魏军大营有点奇怪。旌旗依然飘扬，可总感觉少了点人气。

二人合计了半晌，决定派出小股部队去查探一番。派出去的侦察兵也缩头缩脑，好半天才畏畏缩缩地钻进魏军大营，发现果然是座空营。

就在同时，后方传来消息：司马懿大军已经渡过辽河了！

居然被司马懿的“暗度陈仓”之计骗了！辽东军一时间有些慌乱。不过他们很快就冷静下来：“卑衍—杨祚防线”固若金汤，就算从背后也没有那么容易突破。于是辽东军一齐向后转，打算和司马懿来个硬碰硬。

司马懿从不打硬碰硬的仗。看到片刻慌乱后又冷静下来的辽东军，司马懿心中一阵冷笑，走出了第二步棋子。

于是，魏军又收到一个奇怪的命令：摧毁所有渡河船只，并且沿着辽河构筑简易城防。

卑衍、杨祚一头雾水：什么情况？司马懿打算跟我们对垒？没道理啊，对垒何必跑到辽河对面来？莫非魏军闲得慌？

正在辽东军莫名其妙的时候，魏军的工事已经构筑完毕。紧接着，司马懿又下达了第三个奇怪的命令：全军急趋东北，直捣襄平城。

在背后有大军盯梢的情况下居然去攻打坚城襄平，这简直就是自寻死路的

“乱命”！司马懿麾下的将领终于忍不住要提意见了：“太尉！我们都绕道辽遂后方了却围起来不去攻打，这算个什么事儿！”

司马懿解释道：“兵法云：‘敌虽高垒，不得不与我战者，攻其所必救也。’我这是攻敌必救，骗贼军出战。”

众将心想太尉大人是不是读书读傻了：“话是这么说没错……可是敌军主力在我后方，此时贸然攻打襄平，若是阳遂守军趁机出动，与襄平守军首尾夹击，我军岂不危矣？”

司马懿板起脸不再继续解释：“我意已决，不必多言！”一甩手，走了。

众将面面相觑，没辙儿，出发吧。

司马懿居然直接放弃阳遂直奔襄平而去，卑衍心中一喜一忧。

忧的是辽东主力都在阳遂，襄平恐怕会受不住；喜的是司马懿居然抛下阳遂直接攻打襄平，这不等于是把后背留给自己吗？

于是，卑衍立刻下令：全军出动，尾随司马懿，到襄平城下一决生死。

这时，杨祚提出建议，说：“出兵是不是先缓缓，反正阳遂到襄平也才百里地，等司马懿在襄平城下损兵折将的时候再出击岂不是效果更好？”

杨祚的建议有理有据，却被卑衍当场拒绝：“你想得也太简单了！襄平主力都在阳遂，万一被一举攻破怎么办？更何况，若是我军不及时回援，就算打赢了又如何？万一有人觉得我们在拿主公的性命当诱饵换军功，那你我还有好日子过吗！”

杨祚一听，佩服得不得了，觉得卑衍太深谋远虑了，再不多说，点起本部军马就出发了。

司马懿早把卑衍、杨祚的反应料准了，在向襄平进军的时候都一直保持着作战阵形。果然，没过多久斥候就传来探报：阳遂大军出动了。

司马懿立刻召来众将，下令全军掉头，迎战阳遂守军：“阳遂贼将见我进兵襄平，肯定迫不及待地出兵来阻击！阳遂贼军必定急切求战，如此则攻守易势，我军必定大破辽东贼——我没有攻打阳遂，就是因为这个啊。”

阳遂守军好不容易渡过了河，又跨过魏军垒起来的工事，正队形散乱地埋头赶路，怎么都没想到司马懿会突然杀个回马枪，一时之间手足无措，被司马懿抓住机会，连续发动三次进攻，卑衍、杨祚毫无还手之力，数万大军被尽数歼灭。

辽东主力兵团被歼灭，司马懿可以毫无后顾之忧地攻打襄平城。

数日之后，司马懿出现在襄平城下，与公孙渊遥遥相望。

公孙渊也得知了卑衍、杨祚军团覆灭的消息，气得咬牙切齿却无可奈何。他开始思考是不是要弃城而走，毕竟留得青山在，不怕没柴烧。

但是思来想去，公孙渊还是舍不得襄平这份基业，而且，他信任脚下这座襄平城，公孙家族在这里经营了三代人，这座城市是整个“东北亚”最坚固的要塞。他相信，凭司马懿的远征军绝对无法撼动这座堡垒。

当年陈仓城能够击退诸葛亮，难道我的襄平还挡不住小小的司马懿吗！

于是，公孙渊决定留下。

可惜司马懿不是诸葛亮。

早在出兵前司马懿就把这个问题想透了，所以他才带了三百天的粮草，做好了对峙一百天的准备。抵达襄平城下的时候司马懿并没有急着攻城，而是细致地部署军队，准备长期围城。

用四万人围困辽东第一大城不是件容易的事情，然而司马懿毕竟是上计掾出身，精打细算，居然在襄平周边的每个隘口都部署完军队后还留下了一支数量可观的预备队。

一场围城战就此开始，一直孤悬辽东的客军居然敢和东道主公孙渊拼消耗、打持久战，司马懿的压力不小，但他依然信心十足。

他现在唯一担心的是公孙渊突然改变主意弃城逃跑。

魏军有条不紊地进入阵地，逐渐合拢对襄平的包围圈。时间也慢慢进入了七月份，连绵不断的霖雨如期而至，辽东地区进入了雨季。

对司马懿来说，这是个天大的好消息，他简直心花怒放。

没有人知道司马懿在乐呵什么，大家只觉得太尉大人在辽东的各种表现都很匪夷所思。要知道，在冷兵器时代，大雨是行军用兵的宿敌，尤其是曹魏，从于禁到曹真无不吃够了秋雨的亏。而比起当年那几场秋雨，今年的雨季似乎来得更加狂暴。

司马懿不顾别人异样的眼光，只盼雨能下得更大。

倾盆大雨连续下了一个月，辽东成了水乡泽国，平地上都能涨起数尺大水，低洼处简直变成了湖泊，魏国大军泡在水中，苦不堪言。

远征军中大多数人都听说过“水淹七军”的故事，更不乏参加过曹真伐蜀的老兵，一场大雨非但让他们浑身湿透，更让全军军心惶恐，生怕这个司马懿重蹈了于禁、曹真的覆辙。

于是，便有人向司马懿提议，不如把营地转移到高处去，就算不为避雨，至少也能稳定军心。

司马懿一口否决：“我军营地本来就不在低洼处，何必移营？贸然移营，若是让公孙渊乘虚而出，谁来担责任？至于稳定军心，我倒是有比移营更好的办法。”

说完，司马懿当场下令：“再有敢说移营者，杀无赦！”

军令一出，三军悚然，但还是有不开眼的，过了几天，都督令史张静没有理会司马懿的命令，居然又提出要移营。

司马懿等的就是这种人，二话不说当场把张静拉出去砍了。

自此以后，再也没有人提起移营的事情了。时间久了，大家也慢慢发现司马懿扎营的地点其实选得很安全，根本没必要担心洪水问题，于是军心慢慢稳定下来了。

襄平守军的军心比魏军更稳定。大雨一起公孙渊就喜得眉飞色舞，大喊“天助我也”。一天暴雨下来，辽东军民登上城楼一看，城下变成了一片泽国水乡，魏军大营像几座孤岛一样漂浮在水洼上，根本没法靠近城墙，更不用说攻城了。

紧张的神经松懈下来，辽东军民从卑衍军团覆灭的阴影中走了出来，三三两两地走出城门放风，发现魏军果然没什么动静，于是越发嚣张，居然成群结队跑到城外打柴放牛来了。

魏军气得够呛：我们这是打仗呢，你们就不能严肃点吗？于是纷纷向司马懿请战，就算打不下襄平，至少骚扰一下辽东军民的幸福生活。

然而，司马懿却严令不许出战。

大家有点蒙了，当年诸葛亮北伐的时候司马懿就是死守营寨还情有可原，可现在是我们在攻打别人，老是不让出战算怎么一回事？

司马懿还是一脸高深莫测的样子，不解释。

大家急了，难道太尉做乌龟还做上瘾了？一个叫陈圭的司马一脸不满地跑来问司马懿：“太尉，当年您攻打上庸的时候大军昼夜不停地狂奔数百里，只用了十几天就攻克了坚城，斩杀了孟达。现在我军远征在外却如此不紧不慢，属下有些不明白。”

看着陈圭这张不服气的脸，司马懿终于决定不再玩高深，于是他很耐心地解释道：“当年孟达人少，但粮食能支撑一年之久，而我军人多，粮食却只能吃一个月，我是跟粮食赛跑，怎么敢不快？可是现在呢？贼兵多，我兵少；贼兵饿，我兵饱。何必速战？况且大雨连绵也无法速战。”

陈圭一直仔细地听着，但还是没有被彻底说服，于是司马懿继续解释：“自从发兵之日起，我最怕的不是公孙渊来攻打我，而是怕公孙渊跑掉啊。现在公孙渊的粮食快吃完了，我们的包围圈却还没有合拢，我们就去攻打他、掠夺他，我恐怕会把公孙渊吓走。”

陈圭此时才恍然大悟，连呼“太尉英明”，司马懿欣慰地点点头，总结道：“兵者诡道。要根据不同的情况做出不同的反应。公孙渊虽然没粮了，但仗着秋雨还不肯投降，我就是要让他安心才不进兵攻打。为了打击一帮放牛砍柴的小兵就把公孙渊吓走，岂不是太不划算了？”

司马懿难得说那么多话，这番话既是对陈圭说的，也是对手下请战的将士说的，自此以后，再也没有人向司马懿请战了。

司马懿十分从容地处理了这次小小的“请战危机”，至少比当年在祁山的时候从容多了。

一个月后，云破日出，魏军的包围圈也彻底合拢了。而借助大辽河暴涨的水势，司马懿也已经把所有攻城器械都用船运到了襄平城下。

司马懿呼吸着辽东雨后清新的空气，抬头望着襄平城，平静地吐出两个字：“攻城。”

要么不做，做就要做绝

景初二年八月，魏国大军对襄平城发起了声势浩大的总攻。

司马懿不擅长打野战，他最擅长的是防守和攻坚，襄平算是撞到枪口上了。公孙渊马上就会体验到一次百科全书式的攻城战术博览会。

一上场，司马懿就牢牢占据了“制空权”。

魏军没有井阑这么高科技的攻城兵器，但司马懿有自己的土办法：在城墙外建土山，比襄平城墙还高，魏军士兵站在土山上居高临下地“嗖嗖”放箭，襄平守军被轰炸得头都抬不起来。

与土山相得益彰的是另一种低科技攻城手段——挖地道。襄平城的地基深，魏国的工程兵部队整体素质也比不上蜀国，司马懿也没指望他们能挖进城，只要求他们挖到城墙下，挖城墙脚！

头顶上箭如雨下，脚底下还有一帮穿山甲把城墙挖得摇摇欲坠，襄平城的守军军心也跟着摇摇欲坠。

司马懿一看差不多玩够了，下令全军轮流攻城，魏军也没有冲车之类的高科技兵器，没关系，用攻城锤！结成龟甲阵的魏军敢死队把包裹着铁皮的巨大木槌送到襄平城大门口，有节奏地撞击城门，敲得不亦乐乎。与此同时，另一队轻装步兵扛着云梯探钩附上了城墙，不顾城头倾泻而下的滚油沸水、滚木礌石，玩儿命地往上爬。

这就是所谓的“蚁附攻城”，伤亡最大，也最具有视觉震撼力。

困守孤城的敌人内心深处往往是绝望的，想要以最小的代价攻克城池，就必须先不计任何代价唤起敌人心中的绝望。一旦守军的心理崩溃了，离城墙崩溃也就不远了。

于是，在司马懿的命令下，魏军分成数个梯队三班倒，像波浪一样昼夜不停地发起进攻，不能给辽东军丝毫喘息的机会，要在不断的进攻中彻底消磨守军的意志。孟达的军心就是这么崩溃的，襄平也不会例外。

不出司马懿所料，襄平快要崩溃了。

辽东的大部分军粮都囤积在辽遂，随着卑衍、杨祚军团的覆灭全部成了浮云。早在七月份司马懿刚开始包围的时候，襄平粮食就已经耗尽了。当时襄平盛传许多诡异的传闻，比如有狗穿着衣服上了房顶（犬冠帻绛衣上屋），有人家的锅里发现被蒸死的小孩儿（炊有小儿蒸死甑中）。尤其是几天前在襄平北市的大街上居然发现了一团圆咕隆咚的肉球，有头有五官，唯独没有手足（襄平北市生肉，长围各数尺，有头目口喙，无手足而动摇）。

后来的史家把这种所谓的异象称之为“天兆”，但当时的襄平人心里最明白，这些异象预示着同一件事：襄平城里已经有人开始偷偷地吃尸体、吃小孩，甚至吃活人了。

进入八月份之后，粮食更加紧迫，吃人变得更加普遍，变得明目张胆，变得理直气壮。

公孙渊也快崩溃了，魏军在襄平城下血流成河，却丝毫没有要退缩的迹象，而襄平的粮食却一天比一天少，守军的死亡率一天比一天高，这样下去，城破是迟早的。

八月中秋，一颗陨石划过襄平的天空，在东北方坠入大梁河，全城陷入了深深的恐慌中，这成了压死骆驼的最后一根稻草。公孙渊终于撑不下去了，他派出了“丞相”王建和“御史大夫”柳甫给司马懿送来了投降书，声称只要司马懿大军撤围，自己就捆上绳子亲自出城谢罪。

对此，司马懿的态度是:“白日做梦！”

都什么时候了，公孙渊居然还想讲条件？要么顽抗，要么投降，谢什么罪？难道你以为还会让你继续割据辽东？

为了让公孙渊明白自己当前的处境，司马懿二话不说就把王建和柳甫砍了，然后送去了一封很不客气的檄文：

当年楚国和郑国都是周天子分封的诸侯国，郑伯尚且光着膀子牵着羊出城谢罪。如今我是天子钦命的征讨大臣，你居然派来个什么王建之类的二流货色就想让我撤围退兵？你还真把自己当盘菜了吧？

哦，对了，你派来的两个老东西，话都说不清楚，估计把你的意思传达错了，我已经帮你杀了。如果有什么话没说完，记得下次派个年轻的懂事的过来。

信送到公孙渊手里，把公孙渊气得够呛，在他自己看来，他是燕王，是和曹叡平起平坐的诸侯，司马懿居然敢对自己吆五喝六！当然，司马懿的实力摆在那里，公孙渊也无可奈何。于是，他真的派了年轻的侍中卫演过去，当然声明还是老一套：司马懿先撤围，自己改天把儿子送来当人质。

司马懿看到卫演的时候都给气乐了：没见过这么不长眼的。冷笑一阵后司马懿指着卫演鼻子训斥道:“打仗也就五件事情，能打就打，不能打就守，守不住就跑，不肯跑就降，不肯降就死。公孙渊不肯投降，看来他是想死。”

这一次，司马懿没杀卫演，羞辱一顿后就放回去了。卫演连滚带爬地跑回襄平城把司马懿的话转述给了公孙渊。公孙渊一听，终于想明白了一个非常浅显的道理：司马懿打算要自己的命。

那还有什么说的，赶紧跑吧。

公孙渊充分发扬“打得过就打，打不过就守，守不住就跑”的精神，趁着夜色带上亲兵卫队突围跑了。

可惜司马懿的包围圈部署了整整一个月，怎么可能让公孙渊跑掉？得知公孙渊突围的消息后司马懿立刻下令最近的隘口立刻出兵追击，最终在大梁河彻底歼灭了突围部队，斩杀公孙渊于阵中。

巧的是，公孙渊死的地方，正好是当初大陨石砸下来的地方。

他真的很会挑地方。

公孙渊猜得没错，司马懿确实打算赶尽杀绝，只不过比公孙渊想象得更绝。

随着公孙渊的死，襄平守军土崩瓦解，魏军轻而易举攻陷了城池，辽东公孙家族三代人的基业就此灭亡。

魏军将士从连续半个月蚁附攻城的噩梦中醒来，满心欢喜地迎接和平，准备回家。出人意料的是，真正的杀戮才刚刚开始。

刚入城，司马懿就下令把公孙渊伪政权中所有的官吏都抓起来。公孙渊的大燕国麻雀虽小，五脏俱全，什么乱七八糟的官职都有，魏军一口气抓了两千多个伪公卿。

然后，司马懿一声令下，这些人全部杀头，一个不留。

两千多颗脑袋干净利索地滚落地面，襄平城被染成了血红色。

但司马懿没有就此停止，紧接着他又下令将襄平城内十五岁以上的男丁七千余人抓起来。

然后一个不落统统斩首。

这些身首分离的尸体被堆积起来，封上泥土，筑成一座金字塔形状的建筑——这种残忍野蛮的建筑在历史上的专有名词，叫“京观”。

收复辽东很难，想要保证辽东长治久安更难，司马懿采取的是一种最绝的方式：把所有有能力造反的人都杀光，就不会有人造反了。

这是“鹰扬之臣”司马懿第一次露出了尖锐的獠牙。一直低调、隐忍的司马懿露出了他杀伐果断的另一面，这才是真正的司马懿。

大屠杀过后，襄平成了人间地狱，一到晚上鬼影幢幢，就连魏军士兵都不敢单独外出。而这个时候，发生了一个小插曲。

当时，司马懿每天都要忙到很晚，这天他像往常一样熬夜批阅公文，突然感觉屋里阴风习习。等阴风过后，司马懿发现自己膝盖上躺着一个人！

司马懿瞥了一眼，模模糊糊地感觉到这个人是魏明帝曹叡！只听见曹叡毫无生气地呻吟着："看我的脸，看我的脸。"（视吾面。）司马懿低头仔细看，却发现曹叡的脸青黑扭曲，说不出的阴森恐怖。

就算是司马懿也被吓得惊恐万分，几乎差点惊叫出来，就在这时，他身体一震，醒了。

原来是个梦。司马懿靠着案头睡着了，做了这样一个真实到难以置信的噩梦。

这个梦让司马懿耿耿于怀。

当然，这个小插曲对司马懿没有造成太大的影响，因为他面临着一个十分严峻的问题：他杀了太多的人，把辽东杀戮得服服帖帖。但是想要真正收服辽东，光靠杀戮是不行的。

恐怖政策可以摆平问题，但不能解决问题，只有恩威并济才能彻底收服人心。这一手司马懿一向玩得很纯熟，完成大屠杀后，司马懿想起来三个人。

一个是被公孙渊关进大牢的公孙恭，司马懿找到了曾经戒备森严的大牢，把已经跟活死人差不多的公孙恭放了出来，目的是向辽东人民昭示：这一切都是公孙渊的罪过，我只针对公孙渊，而不是整个公孙家族，更不是针对辽东人民了。你们看，连公孙恭都被我当成座上宾，你们有什么好不放心的？

另外两个人叫纶直、贾范，曾是公孙康手下大将，公孙渊篡位后屡次挑战魏国底线，这两人苦苦劝谏，惹恼了公孙渊，于是把二人给杀了。

司马懿派人找到纶直、贾范的坟墓，搞了个隆重的祭奠仪式，还把两人的坟墓仔细修缮了一番。这又是一个明确的信号：凡事公孙渊的敌人，都是我的朋友。

杀活人立威，用死人（活死人）立德。这就是司马懿的手段。

一次教科书式的远征、一次鲜血淋漓的屠杀、一手漂亮的恩威并济，司马懿解除了魏国自立国以来就头痛不已的独立王国，将整个辽东郡和三十万户居民纳入魏国版图，立下不世功勋。

对司马懿来说，这是件好事，又不是件好事。

立功是好事，功高震主却不是好事。

不过，司马懿的性格决定了他的行为准则。功劳越大，越战战兢兢。现在，整个魏国都找不出一个能跟司马懿抗衡的大臣，而司马懿非但没有因此飞扬跋扈，反而更加低调谨慎，并且不遗余力地让全魏国都知道他很低调。

这个秀低调的机会很快就来了。

在解决了所有问题之后，司马懿班师回朝，这时候已经将近十月了。

辽东气候寒冷，十月份已经快飘雪花了，魏国远征军士兵都还穿着单衣，冷得瑟瑟发抖。这时候有人就建议，说辽东府库里有很多棉袄，何不分给将士们穿呢？

司马懿等的就是这句话，于是乎，一番事先早已打好腹稿的演讲慷慨激昂地脱口而出："府库里的棉袄是大魏官家的财产，我拿来分发给士兵就是用公家的财务来施展私人的恩惠，这不是一个臣子应该做的事情，我绝不如此。"

说完，司马懿下令即刻撤军，数万大军就这么在寒风中瑟瑟发抖着撤离了辽东。

司马懿这场秀作得漂亮，秀到了曹叡最敏感的神经上。

曹叡最担心的是司马懿功高震主，但司马懿一而再、再而三地显示出自己功高而不自矜的品行，让曹叡这颗悬着的心终于慢慢放下了。

一个又能征战立功，又不居功自傲的下属，简直是所有领导心中的完美下属。

当司马懿行进到蓟县的时候，曹叡的使者也到了，带来了丰厚的赏赐：司马懿立下首功，加封昆阳县。

如此一来，司马懿的采邑就有了昆阳和舞阳两个县，在曹魏异姓公侯中，他是唯一一个封地有两个县的人。

司马懿已经站在他政治生涯的高峰。

但还不是顶峰，景初二年十二月的最后几天，一个来自洛阳的消息才让司马懿终于有机会登临绝顶。

领兵在外，权力中心要有自己人

景初二年十二月下旬，司马懿如期返回洛阳，按常规他应该进洛阳城面见曹叡并办理军队交割手续。然而，十二月二十五日，曹叡突然发来诏书，令司马懿绕过洛阳，直接返回长安坐镇关中。

司马懿敏锐地感觉到这道诏书有点奇怪。

真正的奇怪还在后头。

司马懿的车仗绕过洛阳取道轵关前往长安的时候，突然收到一封诏书，命他立刻掉头前往洛阳。

司马懿心中疑惑，短短数天之内，又是让他绕开洛阳，又是让他前往洛阳，天子到底在抽什么风？

更奇怪的还在后头。

没过多久，又一封诏书送到，这次的内容却又是让他绕过洛阳直接返回长安。

数天之内，司马懿连续收到三道内容截然不同而且反复无常的诏书，司马懿知道，洛阳肯定出事了。

第二天清晨，又一封天子诏书送到，这次是一位叫辟邪的天子特使亲自送来的，这次是天子亲笔书写的“手诏”，而内容也和其他诏书不同，歪歪斜斜地只写着一句话：“迅速回来，赶到以后直接从正殿入寝宫，面见朕！”（间侧息望到，到便直排阁入，视吾面。）

读完诏书司马懿愣在了当场，“视吾面”三个字像一道惊雷击中了他的神经，梦里那张青黑扭曲的脸再次浮上心头：视吾面……视吾面……原来是天子要面见我！

司马懿立刻询问特使辟邪，辟邪的回答也证明了他的猜想：天子快不行了，洛阳政局处于动荡之中。

得到这个消息后，司马懿顾不得仪仗，换上了最轻便快捷的“追锋车”，昼夜兼行，一天之内疾驰四百里，终于在曹叡晏驾之前赶到了洛阳城。

司马懿并不知道，他已经错过了洛阳城内最惊心动魄的四天，在这四天中发生的事情决定了无数人的命运，甚至决定了魏国的国运。

这一切要从大半个月前说起，十二月上旬曹叡突然染上恶疾，然后就病倒了，再也没有起来过。曹叡知道，自己大限将至了。

史书上没有记载这位三十四岁的帝王得了什么病，不过后世猜想，不管是什么病，都跟他喜好女色、纵欲过度有关，用民间的说法就是——被掏空了。

曹叡此人被刘晔评价为“缩水版秦皇汉武”，确实此人不管是雄才大略还是劳民伤财都向秦皇汉武看齐并且恰到好处地比这两位老前辈差一截，唯独在一个方面曹叡超越了嬴政和刘彻：那就是好色。

曹叡继承并发扬了他老爸和爷爷的好色传统，并且青出于蓝而胜于蓝，坐拥嫔妃上千人。

可奇怪的是，曹叡如此好色，居然连一个子嗣都没留下。他倒不是没有生育能力，他有三个儿子，可惜都夭折了，从那以后就再也不肯开花结果了。到了晚年，曹叡不得不领养了两个儿子，一个是秦王曹询，一个是齐王曹芳。

如今，他不得不考虑继承人的问题了。

可是曹询、曹芳二人一个九岁，一个才八岁，一旦自己撒手而去，如何确保这两个小皇帝即位不会君权旁落？

曹叡对此没有任何办法，他所能做的就是选择一个聪明的儿子和一批忠诚可靠的顾命大臣，并且祈祷上苍保佑曹魏社稷。

十二月二十四日，曹叡终于下定决心，立曹芳为太子，并列出了顾命大臣的人选：燕王曹宇、领军将军夏侯献、武卫将军曹爽、屯骑校尉曹肇、骁骑将军秦朗。

同时，曹叡任命曹宇为大将军，作为五位辅政大臣之首——当年曹叡从司马懿手中拿走的大将军一职就是为了这一天准备的。

这五个人，大将军曹宇是曹叡的皇叔，而且和曹叡关系极好，曹爽是曹真的儿子，曹肇是曹休的儿子，夏侯献是夏侯渊的孙子，而秦朗虽然不是宗室，却是曹操的养子，也跟宗室差不多。

很明显，这份名单没有司马懿的份儿。

不管司马懿怎样低调、怎样谦和，他毕竟不姓曹，也不姓夏侯，曹叡并不是不信任司马懿，他只是更加信任宗室。尤其是曹芳年幼的情况下，即便出现君权旁落的情况，曹叡也宁愿它旁落到宗室大臣手中，而不是姓司马的人手中。

更何况，曹叡还记得曹植的上疏和高堂隆临死前的遗书以及祖父那句“司马懿非人臣也，必预汝家事”。

司马懿的权力够大了，就让他的权力到此为止吧。

十二月二十五日，曹宇担任大将军的第一天便奏请曹叡下诏不许司马懿进入洛阳城。这一想法跟曹叡不谋而合，洛阳城里有五个权力即将超过司马懿的人，却没有一个人比司马懿能力更强，功劳更大。这种时候放司马懿进城，简直是引狼入室。

于是曹叡一道诏书，就把司马懿赶回了长安。

太子确定了，辅政大臣确定了，最大的麻烦司马懿被赶走了，一切都在紧锣密鼓地进行中，只要不出意外，几天之后曹叡驾崩，曹芳登基，五大辅政大臣总揽朝纲，一切就和司马懿再也没有关系了。

不管是曹叡还是五大辅政大臣都没有想到，他们忽略了一个细节，一个致命的细节——确切地说是两个人：

刘放和孙资。

这两人是谁？简单来说，这两人是魏国第一秘，曹叡一朝名副其实的二号首长，掌管内廷机要的关键人物。

这两人是曹魏老牌秘书了。早在魏国建国初期，两人就同时担任了曹丕的秘书郎，后来这两人同时转为左右丞。黄初初年，秘书被改成了中书，于是刘放被任命为中书监，而孙资被任命为中书令，各加给事中。曹叡即位后，这两人的地位愈加尊崇。

不管官职如何变，这两人的具体职能永远都没有变过：大魏国首席秘书，历经曹操、曹丕、曹叡三朝不倒，都是人精中的人精。

这两人跟司马懿的关系很不错，司马懿从不拉帮结派，但他知道什么人该接近什么人不该接近，而身为领导秘书的刘放、孙资二人正是他结交名单上的第一名。

相反，宗室大佬们就不怎么待见刘放、孙资二人，尤其是夏侯献、曹肇和秦朗根本看不起刘、孙二人，相互关系闹得特别僵。

所以刘放、孙资也一直把司马懿当作自己人，而宗室亲族则是外人中的外人。在他们心底，是最希望司马懿能够成为辅政大臣的。

曹叡宣布辅政大臣名单的时候刘放、孙资就在身边，一听说有夏侯献和曹肇却没有司马懿，二人心里就一阵失落。不过这两人都是人精，那么多年秘书不是白混的，只要能忍，他们肯定忍过去了。

坏就坏在夏侯献和曹肇两人太嚣张，第二天就出事了。

曹叡病重之后，几位辅政大臣轮流守候在嘉福殿内曹叡的卧榻边。这一天，夏侯献和曹肇离开曹叡寝宫时遇到了正前往寝宫的刘放、孙资。夏侯献、曹肇小人得志，一脸挑衅的表情。刘放、孙资在官场上修炼了那么久，能忍就忍，不想跟二人计较，正要快步离开，突然听到一声公鸡打鸣的声音，一看，原来是皇宫里负责司晨的公鸡飞到了一棵矮树上。

曹肇嘴贱，指着树上的公鸡说道："这东西在宫里待得太久了，看他还能待到什么时候！"这话是对夏侯献说的，曹肇的眼睛却一直盯着刘放和孙资。

曹肇的弦外之音太明显了，结局还没明朗之前就提前翻牌了，只能说曹肇实在太嘚瑟了。

很可惜，他惹了不该惹的人。

听到这句话，刘放和孙资的脸色瞬间变了。他们太了解这些傲慢的宗室亲族了，这些人一旦爬上高位，绝不会允许自己留在机要秘书的位子上，而且一点面子都不会给自己留。

不行，必须把这些膏粱子弟搞下去，把"自己人"司马懿搞上来！

一咬牙一跺脚，一个计策浮上心来。

刘放、孙资作为机要秘书大部分时候都陪伴在曹叡身边，但是大将军曹宇等人也死守着曹叡，一步都不肯离开。

这些人也不傻，他们知道只要曹叡一天没死，事情就可能出现变局，所以他们不敢离开。

然而老虎也有打盹的时候，更何况曹宇这些人。

十二月二十七日，曹叡病情突然出现反复，出气多，进气少，似乎快不行了。曹宇赶紧跑出嘉福殿去找曹肇商量后事，只留下曹爽一个继续看着曹叡。

曹宇完全没有注意到背后刘放阴险的眼神。

等曹宇离开后，刘放立刻用眼神示意孙资开始行动。可是孙资却突然怂了，摇着头说："这样恐怕不行吧。"

孙资毕竟位高权重，如果没有十足的必要，他不想参与到这场政治赌博中去。

刘放急了，咬牙切齿地说：“我们都快被送进锅里煮了，还有什么行不行的！”

被刘放一说，孙资再度回忆起几天前夏侯献的那番话，一咬牙，终于拿定了主意。

二人趋到曹叡病榻前，齐齐跪下，刘放一边抹眼泪一边启奏道：“陛下百年之后，打算把天下托付给谁？”

曹叡虽然快死了，但脑子还很灵光，立刻知道二人想说什么，不耐烦地一口堵回去：“不是说了，让燕王辅政吗？”

刘放没有在意曹叡的语气，他早就打好了腹稿，乘此机会开始慷慨陈词：“陛下难道忘了先帝‘藩王不得辅政’的遗诏了吗？”

这句话对曹叡毫无杀伤力，在曹叡看来“藩王不得辅政”这道遗诏本身就没什么道理。

当然，刘放还没说完：“陛下您知道吗，您刚得病那会儿，曹肇、秦朗就调笑、戏弄您的爱妃们。而燕王在城南屯兵，不让大臣觐见陛下，这根本是竖刁、赵高这类权奸才会干的事情啊！”

这句话杀伤力就大了。自己还没死，曹肇、秦朗就调戏自己的老婆们，曹宇就打算独揽朝纲，这简直与谋反无异！

曹叡听得心头火起，刘放正好上纲上线添油加醋：“如今皇太子年幼，国家却面临内忧外患的境地，陛下不做长远打算，却因为一己私恩把祖宗基业托付给这么几个平庸之人，臣下恐怕社稷危险啊！”

刘放这番话又说到曹叡心里了，还揭开了曹叡最大的疙瘩。

曹叡何尝不知道五位辅政大臣才能平庸，根本不是安邦定国的贤才。他只是希望这五人能看在宗亲的分上竭力保存曹家社稷。

但是从刘放的描述来看，这五人非但才能不足以安定社稷，就算是品行也极度不佳，一旦自己晏驾，这些人难保不成为权奸。

既然如此，何不换成才能卓越、品性也说得过去的异姓大臣呢？

想到这里，曹叡心里已经隐隐有了人选，但他还是问刘放、孙资：“那你们觉得谁比较合适呢？”

刘放想都不想就提出了一个人选，出乎意料的是，那个人居然是曹爽。

曹爽瞬间吓了一大跳，从刘放开口说话的时候他就一直在观察曹叡的脸色，没多久他已经得出了结论：曹宇、曹肇、夏侯献和秦朗的辅政大臣地位恐怕要保不住了。可是自己呢？自己和刘放、孙资关系还不错，这两人或许不会跟自己为难吧？

曹爽在犹豫，到底投向哪一边？没想到刘放却主动来拉拢自己了。

曹爽心里飞快盘算起来：如果答应刘放拉拢，自己就是头号辅政大臣了，不过也有可能什么都得不到；如果拒绝刘放，自己乖乖回去做三号人物，但也不会失去更多。

时间容不得曹爽过多思虑，曹叡已经转过头来，深邃的目光紧紧盯着曹爽，问道：“你能胜任吗？”

曹爽脑子乱成一团麻，顿时汗流浃背，一句话都说不上来。刘放急了，狠狠踩了曹爽一脚，曹爽突然像被扎了一针一样蹿起来，顺势一把跪倒：“臣鞠躬尽瘁，死而后已！”

曹叡满意地点点头，这事儿就这么算成了。

其实曹爽根本没时间深思熟虑，他是被逼着表态的，不过表完态后他突然很享受这种感觉：他现在已经是头号辅政大臣，一人之下万人之上。

人生际遇真是曲折难料。

确定一个人选后，刘放又小心翼翼地提出了辅政大臣的第二个人选——司马懿。

这一招，刘放在肚子已经推演了无数次，他相信不会有任何问题。首先推出曹爽是为了让曹叡放心，然后推出司马懿是为了辅助曹爽，环环相扣，严丝合缝。

曹爽才干太差，正好需要司马懿这个能人辅佐，而司马懿这个外姓大臣受曹爽制约，也掀不起多大风浪。

最重要的是，曹叡相信以司马懿的性格，他对权力的威胁恐怕并不会比曹宇、曹肇这些人更大。

果然，曹叡当场就同意了。

刘放、孙资一颗悬着的心放下了，一边拟定诏书把司马懿喊回来，一边开开心心离开嘉福殿去准备更换辅政大臣的事儿了。

这两人犯了跟夏侯献一样的错误：得意得太早了。

刘放、孙资可以劝曹叡改主意，其他人也一样能。

当曹宇找到曹肇的时候，曹肇大惊失色：“大事未定，你怎么能一个人跑出来！赶紧回去！”

曹宇还没来得及回答，辅政大臣人员变动的消息就传来了，曹肇气得一跺脚，抛下曹宇一个百米冲刺的速度就跑回了嘉福殿。

这时候，刚好刘放、孙资出去。

曹肇二话不说，扑到曹叡病榻前就放声大哭起来。哭得曹叡心烦意乱。曹叡实在忍受不了了，也觉得自己刚才的决定有些鲁莽，于是又决定收回成命，依然任命曹宇等五人为辅政大臣，下诏令司马懿直接回长安。

曹肇心满意足，擦擦眼泪，走了。

他犯了跟刘放、孙资一样的错误。

一场发生在魏国核心权力层的政治斗争，斗争双方却连续犯下一系列低级错误，只能说明此时的魏国确实人才凋零，连个真正高智商的人物都已经找不出来。

曹肇一走，刘放、孙资就回来了，又是一场号啕大哭。曹叡此刻已经被搞得头昏脑涨，完全没了主见，于是又被刘放、孙资二人说服，再一次下令任命曹爽、司马懿为辅政大臣。

刘放、孙资不愧为三朝第一秘，智商到底要比曹宇和曹肇高出一截，两人不会再犯同一个错误。

于是，刘放请求曹叡亲手书写诏书召司马懿回洛阳。

曹叡早已被折腾得筋疲力尽了，有气无力地说："我累得不行，写不了诏书了。"

那可不行，都连续发了好几封莫名其妙的诏书了，这封诏书必须是曹叡手写才最有威力。刘放一不做二不休，取来笔墨帛书，抓起曹叡的手唰唰写下了一封诏书，并交给天子特使辟邪，嘱咐他务必尽快送到司马懿手中。

这还不够，必须从根源上杜绝曹宇等人的反扑。刘放又替曹叡拟了一份诏书，下令免除燕王曹宇等人全部官职，并且宣告镇守宫门的卫士绝对不能放这些人入宫，违令者斩。

一切尘埃落定之前杜绝闲杂人等横生枝节，刘放、孙资在犯了一次错误之后终于彻底领悟了这个道理。

当斗争双方实力相近的时候，谁犯错少，谁就胜利。

第二天，曹宇等人还想面见天子，却被卫士阻拦在宫城之外，并且被告知，曹宇的大将军头衔被免除，天子诏令其立刻返回封地，没有诏令不得随意离开封地。

曹宇、曹肇、夏侯献、秦朗四人知道大势已去，抱头痛哭，可惜他们再也没有机会更正自己的错误。

景初三年正月。

司马懿日夜兼程，终于及时赶回了洛阳，免除了一切烦琐礼节后直接进入嘉福殿曹叡卧内，见到了奄奄一息的魏明帝曹叡。

见到司马懿以后，曹叡强撑起病体接见了司马懿。简单的行礼问候完毕，曹叡把曹询、曹芳叫到身边，用手指着曹芳道："这就是魏国将来的君主，你一定要仔细辅佐，千万不要让他误入歧途。"

司马懿早已泣涕不能语。

曹叡又强撑起最后一口气，面朝着司马懿，目光却指向曹芳道："死是一件无法抗拒的事情，可我一直强撑着不死，就是为了等你回来啊！你一定要和曹爽通力合作，辅佐我的儿子，切记，切记！"

这时候的司马懿泣不成声，不管司马懿平时城府有多深，内心有多阴鸷，但他毕竟也是有七情六欲的人，天子临死前苦苦等待他，只为把自己年幼的儿子托付给他，司马懿怎么可能不伤感、不感动？

司马懿费了好大的力气忍住哭泣，俯身叩拜道："臣当年没有辜负文皇帝陛下的托孤之重，今日也不会辜负陛下！"

曹叡听完这句话，长长地出了一口气，闭上了眼睛。

当日，魏明帝曹叡晏驾，时年三十五岁。

同一天，齐王曹芳即位，司马懿被提升为侍中、持节、都督中外诸军、录尚书事，并且与曹爽各自统领禁军三千人，共执朝政，而且还被授予可以乘坐小车直接入殿的特权。

这是司马懿第二次担任辅政大臣。这时候，离司马懿被调离中央前往地方军区任职已经过去十年了。

十年之后，司马懿再次回到权力中枢，这时候，他已经是四朝老臣，两任托孤辅政大臣，曹魏军界头号人物，手下嫡系将领遍布魏国各大军区。

曹魏军政两界已经没有任何人可以和司马懿相抗衡。

除了曹爽。

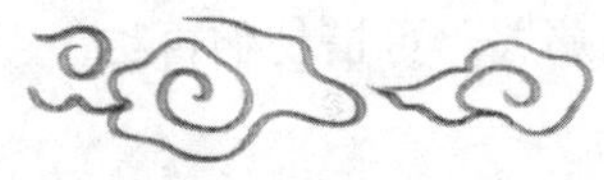

第八章　不怕对手太强大，只怕对手不疯狂

拉帮结派有必要那么高调吗

景初三年正月，年仅八岁的齐王曹芳登基。比十四岁登基的东汉少帝刘辩还小六岁（刘辩只当了五个月皇帝就被权臣董卓废掉了）。

首席辅政大臣曹爽拜大将军，假节钺，都督中外诸军事，录尚书事，与司马懿各自统领三千禁军，成为曹魏政坛最炙手可热的人物。

幸福来得太突然。

曹爽这些天的际遇可以用离奇来形容，他都没有想过自己居然能直接超越了曹宇、曹肇成为首席辅政大臣。抚摸着还残留曹宇体温的大将军印信，曹爽居然有点手足无措。

史载曹爽此人，在曹氏宗亲中以低调谦和而著称，从来没有太大的野心。而且曹爽在曹魏政坛的根基十分薄弱，根本就没有自己的嫡系党羽，名义上他地位比司马懿高，但实际上，他根本没有意愿、也没有信心跟司马懿分庭抗礼。

所以刚刚当上辅政大臣的那段岁月，曹爽像敬重自己的父亲一样敬重德高望重的司马懿，大小政务都要拿去跟司马懿商量，听取一下这位老前辈的意见，然后才小心翼翼地去施行（恒父事之，不敢专行）。

这是曹爽和司马懿相处最愉快的一段日子。

但司马懿宦海沉浮这么多年，早就看透了政治和人性，知道两大权臣之间的蜜月期不可能永远持续下去。权力是一剂迷魂香，会让人心产生异变。权力场上，再温驯的羊也会变成贪婪的狼。

只是司马懿没想到，曹爽的异变速度居然如此之快。

曹爽刚刚当权，一个政治团体就以迅雷不及掩耳的速度主动依附在曹爽周围，后来大权独揽的“曹爽集团”被迅速建立起来。

这些主动依附曹爽的人有一个共通点：他们都是曹叡时代的失意文士。而他们失意的原因也完全相同——都是因为“太和浮华案”。

所谓“太和浮华案”是发生在太和五年的一起政治案件，从某种程度上讲，可以算作一种文化迫害。

早在太和初年，建安时代留下的慷慨风骨就已经荡然无存，那时候青年才俊们最时髦的活动是聚众交游、品评人物、谈论高深玄远的哲学。这些年轻人没有经历过父辈艰苦卓绝的创业过程，相比民生、战争这种沉重的话题，他们更喜欢谈论宇宙、自然这些高深玄远的哲学或者像东汉的前辈一样品评士人的得失优劣。

就像所有老人都看不惯新一代的年轻人一样，建安老臣根本无法容忍这种“堕落”。太和六年，老臣董昭上书痛斥这种“浮华交会”，认为这种“务虚”的风尚破坏了淳朴忠信的儒家社会道德，影响了儒家经学的地位，从而动摇国本。

甚至于，董昭还上纲上线地将“浮华交会”与建安、黄初年间的几起结党叛乱联系起来，咬牙切齿地恳请曹叡依法严惩这些不懂事的年轻人，即便是像重判魏讽那样重判他们都不为过！（凡此诸事，皆法之所不取，刑之所不赦，虽讽、伟之罪，无以加也。）

董昭发难，掀起了建安老人抨击“太和新人”的高潮，一时间奏章雪片一样飞到曹叡案头，内容无不是对“浮华交会”咬牙切齿的痛恨和上纲上线的批判。

老人永远觉得“一代不如一代”，总是对年轻人的新鲜玩意儿充满仇恨，在任何一个时代、任何一代人中都是如此，只不过太和年间的年轻人确实玩得太过火，而建安老人们的反应也确实太激烈。

曹叡本人从统治的角度出发，也不太喜欢这种空谈玄理的社会风气，正好趁此机会取缔了“浮华交会”，并且下令涉案的浮华名士只能担任闲散职位，永不重用。

但是这些人并不甘心自己的政治生命就此终结，他们急切地想要找到机会东山再起，直到曹叡死后，他们把目光瞄准了曹爽。

曹爽在曹魏政坛根基浅薄，正好让这些浮华名士有了施展的舞台，而曹爽当政之后也在谋求建立自己的嫡系班底，正好跟主动送上门的名士们一拍即合。

在这批主动聚拢在曹爽周围的名士中，最核心的成员是五个人。

第一个人是何晏。

何晏字平叔，是大将军何进的后人，也就是说，往祖上推四辈何晏家是卖羊肉的（何进出身于屠羊者之家，由于妹妹被立为皇后，才脱离了这个不光彩的身份）。

到了何晏这一辈，由于他妈妈长得漂亮，被曹操看上纳作了小妾，何晏也被曹操顺手收为义子了。

但是，何氏家族到何晏这代人的时候已经没有了卖肉屠夫的气息，相反，何晏是整个三国时期最著名的英俊少年、美男子。

怎么个美法史书上没说，但有一点可以肯定，此人脸蛋特别白，白得让曹丕怀疑他是不是脸上擦粉了。

曹丕自己也是个名士，经常会有些无聊的举动，他很想知道真相。于是他找了个大热天特地把何晏喊来，给他吃了一碗滚烫的热汤面，何晏吃得满头大汗，拼命用袖子擦汗，曹丕仔细端详，发现何晏非但没有变成大花脸，反而变得更加白了。

可见，何晏是真的很白。

不过，除了白（漂亮）之外，何晏似乎没别的优点，《世说新语》上说他小时候聪明得跟神一样（何晏七岁，明惠若神），可是在权力场上，聪明从来都不是什么优点，而由聪明带来的张扬却是致命的缺点。

何晏的张扬是从小养成的习惯，他是曹操的养子，行事却比嫡子曹丕更高调，一切吃穿用度都要跟曹丕比排场，把曹丕恨得牙痒痒，私下里骂他是“假儿子”（假子）。后来何晏娶了公主成了驸马爷，可还是大张旗鼓到处玩女人，连好色成性的曹叡都看不下去了。所以浮华案发，何晏首当其冲，被整得很惨。

这样一个人，便是曹爽集团的首席谋主。

第二个人是邓飏。

邓飏字玄茂，东汉权臣邓禹的后代，先是任尚书郎又升洛阳令，结果犯了事儿，被罢官了，然后又跌倒爬起，当上了中书郎，结果就摊上浮华案，又遭免官了。

此人在洛阳老百姓当中的名气比名士更大，让他成名的是一个很三俗的八卦新闻：在被免官前，邓飏曾利用手中职权帮一个叫臧艾的人谋取官职，作为回报，臧艾把自己老爹的一个小妾送给了邓飏。这种略带黄色的官场内幕立刻传遍了洛阳大街小巷，于是邓飏在民间拥有了一个响亮的绰号："以官易妇邓玄茂。"

这样一个人，便是曹爽集团的二号谋主。

第三个人叫丁谧。

此人是曹爽集团核心成员中最为足智多谋的人物，许多对司马懿有杀伤力的诡计都出自丁谧之手。与此同时，此人也是曹爽集团中品行最为低劣的。

丁谧字彦靖，他老爹丁斐最著名的特点就是贪，而且胆子特别大。曹操晚年南征孙权的时候丁斐随军，居然在曹操眼皮底子下把后勤部队运送粮草的牛偷走了，还用自己的老牛冒名顶替。

这事儿被揭发以后，丁斐被免职入狱，曹操还特地跑来看他，一脸严肃地说："文侯（丁斐字文侯），你的印信呢？怎么还不交出来？"丁斐居然还敢跟曹操开玩笑说："印绶？卖了换饼了。"更离奇的是丁斐说完曹操哈哈大笑，然后下令把丁斐放了。

事后，毛玠气哼哼地找曹操质问，曹操呵呵一笑，给毛玠讲了个故事："有一群老鼠隔三岔五跑到我家仓库里，把库里的东西咬得破破烂烂，我一点办法也没有。后来又来了一条狗，它也跑到库里偷吃东西，不过呢，它还喜欢抓老鼠，把鼠患给消灭了。你觉得我该不该打死这条狗？"

毛玠想了想，说："还是该留着，狗虽然偷吃，但至少不会把整个仓库的东西都咬坏。"

曹操哈哈大笑："这就是我留下丁斐的原因啊。"

这段著名的对话可以看作是曹操"唯才是举"，重才不重德的最好注脚。

青出于蓝而胜于蓝，丁谧的才华比老爹更出色，他的品德也比老爹更低劣。丁谧当权后，洛阳有一句民谣，叫"台中有三狗，二狗崖柴不可当，一狗凭默作痘囊”。三狗就是何晏、邓飏、丁谧三人也。说的是三条狗都想吃人，而丁谧尤甚。

这样一个人，是曹爽集团的三号谋主。

第四个人叫李胜。

李胜字公昭，颇有些才智，年轻的时候逗留洛阳，经常参加各种上流社会的活动，也正是在那时候认识了曹爽，两个人经常在一起喝酒吹牛，很聊得来。比起之前三人，李胜倒没什么斑斑劣迹，不过也没什么出众的地方。本来浮华案只抓最有名的几个头头脑脑，都没他什么事儿的，结果他自己嘴贱，大言不惭地讽刺朝政，于是也遭了殃。后来因为浮华案牵扯实在太广，只是作为边角料的李胜没被定罪，只判了个羁押在家，一关就是好几年。

这是曹爽集团的四号谋主。

第五个人叫毕轨。

毕轨字昭先，年轻的时候就因为才能出众而有些名气。

不过从其后来的经历来看，此人恐怕虚名更多一些，一生中基本没有值得夸耀的事件，唯一被载入史册的是一系列可耻的失败：他曾在并州刺史任上多次出兵打击轲比能，每次都以失败告终（之所以载入史册也是因为被蒋济弹劾了）。

这就是曹爽集团的五号谋主。

这五大金刚共同组成了曹爽的智囊团，曹爽顿时觉得羽翼丰满了。

但是何晏提醒他：“不急，还有一个人没被收入麾下，比起五大金刚，这个人才是真正的‘智囊’。”

“哦？”曹爽表现出了极大的兴趣，“什么人？”

“桓范。”

桓范字元则，世族出身，四朝老臣，建安末年进入曹操幕府，曹丕时他担任羽林左监，曹叡时他任持节总督青州、徐州军事，位高权重。

桓范给人最大的印象是行事鲁莽。

桓范在担任青、徐军区司令的时候跟徐州刺史郑岐为了争夺一间宅院大打出手，可能是没打赢吧，桓范气昏了头，居然还仗着符节在手私自打算杀掉郑岐，结果被郑岐一纸诉状告到了曹叡那里。曹叡很生气：给你天子符节是为了烘托你的权威，不是让你随便杀人的！于是，桓范被免官。然后又被任命为兖州刺史，身价掉了一大截，桓范因此非常郁闷。

没过多久，朝中传来路边社消息，说他有可能被任命为冀州刺史。冀州统管魏国北方各州，桓范自然非常期待这次升职，盼星星盼月亮，结果等来了一个确切的消息：“新任冀州刺史是镇北将军吕昭！”

比绝望更可怕的是给了希望然后夺走，桓范彻底怒了，觉得自己被忽悠了。他怒气冲冲地回到家对着老婆一顿咆哮：“气死我了！气死我了！我宁可给三公长拜不起，也不会对吕昭这种人弯下膝盖！”

桓范的老婆刚好怀了孕，脾气也不太好，冷冷嘲笑了一句：“你在徐州的时候想砍了徐州刺史，这是在为难下级；现在你又来羞辱吕昭，这是在为难上级，你的器量也太小了吧。”

桓范的心情比孕妇还差，一听这话怒火中烧，拔出佩剑用剑柄猛撞老婆肚子，结果没把握好力度，导致老婆流产，最后失血过多而死。

这都是过去的事情了，曹爽当政的时候，桓范已经官拜大司农，居九卿之一。

这些事情曹爽都听说过，所以他一脸怀疑地看着何晏：“你说的是桓范桓元则？智囊？”

何晏非常肯定地点点头：“此人虽然行事鲁莽，但心思缜密，出谋划策往往切中要害，令人防不胜防。”

曹爽虽然心中还有疑问，但他对何晏还是言听计从的，于是特地命人准备礼物给桓范送去，并且一直保持着对桓范的礼遇，九卿当中，他就只敬重桓范一个人。

让曹爽不爽的是，桓范似乎不愿接受曹爽集团的拉拢，一直保持着若即若离的态度，即便是在曹爽权势如日中天的时候，桓范也只是表示了有限的敬重。

这正是桓范高明的地方。这个老狐狸早就看出来，桓范和司马懿之间会有一场生死较量，在敌我情势未明的情况下贸然站队未免太草率，而且风险太大，最大的筹码，一定要等到最关键的时刻再掷下。桓范决定继续观望一阵。

无怪乎何晏要叫他智囊。行事鲁莽是桓范的一面，思虑深远是他的另一面。这两个矛盾的特质完美地统一在桓范身上，成了这个老狐狸最好的伪装，连司马懿都差点被他的伪装欺骗。

但这种矛盾的特质也是一把双刃剑，尽管智囊桓范每一步都谋划得很漂亮，却在最后关头犯了鲁莽的毛病，一个小小的细节，断送了他全家的性命。

当然，这是后话。

何晏等人理解不了桓范的深谋远虑，他们觉得一开始不站队到最后再来押宝的行为纯属骑墙派行径。他们的处事风格是高调、张扬，这群经历浮华案打压的名士迫不及待地要向全洛阳、全魏国宣布：我们是曹大将军的人马，我们咸鱼翻身了，别惹我们。

所以，他们丝毫没有掩饰自己已经和曹爽结成党羽这一事实。

而曹爽也并不排斥这种高调，相反，他也迫不及待地要向整个魏国政坛——尤其是司马懿宣布，我有我自己的党羽，有我自己的集团，我可以跟你分庭抗礼。

两边一拍即合。

这一切司马懿尽收眼底。

随着何晏等人的高调加盟，司马懿明显感觉到曹爽的态度逐渐不那么恭敬了，商量政务也没原先勤快了。有时候，曹爽还会假装不经意间小小地“专断独行”一下，然后偷眼观察司马懿的反应。

司马懿把这些小动作都看在眼里，但毫无反应。

这时候的司马懿正处于极度激烈的心理斗争之中。

他已经站在政治生涯的巅峰上了，现在曹爽却要把他踩在脚下。对付曹爽这种人，司马懿有十足的信心，可是一旦跟曹爽开战，就等于和曹氏宗亲开战，就意味着向天下宣告我司马懿已经变成了王莽、董卓这样的权臣。

曹操当年的预言也就成真了。

此时此刻的司马懿，对于曹氏王朝大体上还是忠诚的。但以司马懿的性格，不可能不考虑自身和家族的命运。

是向曹爽妥协，做一个周公、萧何这样的名臣；还是和曹爽开战，做一个王莽、董卓这样的权臣？

司马懿的内心从来没有这么煎熬过，然而，曹爽的行为却让人越来越难以容忍，当年那个温良谦恭礼让的曹爽已经不见了，取而代之的是张扬跋扈、野心勃勃的曹爽。

司马懿的天平开始向王莽和董卓倾斜了，这个时候，曹爽又不失时机地下来一剂猛药。

曹爽的局：先夺人事权，再夺军权

何晏等人心里明白，想要真正咸鱼翻身，光攀上曹爽是不够的，只有让曹爽和司马懿两强相争，斗得越凶，他们的地位才越高，原因很简单——没有斗争，那党羽又有什么用？

所以他们无时无刻不在曹爽面前灌输打倒司马懿、大权独揽的思想。他们描绘了司马懿被排挤之后的美妙新世界：所有人都对曹爽俯首帖耳，所有政令都出自曹爽一个人，连小皇帝都对曹爽恭恭敬敬、唯唯诺诺。

年轻的曹爽如何能抵御住这种诱惑？

但是司马懿在朝中根基深厚，其人又深不可测，曹爽除了首席辅政大臣这么一个虚无缥缈的身份，怎么跟司马懿斗呢？

当“五人队”再次煽风点火的时候，曹爽隐晦地表达了自己的担忧。

“司马懿老谋深算，谧却以为，他未必是大将军的对手。”曹爽被这么露骨的表述吓了一跳，抬头一看，说话的是足智多谋的丁谧。

曹爽调整了一下心绪，拱手施礼问道：“彦靖何以教我？”

此时的曹爽，还多少保留着辅政之前的谦恭，这让丁谧觉得很受用。

“先夺行政权，再夺军权。”

曹爽听得虎躯一震，本能觉得这肯定是个好主意——其实他未必听懂了，只是被丁谧的语气感染得很激动。

丁谧也不卖关子，俯过身去，将自己的奇策和盘托出，曹爽越听越开心，听到后来连连拊掌：“大妙！大妙！”

何晏等人听着叹为观止，丁谧的妙计是一整套环环相扣的组合拳，严丝合缝，没有任何破绽。而这个计划的关键，恰好是曹爽目前唯一的本钱：首席辅政大臣。

于是，曹爽立刻行动起来。

景初三年三月，曹爽上表请求皇帝尊司马懿为太傅、大司马。

这封奏折由曹爽的文采出众的弟弟曹羲操刀，字字玄机。

奏疏的一开始曹爽迂回切入，说自己没有功劳却和司马懿同为辅政大臣，觉得没羞没臊的（猥与太尉懿俱受遗诏，且惭且惧，靡所厎告），同时声明：

“我是真的没什么功劳啊！除了关心明帝身体，除了贴身照料先帝，除了亲自为他尝药，我是真的没啥功劳啊！我想感动上天来挽救先帝生命，上天也没理我啊，我是真没啥功劳啊。”（先帝圣体不豫，臣虽奔走，侍疾尝药，曾无精诚翼日之应。）

这一段太巧妙了，既把司马懿捧得高高的，同时确立了一个基调：你司马懿能力强功劳大，而我曹爽，除了一腔忠诚，什么都没有。

这样一来，曹爽就可以铆足劲儿给司马懿戴高帽子了：

天下评价一个人不外乎三方面：年龄、官爵和德行啊（夫天下之达道者三，谓德、爵、齿也）。司马太尉你德行比那谁谁还高，功劳比那谁谁还高，至于年龄那就更不用说了，曹魏死了三朝皇帝了你都还没死……（德则过于吉甫、樊仲；课功则逾于方叔、召虎；凡此数者，懿实兼之。）

这样啰里啰唆夸了一大通，奏疏的最后终于转入正题：

“我是真的没什么功劳，却比司马太尉地位高，天下人肯定会说那是‘因为你姓曹所以偏袒你，实在太过分了’之类，我觉得这样不好，请求陛下封司马公为太傅、大司马，让他的地位比我高吧。”（臣抱空名而处其右，天下之人将谓臣以宗室见私……臣以为宜以懿为太傅、大司马，上昭陛下进贤之明，中显懿身文武之实，下使愚臣免于谤诮。）

当时曹芳才八岁，当然不可能批阅奏折，一切都是曹爽代劳，于是曹爽自说自话一样给自己回了一封诏书，主要内容就是一句话：

“好啊好啊，改封司马懿为太傅，大司马吧。”（今大将军荐太尉宜为大司马，既合先帝本旨，又放推让，进德尚勋，乃欲明贤良、辩等列、顺长少也。）

大司马是手握实权的内廷官职，地位比大将军高，曹爽好像真的要让贤给司马懿一样。当然，这是不可能的。如果只是如此，丁谧的连环计未免太拙劣了。

所以在曹芳的诏书里，曹爽笔调一转，以惋惜的口吻说：

“可惜啊可惜，大司马这个职位太不吉利了，曹仁、曹休死了，曹真死了，连公孙渊都死在这个岗位上，尽管先帝教导我们不要相信封建迷信，不过我还是觉得不太好，所以就不让你当大司马了！”（朕惟先帝固知君子乐天知命，纤芥细疑，不足为忌，当顾柏人彭亡之文，故用低佪，有意未遂耳！）

最后，曹爽亮出了这次自己真正的目的：

“所以，就封司马懿做太傅吧。”（其以太尉为太傅。）

收到诏书后，司马懿很头疼。

曹爽这一招挺高明，把自己高高架在太傅这个虚职上，却不动声色地剥夺了录尚书事的职权，等于收走了全部行政权。而且，曹爽干得滴水不漏，找不出任何刻意架空司马懿的痕迹。

不过司马懿头疼的不是这个，这种招数在司马懿看来都是隔靴抓痒抓不住本质。决定权力是实力，而不是一个区区的官职。

司马懿真正头疼的是：以这封诏书为起点，和曹爽之间的战争提前打响了。而这是一场司马懿不愿意面对的战争。

司马懿出身于儒学世家，从小接受的是忠孝节义的教育，这些都是融入他灵魂中的观念。尽管曹操一而再、再而三地怀疑他，但司马懿自己知道，他绝不是天生的反贼——就算是曹操，年轻的时候不也是一心想着为汉室尽忠吗？

更何况，司马懿已经位极人臣，谋逆对他来说成本实在太高。

随着司马懿权势一天天膨胀，每当夜深人静的时候他也会忍不住去思考：我是不是也可以成为第二个曹操，“三马同槽”的预言是不是真的会实现？但这些也只是想想罢了，至少到景初三年正月为止，司马懿没有丝毫谋逆的迹象，也没有任何谋逆的动机。

可是一旦和曹爽的战争打响，接下来的事情司马懿就身不由己了。

容不得司马懿纠结太多，丁谧的连环计还没有结束，曹爽再一次出手了！

解除了司马懿的行政权后，曹爽开始在行政机构中安排自己的人马。

他首先盯上的是吏部尚书卢毓，吏部掌管官员的任免，掌握了吏部就等于掌握了魏国的人事权，也就扼住了魏国官场的咽喉。

于是，曹爽把自己的头号谋主何晏安排到了吏部尚书的职位上，至于卢毓，则先放到尚书仆射的位置上让他稳定一下情绪。然后，邓飏、丁谧也分别被安进了尚书台，再加上曹爽自己担任录尚书事，整个曹魏中央行政体系成了曹爽的一言堂。

至于毕轨和李胜二人，在丁谧的谋划中将出任手握实权的地方长官与曹爽内外呼应：毕轨担任司隶校尉，李胜担任河南尹。

等差不多把亲信都安插完了，曹爽觉得尚书仆射这么重要的官职也不能让卢毓这种外人占着，便指示毕轨一封奏折，把卢毓搞下去了。

完成了这一系列眼花缭乱的人事调动后，丁谧的秘策进入了第二步：夺军权。

这不是一件容易的事情，司马懿曾在两大战区担任过要职，还曾统率中央军出征辽东，在军中的势力盘根错节，影响力不可小觑。换句话说，曹爽可以迅速撤掉司马懿的军职，但是拔不掉司马懿在军中的关系网。

丁谧给曹爽的建议只有四个字：此消彼长。

逐渐扩大曹爽集团在军中的影响力，就等于变相削弱了司马懿，曹爽对这个计划佩服得五体投地，立刻着手实施，首先拿来开刀的，是司马懿根基最薄弱的京城禁军。

魏国的禁军分为武卫、中坚、中垒、五校四大营，总司令和副总司令分别称为中领军和中护军，下属各位营长分别称之为武卫将军、中坚将军和中垒将军。只有五校营比较特殊，下辖五个特种作战连，连长分别为屯骑校尉、步兵校尉、射声校尉、越骑校尉和长水校尉。其中中领军统领整个禁军并且直接指挥武卫、中坚两大营，而中护军指挥中垒、五校两大营并且负责整个禁军系统中的武官任命。

曹爽要做的就是把这支部队握在手中。

夺走司马懿录尚书事的实权后没几天，曹爽再次借天子之手下诏：命曹羲出任中领军，统领禁军；族弟夏侯玄出任中护军，牢牢控制了禁军人事任免权，而四大营中最精锐的武卫营则交给了另一个弟弟曹训。同时曹爽还把自己的其他弟弟全部以侍从的身份打发进宫廷，一时间，宫廷简直成了曹爽家的后院。

曹爽的党羽炙手可热，司马懿却依然冷眼旁观。

饭要一口一口吃，路要一步一步走，司马懿如今的地位是用几十年时间经营积累起来的，曹爽却试图用几十天时间来全面取代司马懿的权威，他太心急。

政治斗争牵扯的利益关系错综复杂，必须要有足够的细心和耐心去解开每一个结，快刀斩乱麻式地抢班夺权如同拔苗助长——效果明显，但后患无穷。

丁谧的连环计心机不可谓不深，可惜太浮躁、太冒进。

步子迈大了。何晏等人怀着各种目的大张旗鼓地依附在曹爽周围，曹爽却忘了一个最基本的政治原则：当你把小部分人划入圈子之内，你就等于把大部分人踢出圈子之外了。

那些圈子之外的人会变成另一个圈子，而那个圈子的核心便是司马懿。

曹爽机关算尽，却帮司马懿作了嫁衣。当曹爽集团占据了魏国政坛大部分机要位置，一个萝卜一个坑，有新人上马就有旧人下马，那些被挤对下来的旧人便成了司马懿集团最坚实的骨干力量。

在这帮人中，司马懿最为倚重的是曹魏的顶级谋臣蒋济。

比起另一位顶级谋臣刘晔，蒋济在知人料事方面稍微欠缺了一点，但在奇谋诡策上又超越了刘晔。但他和刘晔有个共同点：高智商、低情商。

所以他跟曹爽集团几位核心人物的关系都处得不怎么样，尤其是毕轨，因为北伐轲比能的事情被蒋济弹劾得很惨，如今毕轨咸鱼翻身，很不给蒋济好脸色看。

相反，司马懿却一直刻意地保持着跟蒋济的良好关系。

魏明帝曹叡时期，蒋济曾担任中护军。前面说过，中护军是皇城禁军副总司令，负责禁军武官选举，是个大大的肥差。蒋济在这个岗位上贪污腐化十分严重，公开卖官，明码标价，例如牙门将一千匹绢，百人队长五百匹绢……价格公道、童叟无欺，口碑非常不错。

司马懿知道后旁敲侧击地过问了此事，蒋济被问得无言以对，自我解嘲地开玩笑说："都是给穷闹的呀。我在城里买东西，少一分钱都不行啊。"

司马懿哈哈大笑，也没再深究。

于是，蒋济对司马懿十分感激。

这就是司马懿培养根基的方式，收买人心，却不拉帮结派，等需要的时候，人心自会开花结果。

当然，以司马懿的处事方式，是不可能像曹爽那样公然拉帮结派的。他只是小心地聚拢着人心，却没有和曹爽直接对抗。

司马懿知道，当务之急不是在朝堂上和曹爽夺权，而是在曹爽最薄弱的环节巩固自己的权力。

这个环节就是军权。这才是司马懿的命脉，绝不容曹爽染指！

司马懿破局：能打硬仗就不会被边缘化

拜老朋友孙权所赐，司马懿很快就找到了巩固军权的机会。

趁魏国大丧之际出兵打秋风一直是东吴的保留节目，这么多年过去了，这一优良传统一直没丢。曹叡刚死，孙权就蠢蠢欲动，各项战争准备工作轻车熟路地开动起来。

期间，零陵太守孙殷送来的一封奏疏，给孙权描绘了一个美妙的前景：东吴起倾国之兵，诸葛瑾、朱然出兵襄阳，陆逊、朱恒出兵寿春，孙权御驾亲征讨伐淮阳，一直打到青州、徐州，然后请西蜀出兵关中，攻破长安，最后吴蜀两国在洛阳成功会师，瓜分魏国，平定中原！

孙权看得热血沸腾，毅然决定扩大战争规模，跟魏国干一票大的！于是，动员工作一直拖到正始二年四月，吴军才分三路大举出动，其中全琮一路攻打芍陂，朱然、孙伦一路攻打樊城，诸葛瑾、步骘一路攻打柤中，三路并进，声势浩大。

至于孙殷提到的“起倾国之兵”和“御驾亲征”，孙权耸耸肩：“别开玩笑了，我们东吴什么时候打过这么玩儿命的仗？差不多就行了。”

孙权的这一态度决定了这场战争的基调：捞得着就捞，捞不着拉倒。

全琮一路打得十分顺利，一举攻破芍陂，开展了一系列愉快的抢劫活动后就没有了继续推进的心思。这时，魏国征东将军、扬州持节督扬州军事王凌也带着增援部队赶到了，看到东吴军一副酒足饭饱的样子就气不打一处来，哇哇叫着要跟全琮拼命，尤其是王凌手下大将孙礼，跟不要命一样冲在最前头见人就砍，砍死吴军中层将领十余名。

全琮一看，好嘛，横的碰上不要命的了，赶紧撤吧，收拾收拾战利品，全琮一路撤退。

全琮退去，诸葛瑾一路也没多少进取心，真正让人头疼的是围攻樊城的朱然。

朱然是东吴军界数二数三的名将（数一的当然是陆逊）。用现在的标准来说，此人属于“技术宅男”，除了军事对什么事情都没兴趣，一心扑在军营中。但此人绝不像普通宅男那么死脑筋，相反，朱然在战场上以诡计多端而著称，经常把敌人玩儿得团团转。所以，同样擅长诡计的吕蒙很喜欢他，临死之前向孙权推荐了朱然做自己的接班人。

结果孙权却钦定了陆逊，朱然心里憋着一股火，一百个不服气。不同于全琮和诸葛瑾，他是铁了心要把樊城打下来，完成当年关羽未竟的事业，也来个名震华夏。

樊城快撑不住了，隔壁的荆州刺史胡质也不能坐视不理，于是急率本部兵马万人一律轻装，狂奔三百里南下救援。

胡质的手下觉得这么做太冒进——一支急行军三百里的轻装部队，能有多强的战斗力？但胡质斩钉截铁地说：“樊城兵力少，急需要外援，我去了不一定有用，但我不去的话樊城可就完了！”

果然，胡质的到来给樊城守军打了一剂强心针，原本萎靡的士气又重新振作起来，可是胡质也成了强弩之末，无力摧毁朱然的军团。

强心针的效果持续不了多久，樊城的告急文书像雪片一样飞往洛阳。

这正是司马懿等待的机会。

荆、豫军区是司马懿的老势力范围，司马懿收集到的信息比曹爽更精确、更完善，曹爽集团还没理清头绪的时候，司马懿已经整理出了完整的作战方案。

然后，司马懿自请领兵出征，救援樊城。

曹爽当然不同意，把司马懿放回军队，就等于把游龙放进大海，但是这个理由不能放到台面上说。

“太傅大人年事已高，南方小小的战事派一员偏将提数万步骑兵前去对付便可，何必亲自出手呢？”曹爽的党羽急不可待地跳出来制止司马懿。

司马懿冷冷一笑，这帮人说话做事永远找不到重点，就凭这种理由也能阻挠我吗？

“因为樊城被围困，柤中地区有十万难民被阻隔在淮河以南，流离失所，一旦出现民变，南部地区就会陷入动荡之中，谁说这是小事！”

曹爽顿时傻眼了，本来只是樊城一地的得失，却被司马懿说成了关乎整个南部地区稳定的大事。曹爽使劲儿打着眼色，让党羽们赶紧想办法反驳。

那些人心里也急，谈军事，他们不专业啊！可曹爽那张脸都快抽筋了，没办法，硬着头皮上吧：

“樊城城防坚固，一时半会儿不会沦陷，我研究了一下军报，吴贼有不攻自破的架势，我们实在没必要兴师动众了。”

这么外行的高谈阔论简直把司马懿气乐了，他决定用一番更高深的话来唬住这帮门外汉：“兵书上说，将帅有能力抵御贼寇，这样才能保持军队士气，没有能力而放任敌人侵略，这样就是在摧毁军队斗志。现在边境有难，民心动荡，我们却坐视不理，我恐怕这样一来丢的不只是一个樊城，而是整个魏国的军心和民心，是我大魏国社稷的根基！”

说完这番慷慨激昂的话，司马懿扫了曹爽一眼：曹爽已经目瞪口呆。

打仗这种事情，你不懂的，还是别瞎掺和了。

确实，曹爽集团的软肋就是军权，他手里没有能带兵的嫡系人马，连个懂兵的人都没几个！

没办法，那就让司马懿带兵吧。曹爽无奈地签署了调兵的诏令，同时恶狠狠地诅咒：“老东西，大热天的还到处跑，最好死在行军的路上！”

司马懿身体倍儿棒吃嘛嘛香，完全没有要死的迹象。相反，他一走进军营就像龙游深渊、虎入山林，直觉神清气爽，仿佛一夜之间年轻了二十岁！

这里才是我的舞台，你们才是我最坚实的后盾！

站在点将台上，司马懿闭上眼睛，用心感受着校场上数万士兵崇敬的目光。

曹爽，你奈何不了我。只要你和你的爪牙握不住枪杆子，你就永远不可能把我边缘化。

司马懿铆足了劲儿，发出十二分的力量，用最短的时间完成了准备工作，六月份，大军出动。

此刻，樊城守军已经知道胡质那点人马不靠谱，强心剂的效果正在慢慢退却，直到司马懿亲自率军救援的消息传来，才又重新激昂：战无不胜的司马太傅亲自出马，吴狗的末日到了！

朱然也得知了这个消息，有点小紧张。全琮已经撤军，诸葛瑾半死不活，我以一支偏师、疲师，能挡住司马懿亲自率领的魏国中央军精锐吗？

他暗暗下定决心：如果司马懿不打算拼命，他无论如何也要先打下樊城再说（打下后守不守得住先不管），如果司马懿是来找自己决战的，那就赶紧跑路！

与此同时，司马懿也在揣摩朱然的心思。

大夏天的，打仗对谁都没好处，司马懿决定试探一下，如果东吴打算见好就收，那他就虚张声势把朱然吓跑，如果东吴这次铁了心要玩下去，那他就重新调整部署，跟朱然主力决战。

于是，司马懿派出了一支轻骑兵向朱然挑衅，如果朱然真心要攻略淮南，就会毫不犹豫放弃樊城转而进攻司马懿兵团。

结果是朱然尿了。他完全不想跟司马懿硬碰硬，他就只有一个小小的梦想：打下樊城，风风光光地撤回吴国。

那就好办了，司马懿也松了一口气。野外大兵团作战从来不是他的长项，能不打最好不打。

确定方针之后，司马懿下令全军仔细检查装备，操演阵形，大张旗鼓招募敢死队员，并组织中层以上将领彻夜学习军事条例，总之做出一副“我马上要发起总攻”的状态。

要说演戏，谁能演得过司马懿啊？朱然当场上当，长叹一声“时也运也”，抛下摇摇欲坠的樊城连夜撤军了。

第二天早上醒来，魏军就发现朱然大营已经空空如也，司马懿立刻下令全军追击，痛打落水狗。有人提出疑问：“太傅，穷寇莫追啊，咱们见好就收吧。”

司马懿冷冷一笑：“小小朱然，又不是诸葛亮，有什么追不得的？”再次下令全速追击，终于在三州口追上了朱然。果然，朱然完全没留下断后部队，被司马懿一冲就乱了阵形，留下万余具尸体灰溜溜地跑回江东了。

说到底，朱然还是比陆逊差了一截，更不用说曾经战胜过诸葛亮的司马懿了。

朱然一退，诸葛瑾彻底成了孤军，也跟着撤退了。

战报传到洛阳，曹爽气得直踢墙。

司马懿没死在行军路上也就算了，他居然还真把朱然赶走了！他把朱然赶走也就算了，居然还砍了上万个脑袋回来！他砍了上万个脑袋也就算了，居然连带着把诸葛瑾都吓跑了！

司马懿的不败纪录上又添了浓墨重彩的一笔，连禁军中那些养尊处优的兵油子都对司马懿佩服得五体投地，觉得跟着这样的将军打仗倍儿有面子。

没办法，生气归生气，样子还要做，曹爽不得不派出特使前往荆州表彰司马懿，又把司马懿的封邑再从两个县增加到四个县，其子弟十一人，全部封为侯爵——这是魏国历史上从未有过的殊荣。司马懿在军界的声望达到了一个新的高峰。

曹爽真的坐不住了。

更让他坐不住的事情还在后头。

正始三年三月，司马懿回到洛阳没多久，突然上疏要求亲自主持两淮地区的屯田，为东南军区积蓄军粮。

三朝元老大臣居然主动参与到屯田种地这种事务中，朝野对此又是一片赞颂之声，曹爽却气得浑身发抖，司马懿是不打算离开他的军队了！

司马懿正是如此打算的，鱼不可脱于渊，军队就是他的根基，而屯田让他能跟军队走得更近。

司马懿对屯田事务并不陌生，他在雍凉的时候就曾大力发展农业，实现了关中地区军粮的自给自足。而此时他对此更加有信心，因为前不久他的幕府中恰好收了一个精通农务的年轻人。

“士载，你对屯田有什么想法吗？”司马懿和蔼地询问这位年轻人。

那个年轻人仔细想了想，回答道：“艾……艾……艾以为两淮地区土地肥沃，但是水……水源少，应该开凿河……河……河渠，既可以引水灌溉，大积军粮，又通运漕之……之利。”

年轻人结结巴巴的发言引来一阵哄笑，司马懿却依然一脸和蔼地看着他，鼓励他说下去。

年轻人受到鼓舞，说话顺了些：“当淮北屯二万人，淮南三万人，分成十二……十二批次，平时屯田，战时披甲，一年可以提供五……五……五百万斛军粮。”

司马懿点点头，对这位年轻人的看法非常认同，采纳并实施了他的方案。

这个年轻人，名叫邓艾，三国末期最璀璨的将星，此时正在司马懿的幕府中任职。

在邓艾的谋划下，司马懿大张旗鼓地开工了，从正始二年到正始五年两年间，他首先拓宽了淮阳、百尺两条河渠，从黄河引水注入淮水和颍水，在颍南、颍北修成了许多陂田。又在淮河流域挖掘了三百多里长的水渠，灌溉农田两万顷，从而使淮南、淮北连成一体。从此，淮河流域的水利和军屯建设得到飞速的发展，魏国在东南的防御力量也大大加强。每当东南有战事，大军便可乘船而下，直达江淮。军粮也实现了自给自足，免除了转运之苦。

正始四年，当了两年农民的司马懿闲不住了，又忙里偷闲地跑出去打了一仗。

这次打的是诸葛瑾的儿子诸葛恪。

诸葛恪继承了诸葛家族最优良的基因：聪明。可惜司马懿最不怕的就是聪明人。在他的一生中，他跟太多顶级的聪明人交过手，跟他们相比，诸葛恪那点智商根本不值得一提。

事情的起因是司马懿自己没事找事。

全琮、朱然、诸葛瑾三路大军退却后，孙权还是不死心，又让诸葛恪在魏吴边境重镇宛城屯兵，这让魏国边防军感觉很不爽。司马懿倒没有太不爽，但他好想趁此机会再出去打一仗，再进一步加强一下自己在军中的权威，于是，他上表请求亲自率兵攻打诸葛恪。

曹爽的党羽们毫无悬念地再次跳出来阻拦：“吴贼城堡厚，粮食多，就是打算骗我们去打他，等咱们真去了他肯定有援兵过来，到时候咱们进退两难，跟诸葛亮似的，那多尴尬！”

司马懿心说两年过去了怎么一点长进都没有？懒洋洋地又发去一封奏疏：

“吴贼擅长的是打水战，我从陆地上攻打他们的城池，如果他们不敢打陆战弃城而走，那我就不战而胜了；如果他们固守城池，冬天水浅，战舰无法通行，他们的水战威力发挥不出来，这还是我们占优势啊——所以我们干吗不打呢？”

司马懿轻描淡写一席话，就把曹爽说得哑口无言，回去跟何晏、邓飏、丁谧等人商量了半天。这三个人玩阴谋诡计还凑合，玩军事能玩出什么花样来？自然一点办法都没有。

曹爽只好又很不情愿地同意司马懿出征了。

正始四年九月，司马懿再次领兵出征。

战争过程比司马懿预料得更加简单，诸葛恪一听说司马懿来了，一把火烧了宛城的军需物资，弃城而走。

司马懿不战而胜，喜悦之间居然感到有些无聊。

自从诸葛亮死后，世间真的找不出一个像样的对手了吗？

撤军路上，司马懿无所事事地拨弄着案头的竹简，心头盘算着下一步动作。

此时此刻，曹爽已经极度焦躁不安了，他不打算忍下去了，决定跟司马懿来个硬碰硬。他要把手直接伸进各大战区和中央军，直接伸进司马懿的势力范围。

而邓飏和李胜两位谋主恰好在此时为曹爽献上了一条妙计。

有多大的本钱，才能端起多大的饭碗

正始二年的那场战争中，征东将军王凌的功劳仅次于司马懿，曹爽仿佛看到了一个突破口，对王凌大加笼络，又升官，又封侯，秉承了曹爽集团一贯大张旗鼓的传统，唯恐天下不知道曹爽想把手伸进地方军区的野心。

但是到正始四年，随着司马懿在军界声望节节攀升，曹爽已经对这种慢慢拉拢的方式失去了耐心，他想要一口吃成胖子。

正好邓飏和李胜找到了曹爽。

“司马公大败诸葛恪，声望如日中天，大将军不着急吗？”邓飏开门见山，丝毫不遮遮掩掩。

“急有什么用，我能控制魏国军队吗？”此时的曹爽，已经不像当年那么谦和了，对邓飏咄咄逼人的态度不是很满意。

邓飏也不收敛，继续咄咄逼人：“请问大将军，什么时候最容易取得军队的控制权？”

“嗯？”曹爽没怎么跟上邓飏的思路，“司马懿死的时候。”

“……”邓飏一脸无语地看着李胜，李胜耸耸肩，循循善诱道，“大将军再想想，司马公是如何迅速掌控雍凉兵团的？”

话说得这么明白，曹爽终于明白过来了：“战争！只有在战争中才能建立对军队的绝对控制权！”

邓飏李胜欣慰地点点头：“所以我们需要一场战争。”

曹爽若有所思地点点头：“司马懿打东吴，我们就打西蜀……不过首先，我需要先接过雍凉战区的指挥权。”

曹爽跟邓飏、李胜二人密谋到深夜，很快就有了一个完整的计划，一想到马上就能把军队牢牢握在手中，曹爽高兴得手舞足蹈。

几天后，曹爽上疏，推举中护军夏侯玄督雍、凉二州军事，接过了雍凉兵团的指挥权。

不过指挥权是一回事，控制权又是另一回事。走马上任之前，曹爽特地指使夏侯玄拜会了雍凉战区的“老爷叔”司马懿，名义上是为请教西北军务，实际上是打算探探司马懿对此的态度。

曹爽没有奢望司马懿提供多大的帮助，只要他不从中作梗就行了。

司马懿客客气气接待了夏侯玄，详细地为他介绍了雍、凉二州的地理和军队布放情况。不过对于自己的老部下们，司马懿一个字都没提。

几天后，司马懿送上一份奏疏，推举自己的长子司马师顶替夏侯玄担任中护军一职。

收到这封奏疏，曹爽松了一口气。

很明显这是司马懿开出的交换条件，不过他既然能开条件，那就说明同意了。

于是，曹爽很爽快地批准了司马懿的申请，跟即将到手的雍凉兵团相比，禁卫军副司令这个职位实在没什么。

正始四年年底，夏侯玄走马上任，投入了热火朝天的战争动员中去。

越过秦岭用兵需要长期的准备，诸葛亮第五次北伐准备了整整五年才能保证粮草充足，可是曹爽却等不了那么久。

正始五年年初，曹爽上疏曹芳，请求亲自率兵讨伐蜀国——说是上疏，其实是自说自话，不过在批准自己之前，他偷眼打量着司马懿，等待这个老家伙的反应。

司马懿认定曹爽伐蜀必败。

诸葛亮死后蜀国进攻能力严重退化，但是诸葛亮遗留下的防御体系还在，蒋琬、费祎、姜维、王平这些老将还在，更重要的是，秦岭天险还在。沙场老将曹真尚且铩羽而归，更不用说对用兵一无所知的曹爽、夏侯玄以及什么邓飏、李胜了。

当然，司马懿对曹真败绩如此有信心的另一个重要原因是他在雍凉战区的根基太深了，从高级将领郭淮到偏将、校尉，几乎全都是司马懿的嫡系班底。司马懿相信，他们明白要怎么做。

不过想是这么想的，样子还是要做的，所以司马懿立刻站出来表示了对曹爽的反对，当然，反对理由十分空洞、无力，确保曹爽能够反驳。

曹爽早料到司马懿会反对，当天上朝之前让夏侯玄收集了大量材料，就是为了跟司马懿论战用的。于是，曹爽针锋相对，驳斥了司马懿的“错误观点”。

司马懿本来就是做个样子，没打算跟曹爽论战，于是手一摊：“好吧，祝大将军旗开得胜！”

曹爽一拳砸在棉花上，差点被噎成内伤！

看着司马懿一脸无辜的样子，曹爽越想越觉得不对劲，咬了咬牙，又推举司马懿的次子司马昭为征蜀将军，要求随军同行。

司马懿还是点点头：“好啊。”

曹爽彻底没话说了。他提出要求，司马懿一口答应，他还能说什么？

三月，曹爽带上邓飏、李胜等一批心腹以及司马昭前往长安，与夏侯玄的大军会合。

临别前司马懿给了司马昭一个高深莫测的眼神，司马昭以极小的动作幅度心领神会地点点头。

曹爽自作聪明地带上司马昭，这让他离失败更进了一步。

夏侯玄的六万大军已经等候在长安，这是当年司马懿留下的雍凉兵团精锐家底。曹爽豪情万丈地检阅了这支军队，然后下令从骆谷道进军，讨伐西蜀！

曹爽没有注意到雍凉兵团中高级将领眼中轻蔑的神情。

与此同时，蜀国也得到了曹爽入寇的消息。

诸葛亮之后，蜀国确实无可挽回地衰弱了，当时的汉中守军只有区区三万人。在曹爽的六万大军（号称十万）面前似乎不堪一击。

在讨论如何御敌的军事会议上，蜀汉将领们都乱了方寸，甚至有人提出，应该把曹爽大军放进来，放到汉中城下，然后借助汉中城坚固的城防死守，直到涪陵援军赶到，魏军自然就会退兵。

这个方案刚刚被提出来就听见“砰”的一声，有人一拳把桌子砸出一个坑来。“你这是想引狼入室吗！涪陵离此地千里之遥，若是援军没到，汉中先沦陷了怎么办？即便汉中守住了，那么汉中城外的老百姓怎么办？”

一番话说得众人面红耳赤，却没人敢发作，因为说话的那个人是老将王平。

等众人安静下来，王平走到汉中舆图跟前。

“被动防御是自取灭亡，哪怕兵力再少也要主动扩大防御圈。”王平指着骆谷道口两座堡垒，“刘敏、杜袭，你二人率军占据兴势，务必阻拦曹爽大军。等他们分兵走黄金（地名），我就亲自率军居高临下阻击魏贼。”

王平跟随刘备和诸葛亮在秦岭南北征战一生，经验实在太丰富了，说话自然一言九鼎，这个方案全票通过。

三万大军被一分为二，一部分守黄金，一部分守兴势。走到分岔路口，王平拉住刘敏，语气沉重地说：“刘护军务必支撑到涪陵援军到来的那一刻，否则，汉中危矣。”

刘敏点点头：“兴势地形险要，曹爽大军无法展开，又有将军所部人马作为后盾，料想坚守旬日是没问题的。”

王平这才放心地与刘敏分手。

与此同时，涪陵的援军已经起程，而成都方面更是高度重视，派出诸葛亮指定的二号接班人费祎从成都亲自率军驰援汉中。

当曹爽千辛万苦穿过骆谷道抵达兴势的时候，王平、刘敏已经严阵以待。

正如刘敏所说，曹爽十万大军在狭窄的地形下根本无法展开，彻底失去了数量优势，在兴势城下寸步难行。王平一看曹爽没有分兵黄金的打算，又调拨一部分兵力协防兴势，曹爽更加步履维艰。

事实上，曹爽的兵团本来就没有全心全意替曹爽卖命。

雍凉兵团一直是司马懿的老根据地。曹爽把夏侯玄这根钉子打入雍凉战区的时候司马懿没有说话，但像郭淮这样的聪明人怎么可能体会不出司马懿的意图？等到司马懿在朝堂上公然反对曹爽的军事计划时，等于向整个雍凉兵团中的高级军官表明了态度：我不想打这场仗，你们自己看着办。

这种事情根本不需要密谋，大家早已心领神会。

曹爽也有心理准备，所以他刻意带上司马昭，就是打算跟司马懿针锋相对地比比手腕——当年司马懿可以收服我父亲的部署，我也能。

可惜，曹爽太高估自己的手腕了。

大军止步于兴势，原地驻扎了整整一个月，军心动荡。

当初曹爽只给了夏侯玄极少的时间做准备，后勤保障缺口很大。而这个缺口又被曹爽和夏侯玄的无能放大到了令人无法忍受的地步。后方每天都传来消息，无非是后勤供应不上，多少牛马又累死了，多少人又摔死了，骆谷道中夜夜回荡着民夫的哭泣声。

坏消息远不止此，很快前方又传来消息：

“报！涪陵的援军抵达汉中，蜀汉守军士气大振！”

更糟糕的消息还在后头：

“报！成都的援军绕过汉中，可能是要迂回到我军侧后方！”

曹爽听了一个头两个大。

但是最让他头大的是，司马昭越来越不安分了。

曹爽带上司马昭的目的是想借用司马家族的影响力，他这一步棋也算有点儿用处，司马昭的到来让雍凉兵团出现了短暂的思想混乱，搞不清司马懿的真实意图。

可惜，司马懿既然敢让司马昭随军，就说明他相信司马昭的能力，司马昭也没有辜负父亲的信任。

对司马懿的老部下们来说，隔三岔五拜会一下前长官的二公子兼征蜀将军、大军副统帅都不算什么出格的事情。曹爽把军务交给了夏侯玄，自己的主要任务就是百般提防司马昭，防止他和军中老将勾搭起来坑自己。曹爽简直精疲力竭。他突然发现当初带上司马昭的决定实在太草率，这是一把双刃剑，用不好就会割伤自己。

很明显，曹爽没有能力驾驭这把双刃剑，他可以安插耳目监视司马昭的每一句话，却管不住他的语气、表情甚至眼神。司马昭不需要跟任何人沟通任何事情，他只需要向大家表明司马懿对于这场战争的立场就行了。

就在这段时间，王平有点耐不住寂寞，某天夜间，派出一员叫王林的将领前来骚扰了一下曹爽，而王林选中的突袭目标恰好是司马昭所部营地。

司马昭理都没去理他，严令部众坚守不出，王林在大营外围吼了几嗓子，射了几箭，觉得没意思，就回去睡觉了。

而司马昭恰好抓住了这次机会。

第二天一早，司马昭就找到了名义上的三军统帅夏侯玄：“费祎大军正在包我军的饺子，到时候往前不能打，往后跑不了，太危险了，赶紧转身撤吧！留得青山在，不怕没柴烧！”

夏侯玄根本没理他，应付了几句就把司马昭轰走了。

司马昭也没打算说服夏侯玄，他要表明的，只是一个态度。

果然，这次事件后，跑来说服曹爽退兵的雍凉老兵越来越多，曹爽越听越烦，直到一个叫杨伟的参军跑来又是啪啪一顿讲，曹爽手下的邓飏终于暴走了，和杨伟大声争论起来。

杨伟根本没给邓飏这种人好脸色看，朝他龇了龇牙，转头恶狠狠地对曹爽说：“邓飏、李胜这种人祸国殃民，简直该杀！”（飏、胜将败国家事，可斩也。）

曹爽对这种人一点办法都没有，他在军中仅有的威信已经随着可悲的军事失败而彻底崩塌了。

最严重的一次打击来自雍凉兵团头号名将郭淮。

司马昭预言魏军会被包饺子，事实上费祎也确实是这样打算的。涪陵守军到位后，费祎开始调兵遣将，偷偷占据魏军后方的几处险要地带。

郭淮第一时间就探知了军情，感觉不妙，居然招呼都没打一声，全军拔营撤退，费祎的包围圈还没合拢，硬生生让郭淮给漏了出去。

郭淮带头，其他人还有什么好客气的，曹爽再也无力驾驭军队。

就在此时，司马懿扔来了压死骆驼的最后一根稻草。

司马懿在洛阳时刻关注着曹爽，他觉得时机差不多了，于是给大军名义上的统帅夏侯玄送来一封信，告诉夏侯玄：

“能力越大，责任越大，当年武皇帝（曹操）就是在汉中跌了大跟头，这你是知道的。现在你们被蜀军包了饺子，再不退兵，万一全军覆没，你可怎么担得起这个责任哦？！”

真要全军覆没，负责任的人是你还是曹爽，你自己想清楚！

这封信的杀伤力太大了，夏侯玄越想越怕，终于找到曹爽，要求撤兵。

连夏侯玄都这么说了，曹爽彻底瘫坐在了席子上，有气无力地挥挥手：“你是总指挥，你说了算吧。”

这个时候，费祎的饺子已经快包完了，夏侯玄以前所未有的果断下令全军抛弃一切辎重全速撤退。经历一番血战，扔下无数牛马、军械和粮草后，大军撤回了关中。

曹爽一败涂地，比他老爹曹真还丢人败兴。

这件事情让曹爽明白一个道理：玩军事，他真的不是那块料。

有多大的本钱就端多大的饭碗，这次失败的根源，在于曹爽错误地做了一件超过自己能力之外的事情。

知耻而后勇，这场惨败让曹爽做出他一生中最英明的决定：放弃军界的斗争，把全部精力都放到政界。

现在毕竟不是刀把子里出政权的乱世，手里有刀很重要，却不是最重要的。朝堂才是权力角逐的主战场，而这才是曹爽最游刃有余的战场。

想明白这个问题后，曹爽即将发起一场有史以来最致命的反击。

曹爽反击，吹响了决战号角

曹爽灰溜溜地回到洛阳后，非但没有像他老爹曹真那样把自己气死，反而精神更加矍铄——这倒不是因为他心理素质好，而是因为比他老爹年轻身体好。

事实上曹爽气得够呛，为了这次西征，曹爽用一个中护军给夏侯玄换来了督雍、凉二州军事的职位，表面上赚大发了，奈何司马懿不讲诚信，居然添加了后门程序，把曹爽害苦了。

愤怒的曹爽决定找无良奸商司马懿退货。

但是这种一锤子买卖退货是很难的，中护军一职都给出去了，除非当面撕破脸皮，否则很难收回。幸好，曹爽在玩手腕这方面的天赋比打仗强，对此他有的是办法。

正始六年秋八月，曹爽突然下令撤销禁军中的中垒营和中坚营。

这个看似漫不经心的举动给了司马懿当头一棒。

之前说过，禁军中护军直接统率中垒、五校两大营，曹爽撤了中垒营，等于给中护军司马师来了个釜底抽薪。

曹爽为了堵住众人之口，在撤销中垒营的同时中坚营也被撤销了，让人觉得中领军曹羲的职权似乎也被打了个对折。

可是这一手玩得太流于表面，稍微有点脑子的人都能看出来，中领军曹羲麾下保留的武卫营是禁军中最精锐的营，而且武卫将军正是曹爽的弟弟曹训。至于留给司马昭的五校营，人数少不说，下面还有五个校尉相互掣肘，是禁军中最麻烦的一个营。

也就是说，司马懿好不容易伸进禁军的腿让曹爽给打断了——公然地、毫不留情面地、大张旗鼓地打断了。

司马懿没想到曹爽居然敢这么玩，竟然有点蒙了。

事情还没完，从正始六年开始，曹爽对司马懿越来越不客气，当初的谦恭礼让如今一扫而空，洛阳上空的火药味越来越浓，连宫里扫地大妈都看出来曹爽跟司马懿水火不相容了。

正始七年正月，孙权大过年地又跑来折腾，导致大量难民逃到了沔水北岸。

这里是司马懿的传统防区，司马懿自然不能坐视不理。他上疏建议把难民暂时留在沔水北岸，防止这些宝贵的人口资源落入孙权之手。

这种事情是纯技术性问题，跟魏国内部斗争一毛钱关系都没有，让司马懿没想到的是，曹爽居然跳出来反对："反对！不想着怎么重建沔水南岸，反倒琢磨着怎么把难民留在北岸，能不能把目光放长远点！"

司马懿一下子没能反应过来："这……跟你有什么关系？存心来找碴的吧？"

其实这事儿跟司马懿也没多大关系，不过毕竟几万难民对魏国来说还是挺重要的，出于公心，司马懿还是心平气和地抗辩道："我不同意你的观点。对待土地人民一定要审时度势，万一吴贼派两万人阻断沔北的援军，三万人与沔南驻军对峙，再派一万人去劫掠难民，我们该怎么办？"

曹爽哪知道怎么办啊。他只是为反对而反对，才不管这些："不管！反正把这些难民送回去就对了！"

司马懿不愿在这种毫无意义的问题上跟曹爽起冲突，反正被劫掠的都是魏国的人口，又不是他司马懿家的，爱谁谁！司马懿不是圣人，他偶尔会关心一下民生，但最关心的永远是自己和家族的利益。如果说景初三年之前的司马懿还会替魏国社稷奔走，此时此刻，他已经变成了一只彻头彻尾的政坛夜枭。

于是司马懿退让了，派人写信给南部战区的将领：把沔水北岸的难民统统赶到沔南去。

一声令下，沔北哭成一片，刚刚从战火中逃出生天的老百姓在魏国士兵的恫吓下不得不重新回到烽火连天的沔南。

果然不出司马懿所料，这么便宜的外快孙权是不会放过的，他当即派人加兵柤中，把这上万难民掳走了。

没有多少人关心这些难民的命运——包括司马懿。司马懿真正关心的是这个事件背后所蕴藏的玄机。如果说正始五年之前，司马懿和曹爽之间还保留着一层窗户纸，那么从正始五年春天开始，曹爽就一次一次试探司马懿的底线，除了还没撕破脸皮之外，斗争已经被完全公开化了。

不过，司马懿决定再忍忍，说不定会有转机。

正始八年四月，丁谧找到曹爽，又献上了一条诡计：把郭太后迁回永宁宫。

这个消息让修养功夫极好的司马懿都忍不住跳脚骂娘。

郭太后是魏明帝曹叡的皇后，齐王曹芳并非郭太后亲生的，但曹芳继位之后，依例尊称郭氏为皇太后。

按常例，皇太后是应该居住在永宁宫的，但是由于皇帝年幼，不能亲理政事，所以自从魏明帝死后，郭太后一直垂帘听政。为了摄政方便，郭太后一直没有搬迁到永宁宫，而是和曹芳一起住在皇帝的寝宫里。

不过，郭太后权势欲不强，忙于和司马懿争权的曹爽暂时还没把她列为主要的斗争对象，直到丁谧找到曹爽。

“大将军不觉得太后最近跟司马公走得有点近吗？”丁谧把自己收集到的一堆情报呈到曹爽面前。

经丁谧一提醒，曹爽突然意识到，司马懿确实跟太后关系挺好，尤其是太后最宠爱的两个亲侄儿郭德、郭建，跟司马懿、司马师之间有一层说不清道不明的关系。

“司马懿是想通过郭太后对天子施加影响，从而压制我？”

丁谧点点头：“看来是的。”

曹爽一笑：“本朝向来无后宫干政的传统，况且现在连天子都对我言听计从，司马懿找上太后，岂不是病急乱投医？”

“陛下已经成年，且与太后关系日笃。”

“彦靖未免有些多虑。”

“天下大事，必作于细。”

“然则应该如何？”

“太后迁回永宁宫，断绝后宫的苗头。”

曹爽是个神经大条的人，他并不是很重视丁谧的谋划，但是想着反正这也不是个难事，于是同意了丁谧的谋划，借小皇帝的手诏令太后搬出寝宫。

郭太后没有表示太多的反对，安静地搬回了永宁宫。

这是个没有政治野心，也没有政治远见的女人。她的态度，让曹爽更觉得丁谧有些敏感过头了。

事实上，曹爽难得正确了一次，丁谧这次确实有点过虑了。

司马懿跟郭太后关系好不假，可说他试图通过郭太后渗入权力中枢未免太小题大做。在曹爽权势滔天的洪流中，司马懿只是本能地依靠一切可以依靠的力量，增加自己保身的筹码而已。

可是现在，曹爽连这块筹码都不给他留！

在权力斗争最白热化的阶段，司马懿必须把每一件事情都往最坏的方向思考，在他看来，这是曹爽要赶尽杀绝的前兆。

曹爽啊曹爽，我一再忍让，你却苦苦相逼。我只想功成名就、安度晚年，你却逼我同室操戈，生死相搏。你的手段我已经见识太多了，也该见识见识我司马懿的手段了。

如果说之前司马懿的所有忍让都有息事宁人的因素，那么从这一天起，司马懿已经做好了反击的准备。

如果说之前司马懿的所有努力都是为了保护手中的权力，那么从这一天起，司马懿已经做好了夺权的准备。

积蓄了整整八年的愤怒即将喷薄而出，曹爽和他的谋士们即将体验到，什么才是真正顶级水平的政治斗争：果决、残酷而血腥。

很快，司马懿走出了反击的第一步——极具司马懿特色的一步：

他决定装病。

司马懿的局：其实，我是一个演员

装病的契机是现成的：就在郭太后搬回永宁宫的那个月，司马懿的原配妻子张春华过世了。

这是个千古难遇的奇女子。

此人在史书上仅仅出现过两次，一次是杀人，一次是自杀，两次都让司马懿目瞪口呆——她就像是一把冰冷的刀，散发着凌厉的美，只有这样的女人，才能配得上司马懿这样深不可测的枭雄。

尽管夫妻两人之间早已没有了感情，但司马懿绝不可能轻易忘怀这个女子，毕竟，不是什么人都能有幸遇到这样的人生伴侣。

张春华的死，让司马懿陷入了一阵莫名的悲伤，很淡，一闪而过。

紧接着，司马懿收起悲伤，觉得这是个可以利用一下的好机会。

然后，司马懿就病倒了——当然是装病。

这种事情司马懿早已轻车熟路，想当年，司马懿还是个活蹦乱跳的棒小伙儿，身体倍儿棒吃嘛嘛香，硬是装病装了整整七年，把精得跟鬼一样的曹操都骗得无可奈何。如今，司马懿已经是六十八岁高龄的老头子，有着丰富的生病实践经验，而他的对手不过是区区曹爽。

唯一遗憾的是，再也没有像张春华这样的女人来照顾他了。

张春华曾经教育司马懿要做个敬业的演员，司马懿牢记着一点，并没有因为曹爽愚蠢而降低对自己的要求。他使出了浑身解数，把一个因为悲伤过度导致身体免疫机能下降从而引发的各种并发症状的病人表演得惟妙惟肖，每一个细节、每一个眼神、每一声呻吟都确保丝丝入扣。

和第一次装病一样，司马懿是用生命在演戏，只不过第一次是要保住自己的命，而这一次，他非但要保自己的命，还想要了曹爽的命。

得知司马懿病重后，小皇帝曹芳挺着急。

曹芳今年十六岁了，生长在皇帝世家的他一点都不傻，知道如果司马太傅死了，朝堂上就只剩下曹爽一人独大了。对曹氏家族来说，曹爽专权总比司马懿专权好，但是对曹芳个人来说，谁专权都一样，结果都不好。

曹芳派来了最好的御医给司马懿瞧病。这是对司马懿表演功底的小小考验。不过以司马懿的演技，骗过御医一点都不难。

从太傅府回到皇宫后，这些御医一个个长吁短叹做悲痛状，告诉小皇帝：“太傅不行了，能撑多久算多久吧。”

小皇帝听后一阵难过，曹爽却心中大爽。

司马懿这一病，就病了很久很久，从正始八年春开始，在病床上度过了大半个正始八年、一整个正始九年和正始十年，直到嘉平元年才算“痊愈”。

司马懿装了两年零八个月。不过这又有什么大不了的？他自己创下的纪录可是整整七年，那还是在最精力旺盛的少年时代。

曹爽的神经比曹操大条多了，没怎么怀疑司马懿装病，至少史书上没有他派人去刺探的记载。

但曹爽麾下的谋士们却要精细多了，他们一致认为，不管是真病假病，时不时地上门去查探一下“病情”总不会错。这让司马懿不胜其扰。

所以，在装病的第二个年头，司马懿决定让自己的病情进一步恶化一下。

正好，曹爽的四号谋主李胜要去荆州，来跟司马懿辞行——说是辞行，其实就是来打探一下病情。

于是，司马懿装病史上最精彩绝伦的一幕上演了。

李胜被直接带入司马懿病床前：“太傅，我即将前往荆州任职，特来辞行，太傅身体可好？”

司马懿听到禀报，强撑着“病体”从床上支起身子，婢女给他穿衣，可是司马懿却连手臂都举不起来，穿了好几次也没穿上，没办法，婢女只能把衣服披在司马懿身上。

表演完哑剧《穿衣服》后，司马懿又像个老年痴呆症患者一样指指嘴巴：“渴……粥……渴……”婢女又给他端来粥，结果司马懿手抖得像帕金森患者，一碗粥有半碗洒在了衣服上。

这一幕《喝粥》把英雄末路的悲剧表现得淋漓尽致，引得了观众的一阵唏嘘。

比起邓飏、丁谧等人，李胜智商略显不足，本质上却相对要纯良一些，是个同情心十足的文艺老青年。此刻，他被司马懿深深拉进了戏里，看到当年叱咤风云的英雄居然连一件衣服、一碗粥都搞不定，李胜感到了深深的凄凉。

“大家都说您当年是何等意气风发，怎么却落到这般田地啊！”李胜带着惋惜的哭腔关切地说（胜愍然，为之涕泣）。

尽管一直把司马懿当对手，但是面对这样一个行将就木的老人，李胜的心中只剩下了同情。

“我老了，恐怕活不了多久了。”司马懿一阵撕心裂肺的咳嗽，好半天才缓缓抬起眼皮，“你刚才说，你要去并州？并州靠近塞北，你可要小心啊。”

说完这句，司马懿又一阵咳嗽，意犹未尽地加上了一句主题句：“我快要死了，恐怕等不到你回来了。”

“不是并州，是我本州。”李胜是荆州人，所以管荆州叫本州。

司马懿继续临场发挥：“你到了并州，一定要照顾好自己啊。”

李胜一听这都什么跟什么呀，又耐心地纠正：“太傅，我说的是荆州，不是并州。”

书呆子李胜完全忘了自己是来干吗的，不让司马懿搞清“并州”和“荆州”，他会像憋尿一样难受。

这是一种典型的强迫症。

司马懿心说怎么还没完没了了？并州、荆州有那么重要吗？“哦，我老了，脑子不好使了，你刚才说你要去做荆州刺史了？”

李胜欢快地舒了一口气，一身轻松：“终于听懂了……”

“你到了荆州之后，要好好建功立业啊！咱俩今日一别，恐怕就是阴阳两隔了！”司马懿演完了荒诞剧开始演苦情剧，眼泪唰唰往下掉。

书呆子李胜被感动得稀里哗啦，在一阵人生无常的感慨中离开了司马懿府邸。

等确认李胜走后，司马懿发扬敬业精神继续表演，一头栽倒在床上，做出一副精疲力竭的样子。

从司马懿家出来，李胜找了个无人的地方吟了几首诗感慨了一下命运无常，然后抹着眼泪就去找曹爽汇报了：

“太傅恐怕真的不行了，烈士暮年，真是让人怆然泪下。”（太傅患不可复济，令人怆然。）

这下，曹爽彻底放心了。

欲使对手灭亡，必先使其疯狂

司马懿在病榻之上闭目养神，儿子司马师和司马昭每天都会把外面发生的事情告诉他。

一切都没有出乎司马懿的料想，没有监督就没有约束，胜利的狂欢之后，曹爽会从张扬变成张狂，从张狂走向疯狂。

司马懿病倒后，曹爽首先想到的是：终于解放了，该好好享受了。

这种心思无可厚非，如果只是大吃大喝、香车宝马、姬妾成群，那顶多遭人白眼骂一句暴发户，问题是，曹爽居然把手伸到了宫廷里面！

曹爽自己家里养的女人已经够多了，可他还不知足，抱着“妻不如妾妾不如偷”的心理，勾结一个叫皇太极的小黄门从皇宫里偷偷带出了先帝曹叡的小老婆七八人。

有了皇帝的小老婆给自己跳舞，曹爽就觉得家里的乐师太没水平，弹出来的音乐配不上眼前的美女，于是又从宫里“借”了二三十个乐师出来，让他们一演奏，确实别有一番风味。

有了宫廷乐队之后，曹爽又觉得自家收藏的乐器太简陋，浪费了乐师的才华，于是，他又跑进皇宫，把宫廷里收藏多年的乐器一股脑儿全收了。

有了宫廷乐器之后，曹爽又觉得家中卫士手中的兵器太低端，配不上如此富丽堂皇的府邸，于是把皇宫武库搬了个空……

曹爽彻底陷入了“狄德罗效应”，得到越多越不满足，恨不得把整个皇宫都搬进自己家里。

他忘记了一件可怕的事情：此时离董卓专权不过数十年，人们对于当年董卓的所作所为还记忆犹新，而曹爽的一些做法，已经很接近董卓了。

其实曹爽就没想过当董卓，他和董卓最大的区别是董卓明抢，他暗偷，性质不一样代表的心态也不一样。曹爽至少还是很把皇帝当回事儿的。可是很多时候你怎么想不重要，重要的是你怎么做。曹爽的表现，引起了朝中老臣极度的反感，曹爽本来就不深厚的根基又被自己狠狠挖了一铲子。

曹爽都那么嚣张了，他手下的那帮人就更不用说了。

何晏、邓飏、丁谧、李胜、毕轨等人压抑太久了，终于咸鱼翻身，也陷入了狂欢中。

其中以何晏最为嚣张，他利用职务之便侵吞洛阳东郊公田数千亩，又大肆盗窃国家财产（乘势窃取官物），甚至连给魏室公主们攒脂粉钱的田产也敢侵吞。

这还只是经济问题，政治问题就更严重了。

何晏当上吏部尚书靠的是撸掉卢毓的官职，结果卢毓都还没记仇何晏先给惦记上了。当时卢毓担任廷尉，也算是九卿之一，结果何晏就抓住卢毓下属的一点小过失，居然随便安了一个罪名就擅自把卢毓的官印给收缴了，然后才把这件事情上奏皇帝。

这是摆明了先斩后奏，不拿廷尉当干部，不拿曹芳当皇帝。

连魏国史官都看不下去了，偷偷在史书上添了一笔：其作威作福如此！

在离开司马懿的日子里，曹爽集团陷入了集体狂欢，一步步走向疯狂，这正是司马懿所期待的：欲使对手灭亡，必先使其疯狂。

当曹爽与何晏等人还沉醉在狂欢中时，明眼人早已一眼看穿曹爽集团的命运。

兖州人羊祜，这位在《三国演义》大结局中担纲主角的晋朝名将，当时还是个待业青年，曹爽很想把他招进幕府，羊祜死活不答应，私下里偷偷跟朋友说：:“给人效力不是那么容易的事情。”言外之意是，曹爽这个雇主选不得。

同样是兖州人阮籍，也就是那位领衔“竹林七贤”的名士，当时正在曹魏政权中担任官职，听说曹爽要把他招进幕府二话没说就休病假跑回家了。

稍微有点见识的士人都像避瘟神一样避着曹爽，就连被诬蔑为“头发长见识短”的女人们都已经看出来：曹爽集团离败亡不远了。

当时长安附近有一户姓杜的大族人家，杜家男人死得早，由女主人严宪当家做主，抚养了一儿一女成人。傅玄听说杜家女儿挺不错，便跑来求亲，严宪一口答应了。

这个傅玄恰恰把何晏、邓飏两位大佬都得罪过，杜家的亲戚们都很担心杜太太这是把女儿往火堆里送：“何、邓两人要弄死傅玄就跟扛大山砸鸡蛋，泼沸水化积雪一样，何苦来把女儿往火坑里送呢？”

杜太太却毫不担心这一点：“你们只知其一，不知其二，何晏这帮人骄奢过度，迟早灭亡。”

亲戚们不同意："你那是教条主义，何晏如日中天，谁来灭亡他？"

杜太太神秘地一笑："司马太傅像是一头沉睡的野兽，一旦醒来，恐怕被砸扁的鸡蛋、被融化的积雪不是我家女婿吧。"（司马太傅兽睡耳，吾恐卵破雪销，行自有在。）

"这么反动的话你都敢说！"众人听了一哄而散。杜太太却丝毫不以为意，转身就去忙活杜小姐的婚礼了。

非但民间有识之士看穿了曹爽集团的命运，就连何晏的老婆金乡公主都看出来了，在跟婆婆闲聊的时候，金乡公主无不忧虑地说："我家何晏越来越过分，将来可怎么保身啊！"

没想到何老妈却毫不在意，反而开玩笑说："你不会是在妒忌何晏吧？"（汝得无妒晏邪）

笑话！一个小白脸有什么好妒忌的！金乡公主堵着气，不说话了。从此也没再提起过这回事儿。

也不是没有人提醒过曹爽集团。

正始十年十二月二十八日，一个叫管辂的术士来到何晏的府邸，此时何晏正在跟邓飏喝酒。

管辂是个牛人，历史上最著名的术士，被后世奉为卜卦观相的祖师。据说此人八九岁的时候便喜欢仰观星辰。成年后精通《周易》，非但善于卜筮、相术，还能听懂鸟语（是真的鸟语，不是骂人的那个"鸟语"），给人算命百发百中，简直出神入化。

见到这么一个神人，何晏兴趣高涨，当场要求算上一卦。

"我昨晚梦见十来只青头苍蝇在我鼻子上飞来飞去，赶都赶不走，这是个什么征兆？"

管辂掐指一算，回道："鼻是脸上的山峰，鼻山高而不危，象征着长寿富贵，可如今苍蝇围着高山飞，恐怕尚书大人要引起警惕啊。"

何晏听了很不爽，老东西会不会说话！不过碍于管辂一向有神算的名气，何晏还是勉强地做出一副恭谨的态度："那么如何才能化解呢？"

这次管辂连算都没算，直接说："当年元、恺辅舜，周公佐周，都是靠着谦恭低调才能享有多福。如今君侯你位尊势重，然而人们感恩你的少，惧怕你的多，这绝不是求福之道。希望君侯能够收敛自身，用礼来约束自己，那么非但可以赶走苍蝇，还能当上三公呢。”

何晏听得很不对味儿，黑着脸没说话。邓飏在一旁也听不下去了，阴阳怪气地说：“先生你这些话都是老生常谈，听上去像个酸腐的儒生。”（此老生之常谭。）

管辂也是针锋相对：“老生常谈才能启发不思考的小青年。”（夫老生者见不生，常谭者见不谭。）

邓飏气得脸都绿了，何晏不想得罪这个举世闻名的大神棍，赶紧打圆场：“老先生谈论阴阳数理，真是举世无双啊。”

邓飏冷冷地插嘴：“什么举世无双，你说你擅长《周易》，一句跟周易相关的话都没有，这是什么道理？”

何晏再次出来打圆场：“慢走，我们明年再见了。”（过岁更当相见。）

“明年怕是见不着了。”管辂又丢下一句双关语，转身走了。

何晏跟邓飏顿时没有了喝酒的雅兴。

回到家后，管辂把这事儿跟自己的舅舅说了。舅舅听了大惊失色，连连责备管辂说话太过分，得罪了不该得罪的人。

管辂冷冷甩出一句：“跟死人说话，有什么好怕的？！”（与死人语，何所畏邪？）

这个故事被正儿八经地记载在史书中，因为管辂说得一点没错，曹爽、何晏的死期确实已经临近了。

但曹爽等人完全没有预感，依旧沉浸在胜利的狂欢中。

抢班夺权，比拼的是心理素质

正始九年除夕，司马师带回一个消息：少帝曹芳将于次年正月初六祭拜高平陵，曹爽、曹羲、曹训三人同行！

此时此刻，司马懿已经在病床上躺了两年零八个月，司马师说完后，司马懿从床上猛然坐了起来。就在一瞬间，司马懿脸上的病容突然一扫而空，从一个行将就木的老人又变回那个精神矍铄、眼神犀利的夜枭：

“曹氏三兄弟同行？”

“曹氏三兄弟同行。”

“三千死士可曾准备？”

“三千死士枕戈待旦。”

司马师的声音和他父亲一样沉稳、平静，这让司马懿十分满意。

从司马懿躺到病床上的那一刻起他就已经在悄悄谋划着反击。只有长子司马师知道他的计划，连次子司马昭都被蒙在鼓里。

连亲儿子都不能完全信任，司马懿这样的老夜枭实在令人感到恐怖。

在司马懿的授意之下，司马师已经偷偷募集了死士三千人，平时藏身在洛阳城的民居内，只要一声号令就能迅速集结。这就是司马懿夺权的主力。

可惜的是，从正始八年开始，曹氏三兄弟很少集体活动，曹爽每次外出都会在洛阳留下至少一个兄弟，这让司马懿根本找不到出手的机会。所以，司马懿只能耐心地等待着。

而如今，曹爽不知道哪根神经没转过弯，居然和两个弟弟同时前往高平陵，还带走了曹爽集团的大部分骨干，洛阳城一瞬间就空虚了。

这就是司马懿等待已久的机遇！

司马懿跳下床，叫来了次子司马昭，把自己的全部谋划告诉了他，让他准备准备，正月初六就动手。

司马昭听得目瞪口呆，这么大的事情，自己居然一直被蒙在鼓里！

不过司马昭很快收起了脸上的诧异，他知道，父亲不喜欢喜怒形于色的人。

正始十年正月初一。

这一天司马太傅府张灯结彩，看上去喜气洋洋，只是家人们一直没怎么见到司马懿父子。

司马懿一整天都待在书房中，和司马昭仔细地制定着即将到来的行动，把每一个细节都反复推演，把涉及的每一个人都仔细分析一遍，确保不会有任何环节出问题。

而司马师则奔忙在外，紧张地联络死士，一遍遍重申行动的口令。

也就在同一天，曹爽做了一个奇怪的梦：他梦见两只老虎嘴里衔着雷公跑进他的庭院，把雷公放在了院子中间。醒来后曹爽第一件事就是找人解梦。掌管星象卜筮的灵台丞马训告诉他，这是即将动刀兵的先兆。曹爽还想问得再细点，马训却一问三不知了。

回到家后，马训把这个梦真正的预兆告诉了妻子：十天之内，曹爽肯定会死于刀兵。

还是在同一天，身在安定的名医皇甫谧也做了一个梦：他梦见自己来到洛阳，看到有一个车队正在前往太庙，为首一人高喊：“诛大将军曹爽！”醒来后，皇甫谧将这个梦告诉朋友，朋友笑道：“曹爽兄弟手握重兵，总揽大权，谁敢图谋他？”皇甫谧摇摇头道：“先汉权臣阎显权势足够大吧？结果却被十九个阉人诛杀，更何况是曹爽兄弟？”

曹爽不知道皇甫谧的梦，也不知道马训的解读。他对即将到来的命运懵懂无知。

正始十年正月初五。

整整五天时间，足够司马懿反复推敲每个环节。

夜幕降临，司马懿推开案头所有文件，大步走出书房。他要和儿子们一起吃顿晚饭。这可能是父子三人最后的晚餐。

席间一直很沉默，也没有人试图打破这种沉默。默默地吃完晚饭后，司马懿站起身，对两个儿子说：“就到这里了，你们赶紧去睡吧。”

是生是死，就看明天。

二人领命回房，司马懿喊来贴身老仆，让他去观察一下两兄弟今晚睡得怎样。

没过多久，老仆回报：“司马师回到房间倒头就睡，司马昭翻来覆去难以入眠。”

司马懿点点头：“明白了，退下吧。”

他已经对自己的继承人心里有了数。不过唯一的问题是，司马家族能否熬过明天。

司马懿摇摇头，把一切杂念抛出脑后。

箭在弦上，不得不发。想得太多毫无益处，不如倒头睡觉，明天过后，一切都将尘埃落定。

正始十年正月初六。

这一天，曹爽起了个大早，入宫觐见天子后就随天子车队出发了。

此时此刻，太傅府中，司马懿父子三人身着软甲，按剑凝神，一句话都不说。院子里，十余名死士头领整装待命，还有更多死士潜伏在洛阳城的各个角落。

很快，城门口的探子传来消息：天子车仗已经离开洛阳了。

父子三人目光对视，司马懿点点头："开始吧。"

一切按计划展开。

司马师首先冲出府邸，他要去皇城大校场集合全部死士。半个时辰后，死士集合完毕，司马懿带上司马昭直奔皇城，接过了这支部队的指挥权。

司马懿立刻下达了第一道命令：分出一部分死士前去攻占皇城武库——万一要跟曹爽干仗，精良的武器装备必不可少。

然后，司马懿命令司马师驻守宫城大门，防止洛阳禁军反扑，司马昭前往永宁宫"保护"太后，而他自己带着剩余的死士一路冲进皇宫，召集群臣。

当人到得差不多的时候，司马懿宣布"曹爽兄弟无礼犯上，废除一切职务"。

这个消息如晴天霹雳，让魏国群臣一时无法接受，虽然曹爽很不得人心，但司马懿这一手也太突然了，所有人都陷入了沉默中，默默权衡着自己的选择。

无论在什么时候，站队伍都是个要命的问题。

这时候，司马懿这些年来笼络人心的成果终于展现出来。

首先跳出来表示支持的是太尉蒋济。紧接着，尚书令司马孚也明确表示了和司马懿穿一条裤子的决心。

那些早早赶来的大臣中有很多都被司马懿暗中笼络过，既然蒋济都带头了，于是，大家纷纷表示拥戴司马太傅的英明决定。

司马懿心中暗笑：曹爽啊曹爽，你这么多年拉帮结派，却不知朝中党羽最多的人是我。

获得大臣们的认可后，司马懿带领群臣前往永宁宫，向郭太后报告此事。

政治斗争跟军事斗争不一样，除了拳头硬，政治立场正确也是一个非常关键的因素，所以他必须取得太后的认可，让自己的行动合法化。

郭太后跟司马懿关系一直很好，但是没有好到能一起夺权的地步。当司马昭带人包围永宁宫的时候，郭太后陷入了慌乱中，一时手足无措。

随后，司马懿赶到了，紧跟在司马懿身后的还有一大批朝中颇有影响力的老臣。

郭太后知道，自己即便反对也没什么意义了，只得承认了司马懿之前叛乱行动的合法性，并授权司马懿成立一个“专案组”，查处曹爽集团的不臣不法行为。

司马懿的第一步已经成功了。在一上午的时间里，司马懿先聚兵，再夺门，取得大臣支持，获得太后懿旨，每一步都走得有条不紊、严丝合缝。

政治问题解决了，接下来就是赤裸裸的军事问题。

曹氏兄弟在洛阳城中还留有许多中下级军官和数量可观的军队。但这些大兵群龙无首，只需要一个有足够权威的人领导，就能立刻转化为司马懿的武装力量。

司马懿想到了两个人选：高柔代理大将军一职，接管曹爽所部军马；桓范代理中领军一职，接替曹训所部兵马。

高柔是建安时代留下的老臣，当何晏等正始新人崛起的时候，这些人正好被司马懿偷偷收归旗下。在此之前司马懿从来没和这些人有过公开的联系，直到此时此刻才终于派上用场。

至于桓范，这个老狐狸一直偷偷接受曹爽的拉拢，同时也跟司马懿眉来眼去，两边不得罪，而且两边都以为他是自己人，演技直逼司马懿。

所以，司马懿非但没有防范，还把如此关键的工作交给了他。

这个错误，差点让司马懿付出惨重代价。

司马懿当时并没有意识到这个错误，派出高柔、桓范收编禁军的时候，同时又下令手下的死士立刻前往已经被占领的武库，把自己武装起来。

从皇宫到武库的路上要经过曹爽的家，如此规模庞大的行动早就惊动了全洛阳的居民，也惊动了曹爽留守在家的妻子刘氏。

刘氏心知出了大事，赶紧找来自己的卫队长，急切地问道：“曹公在外，洛阳变乱，如何是好？”卫队长信心满满地拍着胸脯：“夫人勿忧。”说完，扛起一把重弩上了门楼。

卫队长像个狙击手一样潜伏在门楼上，观察下面经过的人马，等待最有价值的目标。很快，一个身着软甲的老人出现在他的视野中。

“司马懿！”卫队长一阵兴奋，手指扣上了扳机。

就在这时，身后一个叫孙谦的部将拉住了他：“谁胜谁败还不可预知，千万别乱来啊！”

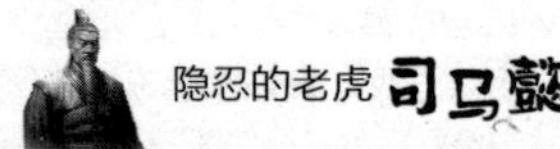

卫队长甩开孙谦，没理他。只是被那么一干扰失了准心，不得不重新瞄准，这时孙谦又拉住了他。

卫队长再次甩开孙谦，再次瞄准，即将扣扳机的时候再次被孙谦拉住。

两个人拉拉扯扯半天，司马懿已经离开了卫队长的视野范围。

卫队长收起重弩，一声叹息。

他在为自己错失了目标而懊恼，却不知道他错失的是一次改变历史的机会。

所以他连名字都没能留下。

司马懿完全不知道曹爽家门楼上发生了什么，他正忙着组织攻占武库，夺取兵器。

这时，有人找到司马懿，说高柔已经接管了大将军直属营，但是桓范却迟迟没出现。

司马懿没想太多，在他看来这不是什么大不了的事情。

等死士们全部武装起来后，司马懿将这支军队拉到洛水边上列阵备战，以防曹爽突然发难。

然后，司马懿给曹芳写了一封奏折：

“我从辽东回来后，先帝把陛下托付给我，我也答应，必定侍奉陛下，死而后已。

“如今，曹爽背弃先帝托孤之重，把国家搞得一团糟，而且把禁军当作私产，把国家官职随意送给亲信，就连宫廷里的护卫都是他的宗族子弟，简直是飞扬跋扈。

“而且，他还勾结黄门官，偷宫里的东西，挑拨陛下和太后的关系，无所不为，可恶至极！

“如今，全天下都知道曹爽是个坏人，都害怕得不得了，陛下你还能坐得安稳吗？身为顾命大臣，我绝不会放任这种事情继续下去的！

“当年，赵高作乱，秦朝完蛋，这是陛下你一定要参考的教训啊！

“不光是我这么说，太尉蒋济、尚书令司马孚他们都认为曹爽有不臣之心，和我一起奏明太后。太后非常同意我的观点，所以我才敢恳请陛下，罢免曹爽、曹羲、曹训等人，让他们立刻回家等待发落，否则的话军法伺候！

“另：我的军队已经驻扎在洛水浮桥，这是为了应付突发情况，陛下您别担心哈。”

这封奏折说是发给曹芳的，其实最后肯定落到曹爽手里。虽然如此，形式还是要走的，政治就是作秀，姿态一定要做足。

奏折发出了，军队也驻扎完毕了，司马懿的牌已经打完，现在轮到曹爽出牌了。

司马懿静静等待曹爽的反应，可就在这时候，一个司马懿始料未及的突发情况几乎打乱了司马懿所有的部署：

桓范离开洛阳城，直奔曹爽而去！

高平陵定局：穿皮鞋的人成不了大事

桓范并没有吃里爬外，他只是持币观望，等到最后一刻再决定如何下注。

作为一名演员，桓范的表演功底并不比司马懿差。连老谋深算的司马懿都没有看穿他的把戏，把桓范当作了自己人。

在接到中领军的任命后，桓范确实有过短暂的思考，觉得司马懿占了上风，那就帮司马懿吧。

于是他打算前往中领军大营就职，可是他的儿子却持不同意见，他认为：

“父亲，司马太傅虽然占尽优势，但是天子却在曹大将军手中，我认为还是跟随天子最保险。”

桓范一想也是，曹爽处于劣势，但是潜在实力却比司马懿更强大。如果有我桓范的谋划，岂不是如虎添翼？

当然，桓范也有点犹豫，这么多年来他一直在观察司马懿和曹爽，横看竖看觉得曹爽不像是个办大事的人。

升值潜力和升职能力之间是有区别，曹爽王牌在手，可是以他的气度、能力，真的能打好这张牌吗？

桓范举棋不定，他儿子却急不可待了：“父亲，当断不断，反受其乱啊！”

桓范被催得头大，一冲动：不管了，投曹爽去！

决定之后，桓范就一条道走到黑了，不顾大多数人反对，纵马一路飞奔到平昌门口，这时候所有城门都被司马懿关闭了。桓范早有准备，喊来门吏司蕃，举起一卷竹简晃了晃：“天子陛下召见我，快开门。”

司蕃理所当然地要求仔细看看诏书，桓范怒了："别以为我不认识你！你小子当年不是在我手下当过小吏吗？怎么，连我都不相信了！"

司蕃顿时㞞了，桓范身居高位，玩死个小小门吏还不是易如反掌？没办法，只好开门放这位爷出去。

桓范急吼吼地冲出门。

出门之后，不知出于何种心理，桓范回头喊了一嗓子："司马太傅造反了，你快跟我一起走吧！"

司蕃不理他。太傅造大将军的反，跟我一个小小的门吏啥关系？桓范也不管，一夹马肚子，绝尘而去。

桓范不知道，这句莫名其妙的话最后成了他的催命符。

桓范离去的消息让司马懿的党羽们陷入不安之中，蒋济懊恼得一跺脚："智囊往矣！"

司马懿也同样懊恼，但他是所有人的主心骨，绝对不能表现出丝毫的慌张，抢班夺权，很多时候比拼的不只是实力，更是当事人的心理素质。

所以司马懿故作镇静地微笑了一下，道："桓范和曹爽的关系并不亲密，很难一下子取得曹爽信任。况且曹爽此人，就像一匹驽马舍不得马槽里的豆子，优柔寡断，肯定不会用桓范的。"（爽与范内疏而智不及，驽马恋栈豆，必不能用也。）

这番话说得还算有道理，所以军心稍微安定了一些。其实司马懿明白，人心绝不是一成不变的，他只能推测出曹爽大概会怎么做，但是不可能确定。

如今只有祈祷了。

祈祷归祈祷，手头的事情不能含糊。心理素质极强的司马懿立刻恢复了果决，命令老臣王观取代桓范前去收编中领军直属营，同时下令全军戒备，随时准备应对各种突发情况。

然后，他静静等待着曹爽的反应。

桓范快马加鞭向高平陵方向赶去的时候，司马懿的奏疏也送到了。

这时候曹爽还不知道洛阳发生了什么事，听说病得快死的太傅居然有奏疏送到，曹爽满腹狐疑，截留后打开一看，看到了那段杀气腾腾的文字。

曹爽顿时吓得僵在原地！

老不死的司马懿，居然中了你的奸计！

曹爽转头看看自己的兄弟们，早已目瞪口呆，再看看自己的心腹们，也是哑口无言。曹爽自己同样毫无头绪，只得下令车驾暂时留驻伊水南岸，同时让随行禁军砍伐树木建筑防御攻势，又发诏书征召周边屯田的士兵数千人给自己壮胆。

接下来，曹爽和他的党羽们大眼瞪小眼，不知道该怎么办了。

没过多久，桓范到了。

桓范的到来令曹爽感受到了雪中送炭的温暖，他冲出营地亲自把桓范扶下马。

桓范也顾不得客套，立刻呈上酝酿多时的计策："天子车杖在此，大将军打算如何利用？"

曹爽想了片刻，压低声音道："天子年幼权弱，能有何用？"

桓范一跺脚："大将军糊涂！天子才是唯一的求生之道！"

曹爽心中狐疑："此话怎讲？"

桓范没有直接回答，又问："司马太傅作乱，所依仗者为何？"

这回曹爽想都没想，答道："想必司马懿阴蓄死士，私下里养了一支私兵。"

"死士何足恃强！"桓范一脸恨铁不成钢，"司马公所倚仗的乃是太后懿旨。但太后懿旨和天子圣旨，哪个分量重？"

曹爽心说"分量都不重"，但话没出口又咽了回去："然则先生何以教我？"

"护送天子车驾至许昌，号召天下勤王，与司马太傅武力决战！"（以天子诣许昌，徵四方以自辅。）桓范斩钉截铁地说。

说完，桓范满怀期待地望着曹爽，曹爽却陷入了沉默。

曹爽并不相信少年天子能有这么大的号召力。司马懿在军中势力盘根错节，本人更是用兵如神，真到了武力决战的时候，谁胜谁败尚未可知。

曹爽敢跟司马懿玩阴谋，可一想到要白刃肉搏，他就㞞了。

说到底，曹爽家大业大，实在不想冒险跟司马懿玩得鱼死网破。一旦离开洛阳，他的家产怎么办？他的姬妾怎么办？他的土地宅院积累的珍宝怎么办？更重要的是，一旦战败，他的名爵、他的官职甚至他的性命怎么办？

俗话说光脚的不怕穿鞋的，现在司马懿是穿布鞋的，曹爽是穿皮鞋的，司马懿敢玩，曹爽不敢玩。

曹爽的沉默让桓范的心沉入谷底，他又转向了边上的曹羲："事情都这么明显了，难道你们还不明白吗？你平日里读这么多书有什么用！你们曹家的门户就要倒了！"（事昭然，卿用读书何为邪！于今日卿等门户倒矣！）

曹羲也不说话，装死。

曹羲的心思跟他老哥一样，都舍不得豁出命来跟司马懿鱼死网破，在他们的幻想中，最坏的情况不过是认栽，把大权还给司马懿。留一条命在，曹家的人还愁没有一口饭吃吗？

可怜曹氏兄弟跟司马懿斗了这么多年，却一点都不了解司马懿。

桓范看到一脸死相的曹氏兄弟，心头的绝望越来越浓，声音几乎都撕心裂肺了："从这里到许昌不过半天的路程，到了许昌就能招募一支像样的军队，唯一需要担心的就是军粮，不过我已经把大司农的印绶带来了，调集粮食完全不成问题啊！"

说完，桓范死死拉住了曹爽的衣袖，要曹爽立刻表态。

曹爽觉得再装死下去也不是个事儿，于是提了个折中方案："要不先派人探探太傅的口风？如果太傅决心赶尽杀绝，我等再从长计议不迟。"

桓范听了摘下佩剑一把扔到地上："自寻死路，大势去矣！"

曹爽没理他，派侍中许允、尚书陈泰前往洛阳，跟司马懿谈判。曹爽不知道，他这一手，等于彻底向司马懿暴露了自己的软弱。

许允、陈泰到来的时候，司马懿长舒了一口气：曹爽果然没有理会桓范。这种从小没经历过风雨的膏粱子弟，确实很难下定鱼死网破的决心。

司马懿决定先让曹爽吃颗定心丸。于是，司马懿先是声色俱厉地把曹爽的罪名又历数了一遍，等许允、陈泰吓得面无人色的时候，司马懿放缓了声调，道："回去告诉曹爽，只要他同意罢官，这事儿就算完了。"（帝数其过失，事止免官。）

许允、陈泰连滚带爬地回去了。

司马懿还怕许允、陈泰的效果不够，又叫来蒋济，让他给曹爽写信，再次重申了司马懿的观点：只要曹爽肯接受罢官，此事到此为止。

蒋济盯着看了司马懿半天，确定司马懿没有骗自己之后才提笔写信。蒋济心里也很高兴，他虽然向着司马懿，却不愿看到洛阳血流成河。

此刻，蒋济并不知道自己被司马懿耍了，可惜此人一生以智谋著称，却在司马懿身上栽了跟头，实在不是因为智商低——而是情商低。

许允、陈泰带来的“好消息”让曹爽感觉一阵轻松。既然只是罢官而已，那更狠不下心来跟司马懿玩命了。

紧接着，蒋济的信也送到了，信中重申了一样的原则：司马懿只要权，不要命。蒋济是当朝太尉，四朝老臣，白纸黑字总不会骗自己吧？

就在同时，司马懿的使者带着正式文件也赶到了。曹爽一看，使者居然是自己平素最信任的殿中校尉尹大目。尹大目代表司马懿向曹爽发誓，只要同意罢官就绝不谋害他的性命。

曹爽的心理防线彻底崩溃了。

司马懿摸准了曹爽的心思，接二连三送来迷魂汤，桓范急得火烧火燎，磨破了嘴皮子劝说曹爽。曹爽却一直摇着头，说：“司马公只不过是想夺权罢了，我交出权柄，保留爵位，至少还能做个富家翁。”（司马公正当欲夺吾权耳。吾得以侯还第，不失为富家翁。）

桓范听到这句话，瘫倒在地上，号啕大哭：“你父亲曹真是个英雄，怎么生下你们这些蠢牛一样的儿子！因为你们，害我横遭灭族之祸啊！”（曹子丹佳人，生汝兄弟，犊耳！何图今日坐汝等族灭矣！）

可惜桓范聪明了一辈子，却在最后关头押错了筹码，他又能怪谁？

正始十年正月初七清晨，曹爽终于扔下佩剑，举手投降。

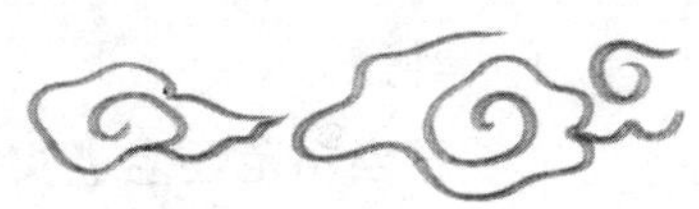

第九章　一飞冲天，“鹰扬之臣”终于爪牙毕露

清算不是把人杀绝，而是把根拔除

曹爽投降后，大队人马蔫了吧唧地走回洛阳，完全没有了当初的飞扬跋扈。

桓范也在这支队伍中，行到洛水浮桥北，大老远就望见了司马懿和他的三千死士。

桓范下车，跪在司马懿身前，不停地磕头，却一句话都说不出来。这种情况下，桓范还能说什么呢？

没想到的是，司马懿居然亲手扶起了桓范，和颜悦色地说：“桓大夫，这是干吗，赶紧起来吧。”

司马懿的态度反而让桓范更加疑惧——豺狼突然向你微笑，换了谁都会惴惴不安。不过司马懿没有再说什么，转身走了。桓范继续走着，一肚子问号：“难道司马太傅真的不打算秋后算账？还是说只问首恶，不问胁从——不对啊，我也绝对算首恶没跑啊？”

桓范本来已经心如死灰，可司马懿的举动却给了他一丝希望，当他随着曹芳车杖回到皇宫的时候，突然又收到一份诏书，令他继续担任大司农一职。

桓范惊得下巴都要掉下来了！

司马太傅……这是圣人附体了吗？

司马懿当然不是圣人，他恨桓范胜过恨曹爽。一个擅长诡计的人最痛恨被诡计玩弄，一个擅长欺骗的人最痛恨被别人欺骗。而桓范恰好玩弄诡计，欺骗了司马懿。

正当桓范还老老实实待在皇宫准备跟皇帝谢恩的时候，司马懿已经命人对桓范出城的过程展开了调查。很快，平昌门守门卒司蕃到鸿胪寺自首，把桓范如何威逼门吏、如何矫诏闯门的过程一五一十地交代了。

“还有吗？”司马懿循循善诱地问道。闯门、矫诏这都是大罪，但还不足以诛杀桓范全家，而司马懿要的，恰恰是桓范全家人的命。

“哦，对，还有一件事。”司蕃仔细回忆了，“冲出城门后，大司农又喊了一句话，说什么‘司马太傅造反了，你快跟我一起走吧……’”

要的就是这句话！司马懿眯起了眼睛，问身边的主事官：“诬陷他人谋反，该当何罪？”（诬人以反，于法何应。）

主事官偷眼看了一下司马懿阴沉的脸，揣摩许久才小心翼翼地回答道：“依照法律规定，应该按他污蔑的罪名来量刑。”（科律，反受其罪。）

那就算是谋反罪了吧？

司马懿抛下这句话就走了，主事官心领神会立刻出发捉拿桓范。

这时候桓范还在等谢恩呢，左等右等等不来皇帝召见，却等来一群凶神恶煞的差役，一顿五花大绑，然后宣布了罪名：谋反。

桓范瞬间瘫倒在地。

几个时辰之内，桓范像一只被猫戏弄的老鼠，在绝望和希望之间来回摇摆，最终等来了早已注定的结果：诛灭三族。

可见司马懿有多恨桓范。

戏弄桓范只是一个小小的插曲，司马懿真正要面对的问题是，怎么处置曹爽。

自从正月初七投降后，曹爽就被软禁在自家宅院里。为了监视曹爽，司马懿玩了一手绝的：他征发民夫八百余人，连夜修建了一座高墙把曹爽府邸围起来，高墙四角分别建造了四座望楼，让人在望楼上监视曹爽的一举一动。

曹爽顿时悲剧了。每天他走到院子里，就听到望楼上的人高声喊：“前任大将军往东南方向走了”或者“故大将军站在院子中间”等。全是现场直播。

曹爽的隐私连同他的尊严全部被司马懿夺走了。

不过这时候曹爽也顾不得这么多了，他最关心的是自己的性命。司马懿又不杀又不审又不放，只是把他关在家里还十二个时辰现场直播，这算个什么事儿？

曹爽跟兄弟们商量了一下，决定去探一探司马懿的口风。

于是曹爽给司马懿写了封信：

尊敬的司马太傅：

您好！

前两天我申请要一些粮食，到现在也没有反馈。我家没什么存量，麻烦太傅帮帮忙，给点粮食周济一下吧。

诚惶诚恐的曹爽

再拜叩首

曹爽的想法是这样的：如果司马懿要杀他，就不会理他，如果司马懿理他，那应该就不会杀他了。

当天，曹爽收到了司马懿的回信。

亲爱的曹大将军：

你好！

之前我不知道你缺粮，听到这个消息感觉非常震惊。向你道歉。我已经命人送来一百斛大米以及肉干、盐巴和大豆，请你查收。

你的司马懿

敬上

然后，信中提到的食物一一送达，曹爽兄弟美得手舞足蹈，觉得司马懿不会杀他们了。

司马懿真的不会杀曹爽吗？当然不可能。

之所以没动曹爽，是因为司马懿要的不是曹爽一个人的性命，甚至不仅是整个曹爽集团的性命，司马懿真正想做的，是铲除司马家族的一切潜在威胁！杀了曹爽，自有后来人，只有消灭了整个曹爽集团和这个集团背后的曹魏宗室力量，司马家族才能真正大权独揽，高枕无忧。

经过这些年的蛰伏后，司马懿已经彻底变成了曹操所谓的“狼顾之臣”，和高堂隆所谓的“鹰扬之臣”。他现在要的，不是他司马懿取代曹爽，而是司马家族取代曹氏家族！

能够让司马懿达到这个目的的罪名只有一个，那就是谋反。

可是平心而论，这些年曹爽和他的党羽们骄奢淫逸，为非作歹，无恶不作，唯独没有任何谋反的迹象，事实上，曹爽连这个心思都没动过。

当然，这不重要，欲加之罪，何患无辞？司马懿这段时间就在琢磨给曹爽罗织罪名的事儿。

所以曹爽还在为自己的性命费尽心机，只能说明他的格局实在小得可怜，从他决定投降的那天起，他的脑袋注定就已经保不住了。曹爽真正应该担心的，是曹氏江山的命运。

罗织罪名这种事情司马懿当然不会亲自出马，他很快找到了一个现成的人选——卢毓。

自从曹爽集团掌权后，卢毓的命运可以用悲剧来形容：先是被曹爽撸掉了吏部尚书之职，又被毕轨撸掉了尚书仆射，还被何晏莫名其妙地收缴了廷尉的印绶。如果要评选对曹爽集团最恨之入骨的人物，卢毓绝对能进前十。

让他来罗织罪名，真是再合适不过了。

于是，司马懿立刻把卢毓提拔为司隶校尉，成为曹爽专案组组长。

罗织罪名的要诀是先找到突破口，酷刑屈打成招，然后相互检举揭发，最后网罗一大片。

其中最关键的是寻找突破口，因为谋反这种大罪是要灭门的，相关案犯宁可死在酷刑下也不会松口承认，更不用说牵连他人，所以，当务之急是要找到一条肯咬人的狗。

卢毓不愧为廷尉出身，对这一套轻车熟路，而且突破口选得特别准：张当。

张当是个地地道道的小人物，当年曹爽从宫里偷曹叡小老婆就是他帮的忙。

这么个小人物能有什么用？

对罗织专家来说，小人物才是最有利的突破口，这种人游离在集团边缘，对问题的严重性往往认识不足，从集团中获取的利益最少、地位最低，很难跟真正的核心人物订立攻守同盟。

果然，卢毓还没上刑，张当就什么都招了：怎么跟曹爽勾搭上的，帮曹爽干了哪些事……竹筒倒豆子，一个不落。

说完之后张当偷眼观瞧，只见卢毓阴恻恻地盯着他：“还有呢？”

张当仔细想了半天："没了，什么都说了……"

卢毓也不跟他废话，立刻上刑。

一顿大刑下来，张当死去活来。卢毓再次询问："还有呢？你再仔细想想曹爽还有别的不法行径没，比如……嗯，谋反之类？"

张当能当上黄门官肯定也不至于太蠢，立刻明白了卢毓的意思："有！有！我想起来了！曹爽跟何晏等人阴谋反逆，他们先私下练兵，打算三月中旬就起兵造反啊！"

卢毓点点头，很满意。

找到突破口，接下来的事情就好办了，曹爽的谋反细节被一一"披露"，各种谋反的证据也都被神奇地找了出来。何晏、丁谧、邓飏、毕轨、李胜这些核心人员全部被关进大牢，照例还是一顿大刑，只要这些核心成员也承认了，案情就算"证据确凿了"。

五人组的突破口是何晏。

这个英俊的小白脸受不了酷刑，首先反水了。司马懿很高兴，亲自指示让何晏参与"曹爽谋逆案"的审理。何晏抓住这根救命稻草，把自己知道和不知道的内情一股脑儿地抖出来，检举揭发之时如狼似虎，居然比卢毓还凶狠。

有了何晏这样的核心人物参与，案情很快就"明朗"了。

汇报案情的时候，何晏一脸谄媚地站在司马懿面前，满心希望能得到宽恕。

司马懿仔细阅读了何晏提交的报告，抬起头，不急不缓地说："总共有八个家族参与了谋反，你这里怎么只有七个？"

"啊？不对啊？"何晏掰着指头一个一个数，"曹爽、邓飏、丁谧、李胜、毕轨、桓范、张当……确实是七个啊。"

司马懿摇摇头："你再数数，漏了一个。"

何晏心里一紧："太傅说的难道是我何晏？"

司马懿咧嘴微笑："答对了。"

何晏瞬间瘫倒在地。

何晏错估了形势，放过谁也不可能放过他啊。到头来，这位三国第一白脸帅哥非但没能逃过一劫，反而沦为可耻的笑柄。

罗织完罪名后，剩下的法律程序就变成了走过场。很快，曹爽的结案陈词就被炮制出来了：

《春秋》教育我们说“对君王和父亲不能起歹心，否则就一定要诛杀”。被告曹爽和他的兄弟们，身为曹氏宗族，世代蒙受皇恩，还亲手接过先帝的遗诏，却包藏祸心，跟何晏、邓飏、张当等人图谋造反。和同谋桓范等一起判处大逆不道罪。（春秋之义，“君亲无将，将而必诛”。爽以支属，世蒙殊宠，亲受先帝握手遗诏，托以天下，而包藏祸心，蔑弃顾命，乃与晏、飏及当等谋图神器，范党同罪人，皆为大逆不道。）

这样的判决，意味着曹爽集团骨干将被全部诛三族，数百颗人头转眼之间就将滚滚落地。

虽说政治斗争很残酷，但是如此杀戮未免太过于残酷。

有一个人站出来，表示了反对的意见。令司马懿始料未及的是，这个人居然是他的亲密战友蒋济。

蒋济心中一直无比愧疚，他觉得是自己的一封信害死了曹爽，所以，他不得不站出来为曹爽说句话请求司马懿看在曹真的分儿上，不要赶尽杀绝，至少给曹爽留一脉香火。

司马懿断然否定：“我要的就是永绝后患。干吗要留香火？来跟我的儿子们过不去吗？”

抗议无效，曹爽集团的命运也就被决定了。

上有所好，下必甚焉。司马懿对曹爽的态度给手下的人传递了一个错误信息：司马懿一个都不打算放过。

在这一思想指导下，对曹爽集团的清算风潮继续扩大化，曹爽集团中的二三线成员也相继被揪了出来。

令人费解的是，冷酷无情的司马懿却露出了难得的仁慈。

在一卷案宗上，司马懿看到了大将军府的司马鲁芝、参军辛敞和主簿杨综的名字。这三个人在高平陵政变当天表现都十分活跃，或冲出洛阳跟曹爽会合，或劝说阻挠曹爽投降。在清算小组看来，这些都属于宁可错杀不可错放的人。

阅罢卷宗，司马懿在上面批复：“各为其主罢了，原谅他们吧。”

所谓清算不是赶尽杀绝，而是把根拔除，曹爽集团已经随着八大家族落网从此烟消云散，跟鲁芝、辛敞之类小人物纠结，除了把整个洛阳拖进人人不安的白色恐怖之外，并没什么意义。

司马懿做出了表态，手下的人立刻会意，对所有曹爽集团的中下层参与者一律采取了酌情处理的政策。

所谓酌情，就看你愿不愿意投入司马懿麾下，大多数人跟曹爽并没有太深的感情，立刻改换了门庭。被司马懿亲自赦免的鲁芝、辛敞和杨综不久之后被重新起用，成了司马家族的铁杆死忠，另外如裴秀、王沈、王浑、卢钦、荀勖等“曹爽故吏”也全部被赦免并被相继起用，最后都成了晋朝的实权大臣。

捣毁根基，收编枝叶，这才是真正的斩草除根。

正始十年正月下旬，曹爽、曹羲、曹训、何晏、邓飏、李胜、毕轨、桓范……还有倒霉的张当以及他们的全家三族被尽数斩首。

三国历史上持续时间最长、涉及范围最广、最惊心动魄的权力斗争以最血腥的方式落下帷幕。

这一年，司马懿六十九岁，从二十九岁入仕到这一天，司马懿在政坛上摸爬滚打了整整五十年，经历了曹操、曹丕、曹叡、曹芳四任君王，战胜了诸葛亮、公孙渊、曹爽三位劲敌，终于迎来了政治生涯的巅峰。

每走一步，都要停下十步来巩固

曹爽集团覆灭，司马懿一家独大，曹魏政治格局翻开了新的一页。

洛阳街头血迹未干，表彰大会已经热热闹闹地召开，当初押对筹码的大臣都有了回报。

接管大将军直属营的高柔进封万岁乡侯；关键时刻顶替桓范接管了中领军大营的王观封关内侯，加驸马都尉；而对于始终追随司马懿并且在最后关头用一封信瓦解了曹爽抵抗的蒋济则进封都乡侯，食七百户。

高柔和王观高高兴兴接受了奖赏，蒋济却推辞了。

一是因为愧疚，二是因为愤怒。

蒋济是个有原则的人（想当年此人卖官鬻爵的时候就恪守商业道德，童叟无欺），他参与高平陵政变，不代表他同意赶尽杀绝。一封信害死数百人，司马懿觉得他是功臣，他自己却觉得这是助纣为虐。

更让蒋济无法忍受的是司马懿欺骗了他。

对一个自负的聪明人来说，没有什么比受骗更耻辱的事情了。身为曹魏资深谋士，一辈子都是他在骗别人，晚年却被司马懿狠狠摆了一道，蒋济如何咽得下这口气？而且，现在全天下都知道曹爽是因为相信蒋济而自投罗网，蒋济名声臭了大街。

愧疚与愤怒交织的蒋济立刻提笔上疏，拒绝了司马懿的封赏：

“我蒋济身居高位，却没有发现曹爽包藏祸心，这是我的渎职。司马太傅奋起一击，曹爽被诛杀，这是社稷的福气。说起高平陵事件，我事先并没有参与谋划，行动也不是我率领的（今论谋则臣不先知，语战则非臣所率），我是一点功劳也没有啊。

“俗话说，上面出错，下面遭殃（上失其制，下受其弊）。我身为大官，老百姓都盯着我呢，如果我接受了封赏，那就等于鼓励全国人民冒功请赏啊（诚恐冒赏之渐自此而兴，推让之风由此而废）。”

这道上疏的主题思想只有一个：别理我，高平陵事件从头到尾不关我鸟事。与其说是在推辞封赏，倒不如说是在向全天下表明我蒋济跟曹爽之死没有必然联系。

奏疏送上去了，司马懿当场驳回。

封赏功臣，一方面是奖励，另一方面也是投名状：接受我的封赏，就是我的人马，曹爽集团的鲜血，每个人手里都得沾上一点。

上了我的战车就别想再下去，蒋济居然想独善其身？做梦吧！

蒋济上贼船就下不去了，悲愤交加，回家就病倒了。

这个小插曲并没有影响正始十年春天的大好形势。

当年二月，曹芳下诏，司马懿有了新的职务：丞相！

这道诏令一出，天下震惊。

东汉惯例是三公辅政，不设丞相一职，整个东汉朝只出现了一位丞相，他的名字叫——曹操。曹丕篡位之后，丞相一职再次被废弃，再也没有人提起过。

但是随着曹爽覆灭，司马家族权倾朝野，曹魏的大臣们心里犯嘀咕了：司马公莫不是想学曹公？既然如此，先从丞相开始吧。

于是，就有了大臣向曹芳施压，曹芳除了同意还能有什么选择？

诏书一下，魏国上下紧张地注视司马懿的一举一动，大家纷纷猜测：又到了改朝换代的时候了吗？

但是，司马懿毫不犹豫地拒绝了。

大臣们先是一愣，然后会心一笑：“了然，了然，这么大的事情自然是要推辞一番的。”于是，再次给小皇帝施压，小皇帝再次下诏。

司马懿再次拒绝。

然后群臣再次施压……小皇帝再次下诏……司马懿再次拒绝……

如此反复，居然玩了……十多次！

大臣们要疯了，心说太傅大人你也适可而止吧，当年文皇帝陛下受汉室禅让大不了也就这么个玩法了。

对此，司马懿全然不顾，斩钉截铁地表示绝不会接受丞相之位。

司马懿并不是在作秀，他是真的不敢接受丞相之位。

当年孙权劝曹操称帝，曹操说：“孙权这是在把我放在火炉上烤啊。”此刻的司马懿也是一样的心态。曹爽集团已经被连根拔除了，但司马家族的事业才刚刚起步，魏国朝野还有许多潜在的敌人以及观望中的中间力量，如果司马懿此时接任丞相，很有可能把这些中间力量彻底推到对立面。

司马懿之所以能够一步步走到这个地位上，就是靠着隐忍和等待。别人走十步，他只走一步，但是每走一步，他都要停下来仔细巩固脚下的路，然后才敢迈出下一步。

这就是为什么司马懿总是比别人走得慢，但最后却比别人走得更远。

在走出下一步之前，司马懿首先要考虑的是曹氏皇族的重要支柱——夏侯家族。

此时夏侯家族最大的当权派是征西将军，都督雍、凉二州诸军事的夏侯玄。

夏侯玄也是曹爽一手提拔起来的，但身为夏侯家族的顶梁柱，夏侯玄只能算曹爽的盟友而不是党羽，而且手握重兵，因此逃过了年初的大清算。

当然，逃得了初一逃不过十五，司马懿大权在握，第一件事就是要把夏侯玄的兵权撸掉。

这事儿并不难办，夏侯玄在雍凉军区本来就没有根基，伐蜀大败之后更加灰头土脸。司马懿一纸调令，夏侯玄就乖乖滚回洛阳，转任大鸿胪，成了一名外交官，然后又改任负责宗庙祭祀的太常，名义上是九卿之首、地位尊崇，但说白了就是职业神棍。

夏侯玄滚蛋后，司马懿顺理成章地把他忠心耿耿的老部下郭淮提拔为雍凉战区总司令。这位老将相继伺候了曹真、司马懿和夏侯玄三任领导后终于咸鱼翻身，成了司马懿在军界最得力的助手。

在郭淮的就职典礼上，司马懿突然莫名其妙地说了一句："夏侯玄的叔叔夏侯霸，是在你手下？"

郭淮心领神会地点点头。

夏侯霸可有苦头吃了。

夏侯霸是名将夏侯渊的次子，也是一员猛将，曹真时代就是先锋大将，当年曹真伐蜀，他是唯一跟蜀汉军队交过手的将领；在司马懿时代夏侯霸开始被边缘化，好不容易等到夏侯玄时代终于坐上了直升机，可惜风光没多久，倒霉的郭淮时代降临了。

郭淮从洛阳回来，夏侯霸就觉得这家伙看自己的眼神不对劲儿。夏侯霸比他老爹夏侯渊聪明，立刻就把其中的道道想明白了。

那还愣着干吗？脚底抹油，赶紧溜吧！

可是溜哪儿去呢？夏侯霸拔剑四顾，想来想去，还是去蜀国吧。好歹参加过伐蜀战争，虽然当年迷路了，但总比其他地方熟悉些。

说干就干，夏侯霸草草收拾行装找个月黑风高的天一头扎进秦岭，奔向自由。

结果夏侯霸又迷路了！

蜀道之难超出夏侯霸的想象，为了避开追兵，他不得不在杳无人烟的原始森林中穿行，在几千年都没有人迹踏入的山洞中夜宿，在虎啸狼嚎以及各种叫不上名字的动物嘶鸣声中入眠。

几天之后，他彻底失去了方向，迷失在秦岭积年不散的山雾中。

当最后被蜀国山民发现的时候，夏侯霸已经变成了野人。

夏侯霸在成都受到了最高级别的礼遇，后主刘禅亲自接见了他。刘禅带着歉意对夏侯霸说："你的父亲当年死于行伍之中，并不是先父亲手杀死的。"（卿父自遇害于行间耳，非我先人之手刃也。）接着，又指了指自己的儿子："这是你的小外甥啊。"（此夏侯氏之甥也。）

原来，当年张飞在汉中和夏侯渊对峙的时候，夏侯渊的女儿上山打柴，被张飞绑走，后来两人居然结成了夫妻，生下一个女儿，嫁给了刘禅。所以说，刘禅说他儿子是夏侯霸的外甥。

看着刘禅一脸敦厚的表情，夏侯霸终于放心了。

之后，夏侯霸被任命为车骑将军，一直受到刘禅的重用。

对于这个消息，司马懿一点都不在乎。夏侯霸是死是活并不重要，重要的是夏侯家族在军界的势力已经被肃清了。

正始十年四月，少帝改年嘉平元年，一个新的时代似乎来临。

司马懿不知道的是，此时此刻，一场政治风暴正在东南地区酝酿。而这场始料未及的风暴，将耗尽了司马懿一生最后的精力。

时机若不成熟，再急也要蛰伏

夏侯玄被夺权后，曹魏军界的头号人物是大司空、都督扬州诸军事的王凌。

王凌是王允的侄子，年轻时担任过县长，结果因为犯了事儿被剃了个秃瓢（髡刑），发配去扫五年大街。

也是机缘巧合，王凌扫大街的时候正好被曹操遇见，曹操一看这个清洁工大叔居然长得如此威猛，觉得很奇怪，赶紧问边上的人这谁。听说这是王允的侄子后，曹操大手一挥，别扫大街了，跟着我干吧。

于是，王凌的仕途就一路绿灯了，从骁骑主簿，到中山太守，最后进入丞相府担任幕僚。曹丕称帝后，王凌出任兖州刺史，成了方镇大员。

在刺史这个岗位上，王凌的军事才华展露无遗。黄初五年，王凌跟随张辽讨伐孙权，立功，封宜城亭侯，加建武将军，转任青州刺史；太和二年，王凌参与了曹休的伐吴战役，虽然曹休一败涂地，但王凌却又立下大功，升为扬州刺史兼豫州刺史；正始二年，孙权三路大军入寇，王陵在芍陂击退全琮，战后被进封南乡侯，邑千三百五十户，迁车骑将军，享受三公待遇（仪同三司）。

可以说，此人大半辈子都在战场上度过，真刀真枪搏出了现在的地位，是个彻头彻尾的职业军人。

和所有职业军人一样，王凌性格粗鲁，但是爱憎分明，对于曹氏家族忠心耿耿。也正是看中了他这一点，曹爽一直试图拉拢王凌作为自己的盟友。

司马懿消灭曹爽后，对这位跟曹爽眉来眼去的军界大佬十分提防。在一次和蒋济的闲聊中，司马懿问：“你觉得大司空王凌这个人怎么样？”

蒋济实话实说道：“王凌文武全才，当世无双，他儿子王广更是了不得，恐怕比王凌还要略胜一筹。”（凌文武俱赡，当今无双。广等志力，有美于父耳。）

司马懿听完，习惯性地眯起双眼，点了点头，没说话。

蒋济回家后，突然觉得司马懿当时的表情有点不太对劲儿，仔细一琢磨，明白过来了，捶胸顿足地说：“我一句话说错，有人要因此灭族了！”

提防归提防，但王凌不同于夏侯玄，他在扬州战区经营数十年，根基深得跟骆驼刺儿一样，不是说拔掉就能拔掉的。

所以司马懿觉得不如先忍着，如果能安抚最好安抚一下，反正王凌老头年纪比自己都大，说不好哪天两脚一蹬就去了，省却一桩麻烦事儿。

嘉平二年十二月，蒋济终于在痛苦悔恨中去世了，太尉一职空缺，司马懿正好顺手丢给王凌，算是表示一下笼络的姿态。

不过这一次司马懿失算了，王凌这种人，认准一条死理不放松，是根本无法笼络的，早在几个月前，他就已经开始图谋起兵推翻司马懿了。

王凌跟曹爽的感情其实只能算一般，但他对曹魏皇室的忠心却日月可鉴。司马懿暴起发难，诛杀曹爽的消息传到扬州后，王凌气得跳脚骂娘，骂司马懿奸猾，更骂曹爽废物。若是曹爽肯听桓范之计，我王凌的扬州兵团就是你的坚实后盾啊！

王凌果断决定：这事儿不能就这么完了，起兵，造反，杀司马懿，替曹家人报仇！

有了这个想法后，王凌开始雷厉风行地寻找合伙人，找来找去，锁定了自己的外甥令狐愚。

令狐愚当时正以兖州刺史的身份统率兖州主力兵团，驻扎在扬州平阿县协助王凌抵御吴国，等于整个淮扬战区的武装力量都在叔侄两人手中攥着。而且这个令狐愚曾经担任过大将军府长史，也算是“曹爽故吏”，跟司马懿没什么感情。

于是两人一拍即合，反司马大业轰轰烈烈地开张了。

同谋有了，王凌还需要一面政治正确的大旗。王凌跟令狐愚商量了一整天，觉得曹魏皇室之所以沦落到这般田地，是由于小皇帝曹芳年纪太小不懂事，所以当务之急是要拥立一个年长又有才能的新皇帝。

把皇族名单扫了一遍后，王凌把手指停在了楚王曹彪的名字上。

曹彪是曹操的儿子、曹植的兄弟，论辈分是少帝曹芳的太爷叔。黄初四年，曹彪曾和曹植、曹彰一同进京朝见曹丕。这一趟旅程非常不愉快，刚到洛阳没多久，曹彰就莫名其妙地死了。在离开洛阳的路上，曹彪明明可以和曹植同路，却被监国使者阻挠，不得不分道扬镳。

当时，曹植悲愤难当，写下了一首长达八十余行的抒情长诗，这就是著名的《赠白马王彪》：

伊洛广且深，欲济川无梁。泛舟越洪涛，怨彼东路长。顾瞻恋城阙，引领情内伤。太谷何寥廓，山树郁苍苍。霖雨泥我涂，流潦浩纵横。中逵绝无轨，改辙登高冈。修坂造云日，我马玄以黄。玄黄犹能进，我思郁以纡。郁纡将何念？亲爱在离居……

曹彪没有曹植那么好的文采，但他的失意和落寞并不比曹植少，二十年过去了，眼睁睁看着自己一天天衰老，看着曹魏皇室一天天衰败，曹彪只能暗自神伤。

所以，听说王凌打算拥立自己对抗司马懿的时候，曹彪虽然知道这事儿忒不靠谱，但还是欣然同意了。

反正这么活着跟死有什么区别？不如死前轰轰烈烈拼一把。

军队有了，旗帜有了，王凌信心满满地等待机会，打算一举摧毁司马懿反动集团。

可就在这时，一件意想不到的事情发生了：嘉平元年十一月，令狐愚死了！

对王凌来说这是个晴天霹雳般的消息，除了悲伤，王凌更多的是懊恼。少了令狐愚的兖州兵团，王凌的大业就好像断了一条腿！更重要的是，万一新任兖州刺史是司马懿的人，这一来一去大事就彻底泡汤了。

处理完令狐愚的丧事，王凌像霜打的茄子一样，蔫了。

只能再等等，再忍忍。

比耐心，王凌根本不是司马懿的对手。

其实令狐愚刚死没多久，王凌的计划就已经被全盘出卖给司马懿了。告密的人是令狐愚的心腹，叫杨康，他参与了令狐愚和王凌的密谋。

令狐愚死的时候，杨康正好在京城办事，听到这个消息二话没说就反水了，把王凌和令狐愚的谋划一五一十地举报给了司徒高柔。

魏国兵力最强大的淮扬战区两位高级长官合谋造反！这么大的事儿吓得高柔魂儿都没了，赶紧通知了司马懿。

然而司马懿却没有丝毫吃惊，反而有些高兴。

司马懿忌惮王凌，其实忌惮的不是他这一个糟老头子，而是忌惮糟老头子几十年经营的势力，不能把这个势力连根拔除，东南地区始终是个麻烦。

而能把整个势力一锅端的罪名，就只有谋反——这就是为什么当初司马懿费尽心机要把曹爽划为谋反集团。

现在，王凌送上门来，连罗织罪名都免了。

不过，杨康提供的情报还不够详细，司马懿隐隐觉得，王凌谋反的背后肯定还能钓出一条更大的鱼，这条鱼是什么，司马懿还不知道。

司马懿要的不是王凌，而是趁此契机一举消灭所有潜在的反抗力量，他不想打草惊蛇。

而且，曹爽刚死不久，司马懿的势力还没有完全得到巩固。

所以司马懿也决定再等等、再忍忍。

反正司马懿最不缺的就是耐心。他指示高柔先把杨康关起来，同时严令不得走漏风声。

然后，就只剩下一个问题：令狐愚死了，王凌会不会悬崖勒马放弃谋反计划呢？司马懿眯起眼睛思考片刻，对高柔说："让黄华去接任兖州刺史吧。"

"黄华？"高柔回忆了半天，"没听说过这个人。"

"这个人，是整个计划的关键。"司马懿再一次眯起眼睛，不说话了。

黄华上任后，王凌立刻派出亲信对这个名不见经传的家伙进行摸底，指示务必要查明这个家伙的家族背景、社会关系、官场履历、政治倾向。

很快，一份详细的调查报告就送到王凌案头。

黄华原先是凉州的地方豪强，建安二十五年，二十几岁的黄华和一个叫张进的同伙一起造反，张进占据了张掖郡，而黄华则把酒泉太守辛机赶走，鸠占鹊巢自任了酒泉太守。不过两人没风光多久，炎康元年五月，曹丕派金城太守苏则讨伐，张进兵败被杀，黄华投降了魏国。

从那以后，黄华就以土匪的身份在曹魏基层官场上摸爬滚打，二十几年过去了也没见他干过一件像样的事情，直到今年，才混到个刺史当当。

王凌把报告翻来覆去看了好几遍，没有发现任何问题。没有强大的家族背景、没有深厚的社会关系，没有耀眼的官场履历，没有政治倾向。

唯一的问题是：这家伙会对自己的“大业”感兴趣吗？

王凌不敢造次。因此，整个嘉平二年他都没有任何动作。

应该说王凌的做法非常明智。不管多么重大的事情，如果条件不成熟，那就宁可蛰伏。这是司马懿成功的秘诀，只要能够学到一半，很多人都能逃过此劫。可惜王凌只学到了一成。

嘉平三年正月，消停了整整一年的王凌终于忍不住了。

事情的起因是东吴的孙权干了件不厚道的事儿。

孙权跟司马懿一样是属王八的，从汉灵帝光和四年出生一口气活到吴太元二年（魏嘉平四年），曹家人都死了好几拨了他还没死。

不过到了嘉平三年（吴赤乌十四年）正月，孙权明显感觉到自己不行了，见刘备和曹操的日子越来越近了。

孙权这辈子干得最多的事儿就是趁魏国新丧出兵打劫，他怕自己哪天死了魏国也来有样学样，于是下令在涂水下游构筑堤坝，堵住了整条河流，上游倒灌长江，淹没了长江北岸大片土地。这样一来，长江天险就无端拓宽了好多，孙权觉得很有安全感。

军报发到王凌手中，王凌激动了：这是调动兖州军团的大好机会啊——要是运气好的话，说不定还能调动部分中央军！王凌立刻下令集中兵力，全军动员，同时上表要求讨伐吴贼。

表奏送到司马懿手中，司马懿想了想，这样一来倒是能把王凌一网打尽，可是拿到兵符后王凌就没那么好对付了。算了，还是再等等。

上疏被驳回，王凌又像泄了气的皮球一样蔫了。

但此刻的王凌已经激动起来了，实在等不住了，再让他蛰伏下去，以他的性格说不定就把自己给憋死了。

王凌思来想去，又拿出了新任兖州刺史黄华的调查报告，又看了好几遍，确信这个人跟司马懿集团一毛钱关系都没有。

“豁出去了！”王凌一咬牙一顿脚，招来了心腹手下杨弘，“带上我的密信，去找黄华！”

杨弘领命出发。

沉不住气的王凌终于落入了司马懿的陷阱。

过了一把“挟天子以令诸侯”的瘾

杨弘来到平阿县，极其隐晦地透露了王凌的计划，想看看黄华的反应。

黄华没有表示同意也没有表示反对，只是问了一句：“大都督胜算如何？”

“必定旗开得胜！”杨弘信誓旦旦。

“庸奴胡言，欺我不懂兵事吗？”黄华怒笑。

杨弘也不再隐瞒，轻声道：“不瞒使君，若得使君相助，我军出其不意，则有六成胜算。”

黄华对这个回答还算满意：“若我将你首级送往洛阳，司马公有备在先，则胜算如何。”

杨弘脸色发白，许久才开口：“有败无胜。”

“也便是说，我若助你，我有六成胜算，我若助司马公，则有十成胜算？”

沉吟良久，杨弘终于不知该如何应答。

黄华继续发问：“若我助大都督起兵诛杀司马公，你我可算首功否？”

“使君兴许算首功，卑职不过联络之功而已。”

黄华阴险地一笑：“若你我联手揭发大都督，使司马公大获全胜，你我二人能算首功否？”

杨弘：“……”

黄华不再说话。

话说到这分儿上，稍微有点理性的人就知道应该怎么办了。杨弘想都没想，当场掏出密信交给黄华，将自己知道的所有事情都竹筒倒豆子般告诉了黄华。尤其提到，可能还有一个皇族成员参与其中，很可能是楚王曹彪。

黄华仔仔细细记下杨弘的每一句话，连同王凌的密信一同快马发往洛阳。

收到密报后，司马懿舒心一笑。

黄华的确不是司马懿的人，跟司马家族也没有任何瓜葛，王凌看中的就是这一点，却不知道这正是司马懿整个阴谋的关键。

二十年来始终在官场底层浮浮沉沉，早已消磨了黄华所有的政治信仰，他对曹爽，对皇族，对司马懿都没有任何感情——他只对自己的利益有感情。因此，司马懿相信，当需要面临选择的时候，黄华会毫不犹豫地投向自己，因为自己才是那个能让黄华利益最大化的人。

王凌太急躁了，有太多问题没来得及考虑。当他决定跟黄华合作的时候，其实败局就已经注定了。

黄华送来的情报让司马懿很满意，尤其是楚王曹彪这个名字！

诛杀曹爽之后司马懿大权独揽，读到了许多曹叡时期的机密文件，自然也包括曹植的《陈审举表》。读完之后司马懿一阵后怕：如果当初曹叡或者曹爽采纳了这些建议，重用宗亲排斥外臣，那还能有我司马懿的今天吗？

这些宗亲，是个麻烦啊。

尽管诛杀曹爽的时候司马懿已经对曹氏宗族动过一次大手术，但那次手术并没有涉及宗室亲王。如今不开眼的曹彪撞到自己枪口上，这不正是千载难逢的机会吗？

时机已经成熟，司马懿终于决定：动手！

嘉平三年五月初二，司马懿亲自率领大军走水路南下征讨王凌。

出兵之前，司马懿先是以天子名义发了一封诏书，把王凌骂了一顿，无非是以下犯上，不听号令，实在无礼一类的话，并没有涉及谋反大罪。赦令的最后话锋一转，又宣布赦免这一系列罪名。然后又以私人身份给王凌写了一封信，告诉王凌说天子很生气，后果很严重，王师已经开到你家门口了，但是我呢打算网开一面，你自己看着办吧。

在政治斗争的语境中，诏书和信所传达的潜台词其实是这样的："王凌老兄，我本来打算像撸掉夏侯玄那样撸掉你，可惜你在扬州根基太深，所以我只能带兵过来敲敲你，以后记得听话点，否则收拾你！"

混迹政坛这么多年的王凌当然能看懂这段潜台词——从而忽略了司马懿真正的意图:“其实我是来要你全家命的。”

当年对付孟达，司马懿就是这么干的。

六天后，大军开到了离扬州治所寿春只有两三天行程的百尺堰驻扎，武力震慑王凌。

听说司马懿大兵压境的消息，王凌头皮瞬间就炸开了：糟糕！行事不密，一定是走漏了风声！

更糟糕的是王凌还没来得及准备。

杨弘没回来，兖州兵团指望不上了，手里没有兵符，扬州军团又不能随意调动，王凌能拿来跟司马懿玩命的就只有几个心腹将领的直属营区区上万人而已。更重要的是，楚王曹彪这面大旗还没拉起来，在政治上他就已经处于不利的地位了。

不管了！谋反可是灭族的大罪，横竖都是死，不如拼个鱼死网破！

王凌发出了一声怒吼，取出早已准备好的矫诏和假兵符，要跟司马懿拼命。

就在这时候，天子的诏书和司马懿的信笺先后送到。

王凌一看诏书，悲壮的心情瞬间被一阵莫名其妙取代:“嗯？不是因为谋反？说我以下犯上？不听号令？就为这么点屁事儿？还要赦免我？吃饱了撑的吧？”

再打开司马懿的信，王凌立刻读出了其中的“潜台词”。

他并没有为司马懿的飞扬跋扈而愤怒，反而庆幸不已。只要谋反的事情没泄露，那就什么都好说！

只可惜，他其实并没有明白，这层潜台词并不是司马懿真正的用意。

能把人心琢磨得那么透，七十三岁的司马懿真是快成精了！

接下来的事儿就好办了，一个都要造反的人了，还会在乎跟司马懿假模假样地表忠心吗？王凌立刻让幕僚写了一份言简意赅的请罪表，然后王凌坐上小船把自己捆成一团亲自前往百尺堰“谢罪”。

司马懿收到请罪书后派人去把王凌身上的绳索解了，表现得非常友善。

这更坚定了王凌的想法：我已经表态了，这事儿也算是揭过去了吧？于是，王凌跟随使者登上小船，去找司马懿谈将来的“合作条件”了。

在小船上，王凌琢磨着见到司马懿后说些什么。他对跟司马懿合作一点兴趣都没有，不过既然是做戏就要做全套，待会儿该拍桌子拍桌子，该骂娘骂娘，总之要做出一副“艰苦谈判、最后达成一致”的架势来。

就这么胡思乱想着，小船驶到河中央，差不多已经能望见端坐船头的司马懿了。王凌远远地行个礼，正要开口套近乎，突然看到两支快船朝自己飞驰而来，还没反应过来，小船已经被一前一后堵在了河中央。

王凌有种不祥的预感，远远望着司马懿拉开嗓子吼：“太傅要召见我的话派人带一纸诏书过来就行了，何必把军队也拉来呢？”（卿直以折简召我，我当敢不至邪？而乃引军来乎！）

司马懿微微一笑，回道：“你可不是一封信就能招来的人。”（以卿非肯逐折简者故也。）

什么人是诏书招不来的？只有图谋叛逆的人！

王凌一愣，明白自己上当了。

哪有什么敲敲打打？哪有什么井水不犯河水？这一切都是诡计！密谋早就已经泄露！两年前曹爽是怎么死的，今天自己就得怎么死！

王凌感觉到无比愤怒、无比憋屈，用尽力气大吼一嗓子：“你负我！”

“我宁可负你，也不能负国家！”司马懿依旧满脸微笑，声音却冷地像冰。

说完，快船已经靠拢过来，几个士兵跳上小船，将王凌五花大绑起来。

王凌号啕大哭，完了，一切都完了！因为他的大意疏忽，现在连鱼死网破的机会都没了！

司马懿不再跟王凌废话，转身走回了船舱。

被押上囚车的时候，王凌依然抱有一丝幻想。为了试探司马懿的态度，他故作豁达地问押送的士兵：“能给我几枚棺材钉看看吗？我怕我死后棺材钉得不牢。”

如果不给，说明谋反还没败露，自己还有活路；如果给了，那就肯定死路一条。

士兵被这个要求搞得莫名其妙，层层请示，一直递交到司马懿那里。司马懿明白王凌的意思，冷笑：不见棺材不掉泪啊——去找几枚棺材钉，给他！

从士兵手中接过棺材钉，王凌彻底断绝了希望，心如死灰。

他活了七十九岁，本来对生死已经没有太多执念。他只是不甘心，自己为国锄奸，到头来却以这种愚蠢而屈辱的方式被关进囚笼。王凌想起了自己的叔父王允。当年王允诛杀董卓，力挽狂澜于危难之中，是何等睿智，何等潇洒！可是自己呢？成王败寇，他输了，所以他成了叛国贼——而且是愚蠢的叛国贼。

“千百年后，人们会如何评价我？忠臣还是逆贼？”

王凌睁开被泪水迷离的双眼，隐隐看到了路边的一座祠堂。仔细一看，是故豫州刺史贾逵的祠堂。王凌立刻想起自己年轻的时候，跟贾逵交游时那段快乐的日子，可如今，贾逵走了，自己马上也要走了。

想到这里，王凌突然蹿起身，扶住囚车栏大声喊道：“贾逵啊贾逵！你在天之灵可要看清楚了，我王凌是大魏国的忠臣啊！”（经贾逵庙，凌呼：贾梁道！王凌是大魏之忠臣，惟尔有神知之。）

雷鸣般的一嗓子让押解士兵吓了一跳，趁这个转瞬即逝的空隙，王凌把事先藏在身上的一小瓶鸩酒猛然倒进嘴里，疾声大呼：“我王凌活了近八十年，想不到今日身败名裂！”（行年八十，身名并灭邪！）说完，毒性发作，全身抽搐倒在囚车中。

当士兵手忙脚乱打开牢笼的时候，这位七十九岁的老人已经蜷成了虾球似的一团，气绝身亡（鸩酒就是所谓的牵机药，“服之前却数十回，头足相就，如牵机状也”）。

自杀是我最后的反抗，司马懿，我不会去洛阳刑场受你折辱的！

当押解士兵战战兢兢地把王凌自杀的消息禀报给司马懿时，司马懿却一脸兴趣索然的表情。

你太把自己当回事了，王凌，我真正的目标不是你。

铺垫完一切后，司马懿转身离去

王凌死后，一场大清洗立刻横扫扬、豫二州。

扬州兵团其实并没有直接参与到王凌的反叛中，可是欲加之罪，何患无辞？一顿刑讯、一句口供，王凌、令狐愚的嫡系人马糖葫芦似的被拉出一串，洛阳刑场上再次血流成河，人头滚滚落地。

就连最早出卖王凌的杨康也没能逃过一劫。

杨康觉得自己很冤，最开始他想把情报卖个好价钱，谁知道被司马懿关了整整一年半，到嘉平三年提审的时候他掌握的情报已经不值钱，三句话里倒有两句是说错的，连做污点证人的价值都没了，于是也被一起判了死刑（后以辞颇参错，亦并斩）。

临死前，杨康泪流满面："冤死我算了！"就听到身边有人冷笑着对自己说："老东西，你死得活该！我看你死后有什么脸面去见使君大人！"

杨康一看，说话的人是山阳人单固。

要说冤，单固才是真的冤。

单固的父亲跟令狐愚是故交，令狐愚知道此人有些真才实学，就征召他当幕僚，被单固拒绝了。令狐愚倒是不以为忤，反倒对他更加礼遇，拿出刘备三顾茅庐的架势一定要把他请出山。单固还想拒绝，他母亲夏侯氏就劝他说："令狐使君跟你爸关系特别要好，所以才多次来找你出山，你也该给点面子，自己出山吧。"

单固是个孝子，既然母亲都这么说了只能从命，然后便一脚踏进了火坑。

曹爽死后，身为令狐愚心腹的单固和杨康一起参与了谋反计划，不过打从心底里，单固对这些事情毫无兴趣，令狐愚一死，他就辞职回家侍奉母亲去了。

单固以为自己从此置身事外，却不知道杨康早就把自己供了出来，只不过司马懿引而不发，一直没找他麻烦。直到王凌死后，他才立刻被抓了起来。

司马懿还饶有兴致地亲自提审单固，但是审讯过程极度乏味。

"知道为什么抓你吗？"

"不知道。"

"提醒你一下，是因为令狐愚造反的事情。"

"不知道。"

敬酒不吃吃罚酒，司马懿不想跟他废话了，挥挥手："送交廷尉，好好审一审。"

一顿刑讯逼供，单固的回答还是三个字："不知道。"

最后，廷尉把杨康押出来对质，单固这才无话可说。被押进死牢的时候，单固咬牙切齿地对杨康说："老东西，你害了使君又害我灭族，你以为你能活命吗？"

想不到果然被单固说中了。

背叛者杨康不敢再去看身边的场景，绝望地闭上了眼睛，引颈受戮。

而另一个背叛者杨弘的结局却截然不同：因为举报有功，杨弘和黄华一起被册封为乡侯，一脚踏进了侯爵的行列。

真是赶早不如赶巧。

即便是已死的王凌和令狐愚也没能逃过一劫，他们的陵墓被挖开，尸体从棺材里拖出来，在洛阳市中心暴尸三日，然后连同印绶、朝服一起被烧成灰，撒进污泥之中。

和在辽东一样，司马懿要的并不只是杀戮，而是杀戮所带来的震慑。

他的震慑立竿见影，曹魏政坛再次陷入恐惧中，惶惶不可终日的大臣们急不可待地向司马家族表忠，再次威逼曹芳任命司马懿为相国，安平郡公。

这是前所未有的殊荣。“安平郡公”乃是公爵。根据曹魏制度，异姓大臣顶多封侯而已，至于相国就更不用说，曹操他老人家已经把这个官职毁了。现在又是相国又是公爵，魏国朝野摆明了已经默认司马懿成为下一个曹操。

出乎所有人意料的是，司马懿又一次推辞了相国和公爵。

司马懿的心思跟曹操是一样的：“若天命在吾，吾其为周文王。”即使在这个时候，司马懿依然不敢太张扬——不过不是为了自己，革命还未成功，同志仍须努力，司马懿要用最后的生命力为儿孙铺平道路，而相国、郡公这种虚名只会让司马家族变成众矢之的，一旦自己身死，无功而身居高位孩子们当何以自处？

司马懿一刻都不敢放松，这个七十三岁的老人已经在和自己的生命赛跑。

王凌死后，太尉一职空缺，正好让三弟司马孚顶替上去，两个儿子司马师和司马昭也分别被任命为卫将军与安东将军，把控军界。

然后，司马懿又开始料理皇室宗亲。楚王曹彪立刻被揪出来，人证物证俱全，无话可说。一个月后，楚王曹彪被赐死，他的家族子女全部贬为庶民，迁徙到平原郡软禁起来。

有了这个契机，司马懿上奏朝廷：将所有宗室亲王全部迁到邺城严加监管，严禁这些亲王与外界人士擅自联系，连亲王之间都不能相互来往。

曹芳准奏。司马懿又任命自己的第五子司马伷为宁朔将军，专门负责监管这些亲王。

这些血统高贵的皇室贵胄，一夜间沦为阶下囚。曹氏家族的力量已经被彻底剪除了。

环顾四周，再也没有拿得上台面的敌人，司马懿终于放心了。

然后，司马懿终于病倒了。

这一次，不是装的。

其实从嘉平二年开始，司马懿的身体情况就每况愈下了。跟曹爽的十年战争确实耗费了他太多的精力，年逾古稀的司马懿已经禁不起太多折腾。但他又不敢不折腾，越是意识到自己大限将至，司马懿越是夙兴夜寐地工作。他要用最后的时间把所有潜在的敌人全部铲除，一劳永逸地为儿孙解决所有问题。

怀着这股信念，司马懿强撑着病体与王凌周旋，甚至不惜以七十三岁的高龄亲自带兵南征，终于拔掉了王凌集团和宗室亲王这两根扎手的刺。

强撑起的一口气终于可以送下来，司马懿也终于油尽灯枯了。

当年六月，司马懿已经很虚弱了。某天晚上，他突然做了一个梦，梦见贾逵站在他面前，用冰冷的声音斥责他："司马懿，你死后有何面目见文皇帝、明皇帝陛下！"司马懿惊得连连后退，却撞在一个人身上，回头一看，是面色惨白的王凌。司马懿正要说话，却看到王凌七窍流出血来，整张脸抽搐扭曲如厉鬼一般。

从噩梦中惊醒后，司马懿的病情迅速恶化，到嘉平三年七月底，他已经起不了床了。

这是司马懿人生中第三次卧病在床，不过前两次都是假的，这次却是真的。第一次他骗过了曹操，第二次他骗过了曹爽，但是第三次，他骗不过掌管生死的冥神泰山府君，司马懿知道，自己的大限将至。

活了七十三年，历经汉魏两朝，见证了一整个朝代的兴衰，两度出任辅政大臣，两次出任战区统帅，三次平定内乱，五次对外作战，跟这个时代最狡猾的政治家和最强大的军事家交过手，将司马家族从没落带向辉煌，司马懿已经没有什么遗憾了。

在病床上，司马懿回顾一生，回顾那些他关心的人和关心他的人：父亲司马防、恩师胡昭、兄长司马朗、三弟司马孚、儿子司马师和司马昭，哦对了，还有我的张春华，我的结发妻子，那个可憎的"老物"，那个奇女子。

司马懿突然悲哀地发现，除了亲人和师长，他的生命中似乎再没有亲近的人了——他好像从来没有过朋友。

陈群、吴质、朱铄？不，这些只是为了同一个目标走到一起的人而已。

贾逵？不，我们曾经是盟友，却从不是朋友。

刘晔？不，我跟他本不是同路人。

郭淮？不，我们只是相互利用吧。

蒋济？不，他临死之前应该恨死我了吧。

曹丕？曹叡？司马懿摇摇头，他们更不是我的朋友。

司马懿脸上露出无奈的苦笑，他发现自己并不短暂的一生中似乎真的没有朋友，而真正能烙在他记忆中的，反而是那些曾经的对手。

曹操，我不知道你当初为什么怀疑我，但我真的由衷佩服你的手段和眼光；

曹真和曹休，你们也是一代人杰，可惜心胸太狭窄；

诸葛亮，如果你能活得再久些，蜀国的国力再强大些，我未必是你的对手；

公孙渊，你其实并不是败给我，而是败给了自己犯下的一个又一个错误；

曹爽，如果你的器量再大些，手腕再高明些，或许我和我的家族会和曹氏家族一起成为魏国的顶梁柱吧；

王凌，你觉得你是忠臣，可若是你打败了我，总有一天也会变成像曹爽、像我这样的人。

虽然你们都是我的手下败将，无论如何，你们才是对我影响最大的人，是你们成就了我的一生。

司马懿闭上了眼睛，陷入沉沉的无意识中，许久才醒过来，叫来了自己的儿子司马师和司马昭，立下了遗嘱：

“师儿、昭儿，我死之后，当土葬于首阳山，不起坟，不植树，穿上普通的丧服，墓中不设陪葬明器，家族中的任何人都不得与我合葬，明白了吗？”

司马师和司马昭眼含着泪，点点头，他们不明白父亲为什么要这么做，但他们相信父亲做的每件事情都会有他的用意。

“死后，我不想再被任何人打扰。”说完这句话，司马懿又陷入了昏迷之中。

八月初五，司马懿最后一次从昏迷中醒来，用尽最后的力气扫视了身边侍奉的家人，一句话都没说，再次闭上了眼睛——永远地闭上了眼睛。

魏嘉平三年八月初五，太傅、河津亭侯司马懿薨，享年七十三。

抢班夺权，是一条不能回头的路

司马懿的一生结束了，司马家族的事业才刚刚起步。

司马师全盘继承了父亲的政治遗产，进位抚军大将军，以辅政大臣身份总揽国政。第二年，又升任大将军，等于用两年的时间走完了司马懿大半辈子才走完的路。

到司马师的时代，司马家族已经开上了抢班夺权的高速公路，这条路只有入口没有出口，要么顺利走到底，要么车毁人亡、举族毁灭，没有第三条路可以走，司马师能够带领司马家族安全地走到那个终点吗？

夺权从来都不是一条平坦的道路，很快就出现了波折。

自从曹爽死后，夏侯玄的日子越过越窝火，和他一样窝火的还有皇后的父亲光禄大夫张缉、中书令李丰、永宁署令乐敦、冗从仆射刘宝贤等坚定的保皇派老臣，以及小皇帝曹芳。

于是，在曹芳的授意下，李丰、张缉等人密谋让夏侯玄取代司马师。张缉把这个消息告诉了夏侯玄，夏侯玄的态度是：这事儿必须详细谋划。

然后……就没有然后了，李丰、张缉这些人根本就不是搞政治斗争的那块料。事情很快泄密了，司马师知道此事后丝毫没有犹豫，立刻逮捕了夏侯玄等人，将所有参与此事的人全部诛杀三族。

几个手无实权的书生异想天开要夺司马师的权，司马师直接摘掉了他们用来异想天开的脑袋，这种事情根本没有什么难处，唯一让司马师有点头疼的是，小皇帝曹芳居然也参与了。

头疼了四分之一炷香的时间，司马师立刻做出决定：让曹芳滚蛋！

于是，司马懿找到了太后，要求她下诏废了曹芳。

太后倒是很自觉，屁都没放一个就下诏说：“皇帝年纪大了，却还不理朝政，日夜淫乱，把皇宫搞得乌烟瘴气，还养着一群帮闲危害社稷，这种人恐怕不配当皇帝吧。”

司马师收到诏令后立刻召集群臣，装模作样地大哭了一场（演技不比他老爹差)，说:“太后都这么说了，咱们该拿皇帝怎么办啊？”

诸大臣心里透亮:“还能怎么办，让他滚蛋呗，咱们都听你的！”

司马师收起眼泪:“你们太看得起我了，那我也不能辜负你们，就这么整吧！”

同年九月，司马师上表罗列了曹芳一系列的罪行，比如让小内宠跳裸体舞(日使小优郭怀、袁信等裸袒淫戏)、铁板烧烤大臣（清商令令狐景谏帝，帝烧铁炙之)、不批阅文件（每文书入，帝不省视)、逃课旷课（太后令帝在式乾殿讲学，帝又不从）等乱七八糟的罪行，最后说：让我效法汉朝霍光的故事，废皇帝，让他回封地还当齐王去吧（臣请依汉霍光故事，收皇帝玺绶，以齐王归籓)。

这个提议自然全票通过，于是曹芳灰溜溜地走了，高贵乡公曹髦继任皇帝，成为魏国历史上“三少帝”中的第二位。

当年曹操父子飞扬跋扈地欺负汉献帝的时候，恐怕从没想过自己的后代会被司马父子欺负得那么惨。

诛杀夏侯玄，废黜曹芳，司马师这两手玩得可谓果决、凌厉，毫不拖泥带水，可惜药剂越猛，副作用就越大，就在废立皇帝的第二年，镇东将军毌丘俭与扬州刺史文钦反了。

毌丘俭，就是当年率幽州军团跟司马懿一起平定公孙康之乱的那位，公孙渊死后一直在辽东作战，把高句丽人打得够呛。

司马懿死后，毌丘俭被司马师提拔为左将军，领豫州刺史，转为镇南将军。嘉平四年，跟镇东将军诸葛诞的防区互换，成了扬州战区总司令。

但毌丘俭却不是司马家族的铁杆粉丝，相反，他跟曹爽、夏侯玄、李丰等人的关系十分密切。五年内这些朋友就相继被司马懿、司马师父子屠杀，毌丘俭心中十分恐惧，于是，司马师废立皇帝，天下震动的第二年春正月，毌丘俭与扬州刺史文钦一起于寿春举兵讨伐司马师。

这是著名的淮南三叛中的第二起叛乱（第一次叛乱是王凌之乱)。

在这场战役中，司马师表现出了极高的军事天赋。

这时候的司马师，眼睛里长了一颗肿瘤，已经疼得死去活来，但他还是听从钟会等人的劝说，率领十万中央军南下亲征，同时下令诸葛诞的豫州兵团、胡遵的青徐兵团、邓艾的兖州兵团、王基的荆州兵团紧急动员，五路大军在许昌郊外集结。

紧接着，司马师下达了一连串令人眼花缭乱的调度指令：

令：中央军主力兵团屯驻汝阳，统领全局；

令：荆州兵团进驻南顿，盯住毌丘俭主力兵团；

令：豫州兵团从安风进军寿春，青徐兵团出兵谯宋之间，截断叛军的归路；

令：兖州兵团进驻乐嘉，务必诱敌出击。

等所有军队都到达指定位置之后，司马师的主力兵团偷偷地离开汝阳，前往乐嘉与邓艾会合。

在司马师的计划中，邓艾军团的主要使命就是示敌以弱，引诱敌军出击，然后与偷偷抵达的中央军团合兵一处击溃毌丘俭、文钦大军。唯一让司马师没想到的是文钦上当的速度实在太快，中央军团还没站稳脚跟，文钦已经派儿子文鸯率精锐大军向邓艾兵团发起进攻。

《三国演义》中有一回《文鸯单骑退雄兵》，对战况的描述虽然夸张，但文鸯的勇猛也确实大大超出司马师的预料。尽管司马师早有准备，却没想到这个小家伙居然如此勇猛，居然斩风破浪似的劈开了自己的军阵。眼看着就要杀到中军大帐前，司马师受惊不小，导致眼疮迸裂，一时血流如注。

司马师强忍住剧痛，命令全军合力反击，文鸯终于支撑不住，连续三次击鼓请求文钦大军增员，可是文钦却毫无反应，文鸯无奈，只好退兵。

司马师虽然疼痛难当，但还保持着清醒，对身边的人说："文钦大军崩溃了，全军立刻追击。"

有人提意见说："文钦是一员老将，文鸯又勇不可当，贸然追击恐怕不太好吧？"司马师已经疼得一佛出世二佛升天，一听到居然有人质疑自己气得暴跳如雷："还废什么话！一鼓作气，再而衰，三而竭，文鸯擂鼓三通文钦都没有反应，他的大军难道还没崩溃吗！"

果然不出所料，发现司马师主力出现在邓艾兵团身后，文钦立刻明白自己上当了，扭头就往东吴方向跑。要说文钦行事也确实果断，他这一跑，把大军断送了，却保住了自己的命。

驻守寿春城的毌丘俭听到文钦战败的消息后，知道自己肯定撑不下去了，慌忙弃城逃遁，带着弟弟毌丘秀和孙子毌丘重逃亡东吴，结果在半路上被劫杀，毌丘俭本人的脑袋被一个叫张属的平民切下来，送到了洛阳。

毌丘俭之乱就此平定。

可惜，毌丘秀（其弟）、毌丘重（其孙）以及毌丘宗等毌丘俭的四个儿子，还有文钦父子全部逃亡东吴，没能斩草除根。

比起老谋深算的司马懿，司马师毕竟还是嫩了点。

淮南三叛中的第二叛被平息了，但司马师的生命也走到了尽头。

毌丘俭、文钦被击溃后，司马师的眼疮却越来越恶化，最后连眼珠子都被挤出了眼眶。

想想就知道这事儿有多疼，尤其是医学不发达的魏晋时代，司马师好不容易撑回了许昌，终于还是没能熬过去，当月就被活活疼死，终年四十七岁。

司马昭之心，路人皆知

司马师死后，司马昭接过了司马家族的接力棒。

有了老爹和老哥的铺垫，司马昭已经用不着韬光养晦，一切都仿佛顺理成章。

不过，司马昭一开始还有个麻烦事儿要处理，那就是淮南三叛中的最后一叛——诸葛诞之乱。

诸葛诞在平定毌丘俭叛乱中出力不小，当年毌丘俭曾派使者联络诸葛诞，诸葛诞斩杀他的使者，向全国宣布二人叛乱，并积极参与了讨伐毌丘俭之战。后来文钦兵败，毌丘俭弃守逃亡，又是诸葛诞率先率兵进占叛军的据点寿春，稳定战局。所以在毌丘俭之乱平定后，诸葛诞被任命为镇东大将军、仪同三司、都督扬州诸军事，接替了毌丘俭。

结果和毌丘俭一样，司马昭也给自己挖了个大坑。

诸葛诞对司马家族根本没什么好感，一上任就在当地收买人心，又蓄养数千死士自保。

魏甘露元年，诸葛诞以东吴有意进攻为由，向朝廷要求增兵十万并沿淮河筑城抵御。这一手把戏当年王凌就玩过了，司马昭非但没有上当，反而下诏任命诸葛诞为司空，并要求他入朝任职。

结果，司马昭玩得没有老爹漂亮，这一招直接把诸葛诞这个火药桶点着了，甘露二年，诸葛诞起兵造反。

诸葛诞之乱是淮南三叛中声势最为浩大的一次。为了得到东吴的强力支持，诸葛诞还派长史吴纲携子诸葛靓入东吴做人质以求吴援，东吴也不含糊，立刻派出大军增援。

结果援兵到后，诸葛诞一瞅，带兵的居然是文钦！诸葛诞参加过平定毌丘俭之乱，跟文钦结下了梁子，也不知道东吴是怎么想的，居然派这么一个人过来。

不过大敌当前，文钦还是和诸葛诞放下了恩怨，联手抵御即将到来的平叛大军。

此时，平叛大军已经在路上了。

经过前两次叛乱，司马昭对这种事情已经轻车熟路，立刻点起二十六万大军南下，火速包围了寿春城。

眼看寿春被围困，诸葛诞居然还哈哈大笑，原来他也是吸取了前两次叛乱失败的教训，特地挑在了江淮地区的雨季起兵，过不了多久，淮河就会涨大水，一路涨到寿春城下，把司马昭大军全部淹没。

“这样一来，司马昭就不攻自破了。”（是固不攻而自败也。）诸葛诞笑呵呵地跟身边的人说。

然后他等啊等，等啊等，等到花儿都谢了也没见到一滴雨点——那一年秋天，居然是江淮地区少有的大旱天！

只能说他太倒霉了。

诸葛诞笑不出来了，司马昭笑了。

围城一直持续到第二年正月，寿春城里的粮食渐渐枯竭，诸葛诞与文钦拼命突围，但伤亡惨重，被逼撤回城内。这种时候，诸葛诞和文钦的内部矛盾就重新开始尖锐起来，文钦想起当年种种恩怨，一怒之下率领其子文鸯和文虎向曹魏投降。司马昭纳降二人，更封为关内侯，极为优待。

于是，寿春城内的军心立刻被瓦解了，当年二月，寿春城破，诸葛诞率领数骑逃出寿春，被大将军司马胡奋手下士兵杀死（发现没有？毌丘俭和诸葛诞都死在这个文钦上）。

和王凌、毌丘俭一样，诸葛诞也被诛灭三族，淮南三叛自此全部落下帷幕，来自帝国东南部的威胁终于全部铲除了。

诛灭诸葛诞之后，司马昭越来越飞扬跋扈，以至于“司马昭之心，路人皆知”，小皇帝曹髦终于忍不下去了。

高贵乡公曹髦本来是无缘于皇位的，嘉平六年，曹芳被司马师废黜，他这才被选中成为新皇帝。当时曹髦才十四岁，虽然年少，但是由于过早目睹了家庭变故、宫廷争斗和皇室日衰的政治现实，他的成熟和世故远远超出了他的年龄。

曹髦从外地风尘仆仆赶到洛阳的时候，群臣迎拜于西掖门南。曹髦在门口下轿，要向各位官员回拜还礼。礼宾官员阻拦说："根据礼制，君上是不能拜臣下的。"曹髦回答说："我还没登基，现在也是人臣。"最后，曹髦在城门口向群臣恭敬还礼。

进城来到皇宫止车门前，曹髦又下车步行。礼宾官员又说："天子有资格车驾入宫。"他又说："我受皇太后征召而来，还不知所为何事。"然后，曹髦步行进宫，拜见了太后。

这种谨慎得体、大方稳重的言行让曹髦赢得了朝野的称赞，大家心里都十分高兴（百僚陪位者欣欣焉）。

只有司马师兄弟不高兴，在曹髦刚登基的时候，当时掌权的司马师曾经私下问亲信："新皇上是什么样的一个人呢？"一旁的钟会回答说："跟陈思王一样有才，跟太祖皇帝一样神武。"（才同陈思，武类太祖。）司马师听完，心里一阵懊恼，觉得自己真是瞎了眼选错了人，不过表面上还是假装高兴地说："如果真像你说的这样，社稷有福了啊。"

司马师确实选错了人，从一开始曹髦就下定决心要夺回政权。

正元二年，司马师眼珠爆裂一命呜呼，司马昭紧急赶往许昌接收老哥的遗嘱。

两兄弟居然同时离开洛阳，当年的曹爽就是这么死的！曹髦高兴坏了，立刻开始着手策划宫廷政变，下诏命司马昭留守许昌，同时让尚书傅嘏带领大军返回京城。

幸运的是司马昭很快反应过来，立刻率领军队紧急回到了洛阳。这样一来，曹髦的计划落了空。为避免引起更严重的祸乱，他只好接受既定事实，封司马昭为大将军。

从此，司马昭独掌大权。而曹髦则学着司马懿蛰伏起来，等待下一次机会。

曹髦的忍字功夫当然比不上司马懿，况且他也没有太多的时间去忍，随着司马昭越来越嚣张，曹髦真的忍不下去了。

甘露五年五月初六夜里，曹髦下令冗从仆射李昭、黄门从官焦伯等在陵云台部署甲士，并且秘密召见了侍中王沈、尚书王经、散骑常侍王业，对他们说：“司马昭之心路人皆知（成语就是从这里来的），我不能坐等被废黜的耻辱，今日我将亲自与你们一起去讨伐他。”

王沈和王业面面相觑，被这个消息惊呆了，王经激烈地表示反对：“司马昭掌握大权不是一天两天了，根基十分深厚，况且宫中侍卫战斗力弱小，我们怎么跟司马昭去拼啊？”

这些道理曹髦当然明白，但是大魏帝国到了最危险的时刻，再不反抗，将来连反抗的机会都不会有了，于是他从怀里掏出了早已准备好的诏书，斩钉截铁地说：“就这么定了！就算死又有什么可怕？更何况不一定会死！”

王经无话可说了。

曹髦说完这些就去找太后汇报了。

结果曹髦一转身，刚才一直没说话的王沈、王业两人撒腿就跑去跟司马昭告密，还想拉上王经一起去，但王经拒绝了他们。

曹髦出来一看，三个人少了俩，也不管了，登上御辇，率领殿中宿卫和太监们就杀出了宫殿。在路上遇见了司马昭的弟弟司马伷，曹髦高声怒喊：“我是天子，都给我滚！”司马伷没见过这种世面，蒙了，手下的兵士倒是机灵，一看皇帝来了撒腿就跑。

想不到皇帝的名头还能值几块钱，曹髦再接再厉，继续往前冲，正好遇到当时的中护军贾充带人入宫，于是两边又搏杀起来。

这次曹髦的怒吼不管用了，但皇帝陛下赤膊上阵所带来的震慑力还是很大的，大家谁都不敢真的去砍皇帝，全是出工不出力，眼看着也要溃败了。这时，一个叫成济的人问贾充说：“事情紧急了，怎么办？”贾充气哼哼地回答：“司马公养你们不就是为了今日吗？有什么好问的！成济立刻明白了，三步两步冲到曹髦御辇前，曹髦根本来不及反应，就被一矛刺死在车下。

当朝皇帝就这么被捅死在皇宫里，大家看得都呆了。

这个时候，司马昭才“及时”出现，抱着曹髦的尸体哇哇大哭了一场，演完戏后就回家了。

其实出现这种事情呢，司马昭也不想的，就算他司马昭之心再怎么路人皆知，在皇宫里砍死皇帝这种事情还是太过分了，于是他找来了尚书左仆射陈泰，紧张地问：“天下将怎么看我啊？”

陈泰也挺火大，他对司马家族忠心耿耿，觉得这种愚蠢的错误简直不可原谅：“斩贾充，才能稍微平息天下人的议论。”

贾充是司马昭的心腹，又立下如此大功，当然舍不得杀，司马昭想了想，试探着讨价还价：“杀其他人行不行？”

陈泰嘴一撇：“多大的事儿就找多大的人来负责，杀几个小喽啰算个什么事儿？”

司马昭思来想去，还是觉得不行，最后决定让亲自操刀杀皇帝的成济当替罪羊，以弑君之罪诛灭全族。

这一手玩得太丑陋了。他杀成济这样的小人物根本就是掩耳盗铃、自欺欺人，还不如干脆不杀。现在全天下都知道司马昭杀了曹髦然后随便找了个人当替罪羊，如果有一两个野心分子趁机揭竿而起，司马家族就再也不可能像平定淮南三乱时那样牢牢占据舆论优势了。

幸亏这时候，异己势力已经被铲除得差不多了，否则后果不堪设想。

当年司马懿走一步、算十步的谨慎作风，在司马昭身上已经看不到，司马昭之心，真的路人皆知了。

曹髦死了，司马昭又拥立了曹奂，司马家族的夺权车轮继续滚滚向前。

魏景元三年，蜀炎兴元年，司马昭决定向蜀汉发动战争，钟会、邓艾、诸葛绪三人分三路进攻汉中。当年十月，邓艾遂率精兵偷渡阴平，直逼成都。后主刘禅出降，蜀汉灭亡。严格意义上的三国时期自此落下帷幕。

也正是在同一个月，天子任命司马昭为相国，加九锡。

其实这也是老生常谈，几年中多次被提起，但都被司马昭拒绝了，不过这一次，司马昭觉得时机成熟了，终于欣然接受了这一代表“篡位前奏”的荣誉。

咸熙元年三月，司马昭进封王爵，被册封为晋王，让人想起了当年被封为魏王的曹操。

也就是在这一年五月，司马师被天子追封为晋景王，而司马懿则为晋宣王。

司马懿生前屡次辞去侯爵，身后却得到了王爵，而他还将得到更多。

咸熙二年八月初九，司马昭死于殿堂，终年五十五岁。

这一年，司马炎继承了司马家族的衣钵，司马家族的事业即将到达巅峰。

尾声　轮回

当历史的接力棒传到司马炎手中，一切都已经没有悬念。

泰始元年十二月，也就是公元265年，经过冗长、烦琐、毫无意义却令人乐此不疲的辞让和坚请之后，司马炎终于“勉为其难”地决定，接受曹奂禅让，即天子位。

洛阳南郊，一座禅让台很快建造起来。当月十七日，在文武百官和匈奴南单于等四方少数民族使臣数万人的簇拥下，司马炎登上受禅台，从曹奂手中接过代表九五之尊的传国玉玺。

一切都是那么熟悉，四十五年前，同一个场景在同一个地点上演过，只不过那时候，是曹家人趾高气扬地从刘家人手里接过传国玺，而现在，趾高气扬的是司马家的人。

真是一个有趣的轮回。

更有趣的是，五十年后，司马家族又被一个号称刘邦后裔的匈奴贵族赶出了北方，西晋灭亡。这还只是开始，又是一百年后，公元418年，还是一个十二月，已经先后受封相国、宋公，加九锡的刘裕弑杀了晋安帝司马德宗，拥立了傀儡皇帝司马德文。两年后，刘裕迫使司马德文禅让，即天子位，一切都如一百五十年前和两百年前的那两场闹剧，没什么两样。

真是天道循环。

不知司马懿泉下有知，会做何感想。